MINERVA
日本史ライブラリー
㉙

松田正久と政党政治の発展

—原敬・星亨との連携と競合—

西山由理花著

ミネルヴァ書房

地元の後援者に囲まれた松田正久（２列目中央）（個人蔵）

松田が教頭を務めた鹿児島造士館

（今藤慶四郎・樋渡清廉編『島津珍彦男建像記念誌』建像委員会，1923年，より）

政友会創立当時（政友会本部前にて）（『立憲政友会史』第一巻，1924年，より）
前列左から6人目が松田正久と思われる。

小城公園内の松田男爵記念碑
（佐賀県小城市立歴史資料館提供）

松田が3度大臣を務めた司法省
（建築学会編『明治大正建築写真聚覧』建築学会，1936年，より）

はじめに

開国し、明治維新によって新たな政治体制が形成された近代日本の課題は、国内体制を安定させ、商工業を育成して国家を豊かにし、条約改正を実現して列強と対等な外交関係を構築することであった。そのために、立憲政治と政党政治が混乱の少ない形で発展していく必要があった。そこでは、既成勢力である藩閥官僚と政党とが対決しながらも、政党側が全国的な政党として、政策を立案し実行する能力を持ち、また相互に信頼関係を築き、両者が共通の目標を形成していくことが求められた。

そうした政党の育成に貢献した人物の一人が、松田正久《まつだまさひさ》である。松田は、明治から大正初期に生きた政党政治家である。第一回総選挙で当選して以降、常に自由党・憲政党・政友会の中心にあり、「初の政党内閣」であった第一次大隈重信内閣の蔵相をはじめとして五つの内閣で大臣を歴任した。その功績によって、政党政治家として初めて爵位を授けられた人物でもある。大正政変の時には、「松田内閣」というスローガンさえ叫ばれた政治家であった。

しかし現在、松田の名は、日本政治外交史の専門的な研究者や日本近代史に強い関心を持つ人々には知られていても、伊藤博文や原敬といった同時代の政治家に比べてその存在を知られていない。また、まとまった史料が残されていないことから、松田の政治家としての生涯も断片的に明らかにされているだけである。

松田正久の特色の第一は、その政党政治家としての経歴の長さにある。自由民権期、そして初期議会と、まだ政党組織のあり方自体を模索していた時代から、藩閥政府と連携することによって政権を担当できる政党へと経験を積み、政党が実現可能な政策を立案できる能力を養成し、桂園時代と呼ばれる政党内閣に近い状態まで近代日本の政党政治は発展した。この間、自由党系の象徴であった板垣退助は、政友会が結成される頃までに政治の表舞台を去り、星亨は暗殺された。「本格的な政党内閣」を組織した原敬も、政党政治家としての経歴は、政友会結成以降に始まる。このように、最高幹部の一人として常にその中心にあり続けた人物は、松田だけであったと言えよう。

本書は、政党政治家松田正久の生涯を明らかにすることによって、政党が全国化し、国際関係・産業振興に対応するあり方を考える。

松田正久と政党政治の発展——原敬・星亭との連携と競合

目次

はじめに
序　章　近代日本における政党政治の発展と政治家の責任……1
先行研究　本書の構成

第Ⅰ部　松田正久の目指した政党政治のあり方……7

第一章　国会開設に向けて……9
1　政治への関心……9
幼少期　明治維新と東京遊学　フランス・スイス留学と立憲国家への関心
自由民権運動との距離
2　初代長崎県会議長としての議会指導……18
県会の制度構築と運営の主導　『東洋自由新聞』と県会への関心の薄れ
3　恩師西周の影響と教育への関心……24
第二章　立憲自由党結成と政党の地域性克服……27
1　政党政治家としての出発……27
政党との本格的な関わり　立憲自由党結成への参加　第一議会での未熟な出発

自由党地方団と九州派
2　星亨との連携……………………………………37
松田正久と星亨との連携による自由党党組織改革　第二回総選挙での落選
自由党最高幹部の一員
3　政党地方支部の誕生……………………………46
自由党の民党合同路線との決別　自由党九州派の分裂
4　松田正久の自由党改革の模索と低迷…………53
自由党土佐派再興と第二次伊藤内閣との提携　政党内閣への前進と板垣退助の配慮
自由党の迷走の中での陸奥宗光入党計画

第三章　政党内閣の実現と挫折……………………64
1　自由党・進歩党の合同と第一次大隈内閣の成立……64
第二次松方内閣との提携の挫折と自由党の不振　中国分割に対する松田正久の外交観
自由党と進歩党の合同
2　初めての政党内閣と蔵相就任……………………70
松田蔵相の官僚との協調姿勢と政党内閣に対する自負　明治三一年度予算と財源の確保
鉄道国有化問題と金融整理問題
3　地租増徴に対する大きな転換……………………76
星亨による第一次大隈内閣倒閣　「政党内閣」の意義と課題　地租増徴受け入れへ

第四章　松田正久と原敬による政友会指導の形成……84
1　初期政友会内部の党人派・伊藤系官僚対立……84
松田正久の藩閥評価と政友会の創立　松田正久と西園寺公望、原敬
第四次伊藤内閣成立と党内対立への不安
2　党人派の代表へ……91
松田文相の教育政策　党人派対伊藤系官僚という対立の枠を超えて――原との連携
伊藤総裁洋行中の政友会の「留守居役」と原の台頭　民間資本への期待、軍との距離
中堅幹部組織の創設と「党人派」
3　原敬と松田正久による党指導体制の確立……106
地租継続増徴問題と松田正久　第一次桂太郎内閣との妥協と松田正久・原敬の関係強化
地租継続増徴問題と政友会九州選出代議士　「原・松田体制」の確立
日露戦争と第一二代衆議院議長　韓国政策、地方利益

第五章　桂園体制期の松田正久……125
1　政友会領袖としての第一次西園寺内閣……125
党内第二位の形式的な地位　司法大臣就任と刑法改正・司法官増俸問題
2　原敬が党を掌握してもなお必要な松田正久の役割……130
原の主導する桂との情意投合　軽挙妄動への戒め　「党人派イメージ」の醸成

松田正久と「九州会」
3　第二次西園寺内閣と恩赦問題……137
第二次西園寺内閣の成立　明治天皇崩御と恩赦問題
第六章　「松田内閣」という幻……143
1　憲政擁護運動のはじまりと松田正久……143
二個師団増設問題と第二次西園寺内閣総辞職　憲政擁護運動に対する警戒の表れ
松田への期待
2　病に倒れて……153
第一次山本内閣の成立　松田の死

第Ⅱ部　松田正久と選挙区佐賀県

……159
第七章　地域性の克服と時代状況に合致した政策の提示……161
1　政党の中央地方関係の変革……161
佐賀県と九州改進党　「佐賀自由党」の分裂　大隈重信・武富時敏連合勢力への挑戦
2　地租をめぐる政策転換と選挙区……178
憲政党の成立と佐賀県　産業構造の転換と九州・佐賀地盤の獲得

第八章　選挙区に与えるものと選挙区から得るもの……185
1　政友会の創立と佐賀県……185
政友会の創立と松田の実業政策　政友会佐賀県支部の創設と第七回総選挙
地租増徴問題と佐賀・九州
2　松田の内政・外交論と選挙区・佐賀県……198
日露戦後の佐賀県での勢力伸長と鉄道要求への対応
佐賀の乱の残像と佐賀県における対外強硬論
大物政治家松田正久への期待
授爵にともなう補欠選と松田没後の選挙区佐賀県

結　章　政治家の責任と外交に対する姿勢……213
本書が明らかにしたこと　松田正久と政党政治の発展

注　223
参考文献　269
おわりに　273
松田正久年譜　279
事項索引
人名索引

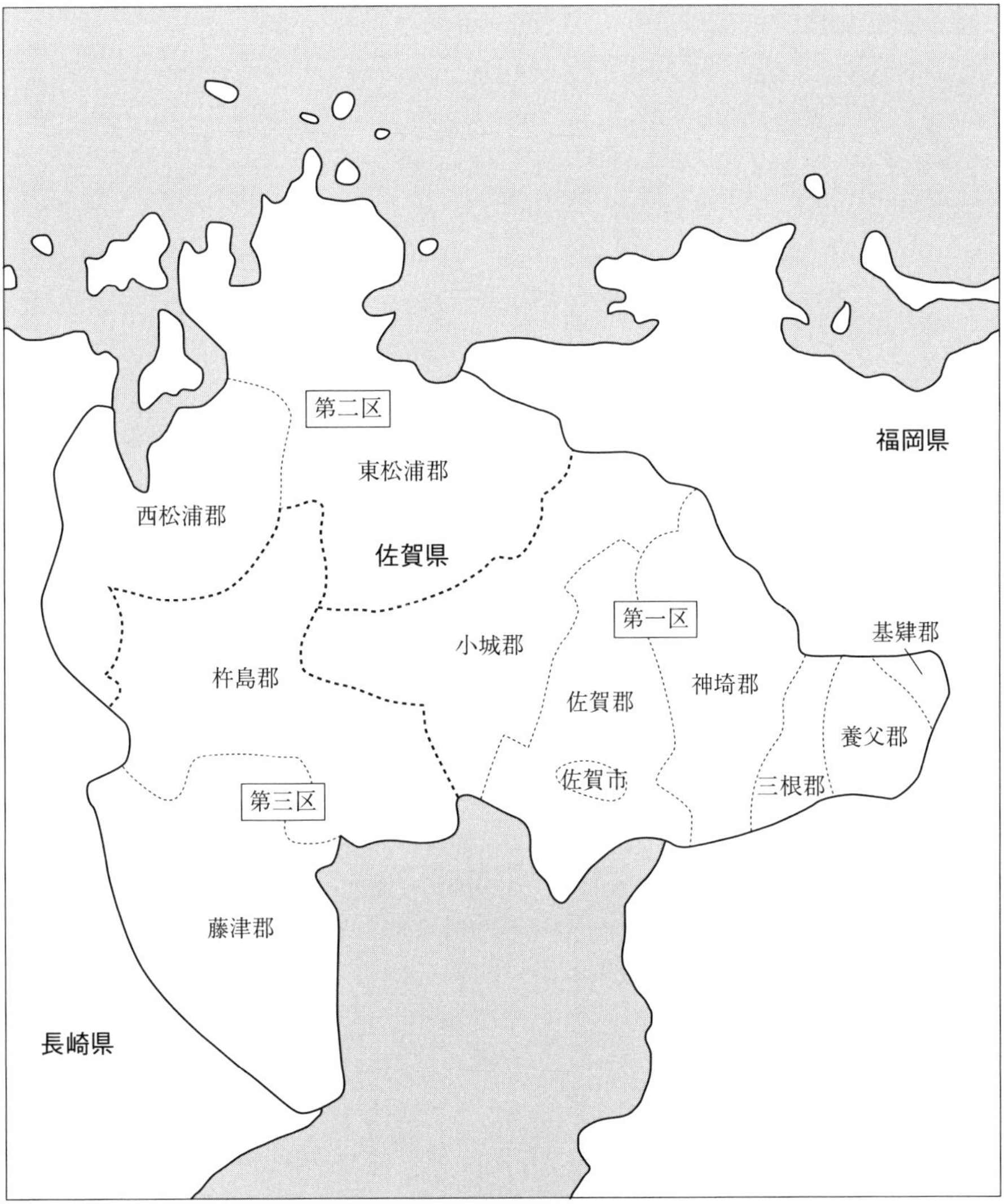

佐賀県関係地図

注１：選挙区割は第１回～第６回総選挙のもの。第７回総選挙で大選挙区制が導入されると，佐賀市域は市部として独立した選挙区となり，県内のその他の地域は郡部として１つの選挙区を構成した。

注２：三根郡，養父郡，基肄郡は1896年４月に合併して三養基郡になった。

序章　近代日本における政党政治の発展と政治家の責任

政治家が責任ある行動を取らなければならないということは、現在、過去を問わず常に重要な課題である。議会制民主主義において、国民に選ばれた政治家は、国民の意思を議会で代弁する存在である。しかしながら、様々な人々の利害を、そのまま代弁するだけでは、政治家として責任ある行動をしているとは言えないだろう。政治家は、国民の声に耳を傾けながらも、その時代の国際情勢に照らし合わせながら、自らの持つ理念や知識、経験に基づいて、どのような政策を立案して実行すべきかを判断しなければならない。

もちろん、政治家も人間である以上は判断を誤ることもあるだろう。しかしながら、一つの過ちであっても、政治家として致命的な失敗につながるのが、戦争などにつながりかねない外交問題である。また、大臣や議員といった肩書を持つ人が、軽々しく国際秩序を乱す発言をすれば、国際社会におけるその国の信用をなくしかねない。外交に関心を持つということは、積極的に外交問題について発言することではない。国際情勢についてよく学び、自分の理解が本当に正しいのかをよく考え、自信が持てない時には発言を控えられることも、責任ある政治家としての必要な資質である。

政治家は、重要な局面で失敗をすれば、どのような立場にあろうとも、職を辞すなどの責任を取らなければならなくなる。だからこそ、軽挙妄動してはならないのである。そして、もし失敗を犯したとしてももう一度機会を得られたとしたら、自己の失敗をよく反省し、二度と同じ過ちを繰り返してはいけない。

日本で初めて「政党内閣」が誕生してから、まもなく一二〇年を迎えようとしている。しかしながら、政治主導と官僚との関係、政策決定における中央と地方の関係など、議会制民主主義に関する課題は依然として多く残されている。

政治主導と官僚との関係を見てみると、政治家が官僚の意のままになったのでは、セクショナリズムが進み、国家として目指すべき大きな枠組みを提示できなくなってしまう。そうかと言って、専門知識と経験を持つ官僚の意見も聞かずに、政治家が現場を知らずに独断で政策を決定すれば、現場はすぐさま混乱に陥り、必要な政策を実行できなくなってしまう。政治家は、官僚の専門知識をうまく活用しながら、政策の進むべき大きな方向性を示せなければならない。

中央と地方との関係にしても、地方の現状を見ることなく、東京など大都市の都合だけで政策を決定すれば、地方が衰退してしまう一方で、各地方の利害を聴いているだけでも、国としてどのような発展を目指すのかが分からなくなってしまう。国として目指すビジョンを示した上で、地方の意向も踏まえつつ、限られた資源をどのように配分するのかを最終的に決定できるのは、中央にあって、責任を持って政策を立案・実行できる政治家の役割である。

このようなことを考察する素材を与えてくれる近代日本の政治家の一人が、本書で取り上げる松田正久《まつだまさひさ》である。一九二〇年頃まで、常に自由党・政友会系政党が主導して、近代日本で政党政治が発展していく過程において、松田は死去する一九一四年まで主要な地位を占めた。

松田は、第一回総選挙で当選して以降、常に、自由党・政友会系政党の中心にあった。「初の政党内閣」であった第一次大隈内閣の蔵相をはじめとして五つの内閣で大臣を歴任し、その功績により政党政治家として初めて爵位を授けられた人物である。自由党時代に「九州派」の代表者としての地位を固め、政友会時代には自由民権期以来の自由党系勢力である「党人派」をつなぎ止め、原敬と連携しながら政友会を大政党へと導いた。松田が生涯追い求め続けたのは、政治家の責任であった。

松田は、国際協調を重視し、フランス語を通して、国際情勢や、欧米の主な国々の政治・経済・産業・教育に関する知識を身に付けた。そうして、個別の外交政策について軽々に発言することはなかった。政党組織については、地域性の克服と、少数の幹部が迅速に党の意思決定を行うことによって主義による一体性を高めることを目指し、その決定を伝達する手段として、地方ごとに選出される中堅幹部層を活用しようとした。また、官僚との関係でも、政党政治家であることに気負いすぎず、まずは経験のある官僚の力を借りようとした。

先行研究

「自由党九州派」の代表者であり、同時代的には原と並ぶ政友会の最高幹部として、第一次護憲運動では「松田内閣」というスローガンさえ叫ばれた。「松田内閣」は、「純粋な」政党内閣の象徴と目された。そのような存在でありながら、松田に関する本格的な研究はなされていない。

近代日本の政治史研究は、原内閣期までのほとんどの時期において多数党の地位を占めた自由党・政友会研究に関して蓄積が進み、そこでは伊藤博文、星亨、原敬の政治指導が注目されてきた(1)。

松田については、一九五〇年代に公刊された『原敬日記』における松田への厳しい叙述をいかに評価するのかという史料批判の問題も加わって(2)、力の原に対して人望の松田、と理解されてきた(3)。日本近代政治史の実証的な研究が進展する中で、松田が自由党・政友会の領袖であったことは早くから明らかにされていた(4)。しかし、三谷太一郎氏は、原の政治指導を分析し、党人派を代表する松田は、原が自らの目指す政党政治を実現するためには乗り越えていかなければならない存在であったと論じている(5)。一方、伊藤之雄氏は伊藤・星・原の政治構想・政治指導を明

らかにする中で、星・原と連携する松田像を提示している。(6)

それでもなお、「人望の松田」等といった当時のジャーナリズム評のみによった理解が一般に根強いのは、松田に焦点を当てた本格的な研究がなされていないからである。(7)「党人派の代表」とみなされた松田の政治構想が一貫して明らかにされていないことから、政友会における党人派の位置づけも十分ではない。

松田の唯一の伝記である『松田正久稿』(8)は、一九三八年に刊行された。この本は、松田の遺族や松田の出身地・選挙地盤であった小城《おぎ》(佐賀県)の後援者から聞き取った話(小城市立歴史資料館と中島家に、笹川多門氏が松田の妻静子氏・地元の後援者であった中島健氏とやり取りをした手紙が残されている)等を含んでいる点で松田研究の貴重な素材の一つである。ただし、大部分の史料出典が明示されていない。たとえば掲載されている新聞名は明らかにされていても、日付が明示されていなかったり、伝聞であれば誰から聞いた内容なのか、それとも笹川氏の推定であるのかが区別されていなかったりするので、慎重に利用する必要がある。

このように『松田正久稿』は、特に幼少期・青年期の松田を知る上で史料的価値がある一方、政党内閣が崩壊して軍部が台頭していったという一九三〇年代の刊行当時の時代状況を間接的に批判しようとする視角が強いため、史実の評価に著者の主観が入りすぎている。したがって、松田の実際の主張や行動を踏まえずに自由民権期の松田を非常な「急進派」と結論づけ、自由民権期にはフランス帰りの急進派として活躍したが、政友会の領袖となって以降は「不得要領」な党内の「調整役」であった、と松田を評価する。これらは本書で述べる松田の実像と比べると問題を残している。また、この伝記では政友会時代の「調整役」についても、松田がどのような政治構想のもとで実際どのような態度を執ったのかという実態が明らかにされていない。

これまで松田の研究が本格的になされなかった理由の一つには、松田家および国立国会図書館等に、松田関係文書として、まとまった一次史料が残されていないことがある。これは、松田の死後幾人かの人々が松田の伝記を編纂するためと言って遺族から史料を借り出したまま返却しなかったためであった[9]。

幸いにも現在、国立国会図書館等には、松田に関わった様々な人々の文書が蓄積されつつある。そこで本書では、国立国会図書館憲政資料室や九州歴史資料館等が所蔵する一次史料に加え、『衆議院議事録』[10]、党報や雑誌に掲載された松田の論説、全国紙、地方紙等に掲載された松田の発言や動向を積極的に活用する。一般に、新聞等における政治家の発言は、それがその政治家の本心ではないことも多い。また、記事には、記者による評価も含まれていることがある。そのため本書では、当時の松田の評価としてではなく、発言や動向から事実を確定し、その他の一次史料も踏まえて、新聞・雑誌を慎重に、そして系統的に利用する。

本書の構成

第Ⅰ部では、これらに史料批判を加えて事実を確定し、松田の政治構想と政治指導を一貫して分析し、その上で松田の実像を明らかにする。

これによって、近代日本において、政党がどのように政策立案能力を身に付け、統制力を持って責任ある政治家たちを育成して、政党政治を発展させていったのか、政友会がどのようにして党人派と伊藤系官僚との対立を克服して大政党として発展を遂げ、近代日本に本格的な政党政治が確立されたのかを、伊藤、原らに焦点を当てた研究とは違った観点から、明らかにすることができるであろう。

第Ⅱ部では、松田と選挙区佐賀県との関係を検討し、第Ⅰ部を踏まえながら、松田が選挙区の人々に対して何を訴えたのか、選挙区の人々が松田をどのように受け入れたのかを明らかにする。

松田の地盤である佐賀県や九州地方における政治史研究の関心は、主に自由民権期に集中している[11]。佐賀県内の地方政派の動向に関しては、『佐賀県議会史[12]』や佐賀県内の自治体史で明らかにされている部分もあるが、松田の中央での評価や、佐賀県内の政派対立と中央の政党との関係についての考察において、誤りや不十分な点がある。[13]さらに、本書が主たる対象とする、日清戦争以降の九州・佐賀県における政党の地盤研究はほとんどない。

政治家の責任は、現在・過去を問わず常に重要な課題である。政治家は、国民の声に耳を傾けながらも、その時代の国際情勢に照らし合わせながら、自らの理念や知識、経験に基づいて、どのような政策を立案して実行すべきかを判断しなければならない。特に外交で誤りを犯すことは決定的な失敗となる。だからこそ、政治家は軽挙妄動してはならないのである。本書では、松田が自身の可能性と限界をどのようにわきまえながら大政党の育成に貢献したかが明らかになるだろう。[14]

また、本書において、史料の直接引用あるいは史料の要約中の（　）は史料の原文に説明的に入っているものを示し、〔　〕は筆者が注記として加えたものを示す。また、本書を読みやすくするため、適宜ふり仮名を付け、直接の史料引用部分において、現代日本語でカタカナ表記される語を除いて、カタカナはひらがなに直した。

第Ⅰ部　松田正久の目指した政党政治のあり方

帝国議会仮議事堂
（建築学会編『明治大正建築写真聚覧』建築学会，1936 年，より）

第一章　国会開設に向けて

1　政治への関心

幼少期

松田正久は、弘化三年（一八四六）四月一一日、(1)肥前国小城藩（佐賀藩の支藩、現佐賀県小城市）の藩士である横尾唯七とまちの子として生まれた。兄姉と弟の四人兄弟の次男で、幼名を又之輔、大之助といった。(2)一二、三歳頃に、おじ松田勇七の養子になったが、(3)実際に松田家に移る前に、勇七とその妻ルイが共に亡くなったため、そのまま実の父母のもとで養育された。松田家が副業として営んでいた酒造業は廃業し、財産分与の後、二町余歩が松田のもとに残った。(4)松田は養家のおかげで、それなりの資産を持つようになったといえる。

兄の横尾経久は藩校の講師となり、その後も郷里の小学校で教師を務めた。姉のまき子は同藩の石井家に嫁ぎ、晩年は東京の松田邸の敷地内に暮らした。弟の長左衛門は幼くして他家に養子に出た。(5)松田は、この兄姉と共に教育熱心な両親のもとで育った。後年、母まちは、松田が幼い頃から文字を書き、孟子の一節を暗唱できたのだと松田の妻静子に語った。また、七歳で藩主に謁見した際に孟子の素読を試みて周囲を驚かせたと伝えられることから、(6)松田は自慢の息子だったことが分かる。

一四歳の時、松田は小城藩の藩校「興譲館《こうじょうかん》」に入学した。興譲館では、侍分以上と徒士《かち》以下とを区別し、それぞれ階上と階下に分けて教育がなされたのであるが、養家の松田家が生家の横尾家よりも家格が低い徒士身分であったために松田は階下におかれた。このことは、成績優秀で気性も激しかった青年期の松田にとって、悔しいものであったろう。

明治維新と東京遊学

しかし、明治維新という大きな改革の時代において、松田は活躍の場を得た。松田は二〇代前半で明治維新を迎え、当時、上役人に対する鋭い舌鋒と整然たる理論とで恐れられたという(7)。時代の大きな変革期にあって、松田は自身の能力を発揮して活躍できる道を見出そうとしていた。

明治二年（一八六九）、松田は小城藩の派遣学生として東京で学ぶことになった(8)。小城藩が松田たち青年を東京に派遣した背景には、当時の小城藩内の政治的対立があった。

幕末・維新期には、攘夷論や幕府への態度、維新後の改革のあり方をめぐって、多くの藩で藩内対立が起こったように、小城藩でも改革推進派と保守派との対立が起こった(9)。松田は、当時少数派だった改革推進派の一人だった。小城藩の改革推進派は、優秀な若者を東京で学ばせて藩の改革に役立てようと、このような取り組みを実施したのである(10)。

派遣学生には、のちに宮内大臣となる波多野敬直《はたのよしなお》や、政友会代議士となる田代進四郎《たしろしんしろう》ら、合わせて五名が選ばれた。波多野と田代はともに嘉永三年（一八五〇）の生まれで松田よりも四歳ほど年少であったが、藩校時代より仲のよい友人であった(11)。なかでも波多野は、松田の死後も、原敬と共に松田家の世話をした(12)。同郷であったことに加えて、藩校時代以来共に学んだ経験が、両者の晩年まで続いた長い親交のもとになったのだろう。

明治二年二月、松田は上京するとまず藤野海南《ふじのかいなん》（漢学・歴史学者、昌平坂学問所教授）の家塾に入り、同年一二月、昌平校（幕府の昌平坂学問所を新政府が引き継ぎ、開成校・医学校とあわせて、当時「大学校」と称された）に入学した。ところが、翌明治三年（一八七〇）七月に昌平校が閉校[13]になったため、塙忠韶《はなわただつぐ》（国学者、塙保己一《ほきいち》の孫）の家塾に移った[14]。

これまで漢学や国学を学んできた松田にとって大きな転機となったのが、次の西周《にしあまね》との出会いだった。西は、文政一二年（一八二九）石見国津和野藩（現在の島根県の一部）の藩医の家に生まれ、江戸でオランダ語を学んだのち、脱藩した。英語、洋学に通じ、江戸幕府の洋学研究教育機関である蕃書調所が開設されると、教授手伝並になった。文久三年（一八六三）から慶応元年（一八六五）には幕府海軍派遣の留学生としてオランダに学び、帰国後は開成所教授職に復し、幕臣として大政奉還を迎えた。明治元年（一八六八）には、訳本『万国公法』を刊行した。

明治三年一二月、松田は西の家塾「育英舎」に入った[15]。育英舎は、旧福井藩出身者を教育するために明治三年一一月に開かれた。そのため、育英舎は他藩出身者を受け入れていなかったが、松田は入学することを強く希望し、特例として認められた。松田がそれほど熱心に入学したいと願ったのは、通常の講義とは別に月六回行われる西の特別講義を聴きたかったからだという。この特別講義は、カントの実証主義に基づく内容で、のちに『百学連環』としてまとめられた[16]。育英舎の開塾が一一月六日で、松田が入塾したのが一二月二五日である。松田は、西の洋学の知識や留学経験に憧れて、なんとしても西の教えを請いたいと強く望んだのだろう。松田は、育英舎でフランス語、国際法、中国の律を学び、特に万国公法（国際法）に関して塾中でも頭角を表した[17]。

西との出会いは、松田にとって大きな財産となった。第一に、西洋の学問を学んだことである。これまでにも、断片的には西洋の学問に触れたことはあったかもしれない。しかし、本格的に西洋的な哲学や論理を学んだのはこの時が初めてであった。松田は、万国公法を学び、国際法の遵守という外交観の基礎をここで身に付けた。また、こののちもフランス語を通して西欧列強の政治制度や法を学んでいく。

第二に、西の持つ豊富な人脈である。西は、旧幕臣でありながら山県有朋ら新政府の有力者とも交流があった。また、森有礼、福沢諭吉ら明六社《めいろくしゃ》の人々ともつながりを持っていた。

松田は、西との出会いによって思想的な根幹ができていったといえる。さらに、西は松田に素晴らしい機会を与えてくれた。

フランス・スイス留学と立憲国家への関心

西の家塾育英舎で学ぶようになって一年が過ぎた頃、松田は念願だった海外留学の機会を得た。明治五年三月一八日（一八七二年四月二五日）、松田は陸軍省七等出仕を命じられ、陸軍裁判所分課に配属された[18]。これは、留学を見据えての就職であり、背後に西の存在があった。当時の陸軍省は卿が空席で、トップは陸軍大輔《たいふ》の山県であった。松田は留学を望んだが、そのための資金を用意することが難しかったため、西が山県に周旋したという[19]。

明治四年（一八七一）の小城藩士族の禄高を取り調べた記録によれば、松田家は元高七石であった。小城藩士の中では、一〇石未満の家が全体の約五一パーセントを占め、松田家よりも石高の少ない七石未満の家が全体の約三八パーセントであった（表1-1）。松田家は、旧小城藩士族の中でとりわけ貧しいわけではなかったが、当時、海外留学のためにかかる費用を自前で用立てることは難しく、官費で留学できるチャンスを見つけなければならなかった。

松田が陸軍省の官費留学生に選ばれたのは、松田の努力と西のおかげであった[20]。明治五年八月二九日（一八七二年一〇月一日）、松田は、待ち望んでいたフランス留学の命を受け、陸軍省七等出仕を免ぜられた[21]。松田は、明治五年九月一三日（一八七二年一〇月一五日）に、フランス郵船ゴタベリイ号に乗り、フランスへ向け

表1-1　明治4年（1871）小城藩士族禄高取調

元高〔石以上〕	1	2	3	4	5	6	7	8	9	10	11	12	13	14	15	20	25	30
戸数〔戸〕	16	24	53	39	83	35	30	30	28	40	14	18	19	3	53	36	22	21
割合〔%〕	2.43	3.65	8.05	5.93	12.61	5.32	4.56	4.56	4.26	6.08	2.13	2.74	2.89	0.46	8.05	5.47	3.34	3.19
	← 37.99 →							←										

元高〔石以上〕	35	40	45	50	55	60	65	70	75	80	85	90	95	100	150	200	300	600	計
戸数〔戸〕	12	15	5	11	5	7	3	3	6	6	1	1	0	9	2	2	5	1	658
割合〔%〕	1.82	2.28	0.76	1.67	0.76	1.06	0.46	0.46	0.91	0.91	0.15	0.15	0.00	1.37	0.30	0.30	0.76	0.15	
	57.45% →																		

出所：佐賀県「士族禄高取調帖　小城県編」〔「佐賀県明治行政資料」，佐賀県立図書館所蔵〕をもとに作成。

て横浜を出港した(22)。留学のためには、まず船便を予約し、留学先を手配しなければならない。その手間は、現代の我々が交通手段と宿泊先を手配するよりもずっとかかる。それにもかかわらず、留学の命が出てから一カ月足らず、陸軍省への出仕からで数えても半年で旅立てたということは、陸軍省へ出仕したのは留学できるという条件があったからだということを傍証するものである。

この日、松田と共にゴタベリイ号でフランスへと出発したのは、大日本帝国憲法の起草に関わることになる井上《いのうえ》毅《こわし》、文部卿、農商務卿等を歴任することになる河野《こうの》敏鎌《とがま》、嚶鳴社《おうめいしゃ》、立憲改進党に参加する沼《ぬ》間《ま》守一《もりかず》ら岩倉使節団に合流する司法省調査団の一行と、旧幕臣で朝野新聞社長となり、のちに立憲改進党に参加する成島《なるしま》柳北《りゅうほく》らであった。松田たちの乗った船は、明治五年一〇月二八日（一八七二年一一月二八日）にフランス南部のマルセイユの港に着いた。その後、一行は汽車に乗り、一〇月三〇日（一八七二年一一月三〇日）未明にパリに到着した(23)。松田の留学期間は、一八七五年（明治八）六月まで、約二年半の予定であった(24)。

フランスへ渡った松田は、まず、パリのバティニョール地区にあった私立中学に入学した(25)。これは、法学・政治学を本格的に学ぶための準備として、基本的な仏語能力を身に付けるためであったと思われる。その後、一八七三年八月初め頃までに、松田は、フランス語圏であるスイスのローザンヌに移った[26]。松田がフランスに滞在していたのは八カ月程であった。この地でアカデミーに通い、政治学や民法、刑法、経済学を学んだ[27]。

それだけではなく、頻繁に議会見学にも通って議場から出てくる議員を捕まえては議事の説明を求め、それを日本の知人に報告した[28]。議会という場に実際に触れ、松田は意欲的に西欧について学んでいたことが分かる。また、のちに『東洋自由新聞』を共に創刊することになる西園寺公望、中江兆民らとも知遇を得た。

以上のように、松田は、留学を通して、議会制度や議事進行に関する基礎的な知識を習得した。松田が、日本には未だ国会も準備されていない早い時期から、将来は政治家となって、日本の議会・政党政治の発展に関与しようという明確な目標を持っていた、といえる。ただし、この段階で松田が留学から学んだことは、立憲国家をつくる基本的な制度設計にとどまっていた。日本が近代的な国家として発展するために最も重要な外交を学ぶところまでは、まだ力が及んでいなかったのである。

松田よりも早くフランスへ渡っていた西園寺でさえ、留学してから三年間ほどは、学業がなかなか進まないことに焦りを感じていた[29]。当時の日本の教育状況では、外国へ留学してから本格的に現地の言葉を習得し、表面的な制度だけでなく、その国の政治や社会のあり方を深く理解することは簡単ではない。

約二年半の留学期間中、松田はできる限りの知識を身に付けようとした。それでも、帰国してしばらく経つと、再び留学したいと考えるようになった。松田は、さらに深く学んで、世界を本質的に理解する必要があると考えるようになったのである。

松田が派遣されたのは「フランス留学」であったが、政治等を学んだのは、実質的にはスイスであった。松田が学んだ一八七〇年代のスイスでは、進歩派が勢力を伸ばし、一八七四年の連邦憲法全面改正によって直接民主制が導入された。松田がスイスに移ったのは、当時のパリがパリ＝コミューン後のまだ不安定な時期であり、勉学に適さないと思われたからであろう。西園寺もまた、パリ＝コミューンに嫌悪感を抱いていて、暴力的な民衆運動に否定的であった(30)。

松田と西園寺は、一八八一年（明治一四）に共に『東洋自由新聞』を創刊した。また、西園寺が留学から帰国すると松田を訪ねた、という回想もある(31)。この話に真偽の確証はないものの、両者の思想にある程度通じ合うものがあったと考えられる。

自由民権運動との距離

一八七五年（明治八）三月二三日、当初の予定よりも三カ月ほど早く、松田は帰国命令を受けて留学先を発ち、五月一五日に日本に到着した(32)。松田が日本に着いたのは、漸次立憲政体樹立の詔が発せられたちょうど翌月であった。

松田が日本を離れていた間に、国内情勢は大きく変わっていた。一八七三年一〇月の征韓論政変で、参議の西郷隆盛、板垣退助、後藤象二郎、江藤新平、副島種臣《そえじまたねおみ》が下野した。旧肥前国佐賀藩出身者では、大隈重信が大久保利通の信頼を得ていたが、新政府のパワー・バランスは、長州と薩摩、とりわけ長州中心の「薩長藩閥政府」へと傾いていった。

下野した板垣、後藤、江藤、副島は、民選議院設立の建白書を提出し、薩長藩閥政府に対する不平は、士族反乱、そして国会開設を求める自由民権運動へと発展していった。一八七四年二月の佐賀の乱では、首謀者の一人として江藤が梟首《きょうしゅ》に処せられた。松田は留学中であったため、佐賀の乱に直接関与することはなかった。しかし、故郷で起きた佐賀の乱は、後述するように、松田の政治家人生と切り離すことのできない事件となっていった。

留学から帰国すると、松田はいったん故郷の小城へ帰り、一八七五年一〇月、民権結社「自明社《じめいしゃ》」結成に参加した。自明社で松田は指導的な立場に立ち、啓蒙活動に加えて、区戸長公選を県に建議して県の意思決定に一時的にではあるが実際に影響も与えた。しかし、結成から半年ほどで松田が上京すると、自明社は衰退していった。[33]

松田は、地方政治のレベルで建言を行って部分的に政治に関与することにはさほど関心がなかった。のちの立憲自由党結成に参加した人物の中でも、イギリスで法廷弁護士（barrister）の資格を取得して帰国した星亨を除けば、二年五カ月もの留学経験を有したのは、松田くらいであった。それだけ、当時、松田の留学経験には価値があり、その経験を生かせる場を求めたのである。先に述べた通り、松田は、上京しても陸軍省に出仕することはなく、恩師西の下で翻訳に力を尽くし、外国の知識を輸入して日本の社会が政治的に成熟することを目指したのである。

ただし、ごく短期間ではあったものの、自明社の活動には、松田の自由民権運動に対する姿勢がよく表れている。自明社は、即時国会開設を求めるような急激な改革を望む自由民権運動とは一線を画していた。また、自明社の社議に見られる「人権」という語は、のちの政友会九州大会の決議で重視されていたり、[34]松田の演説の中にも表れたりすることから、[35]松田が生涯にわたって意識していた考えであったとみられる。この時の松田は、「人権」を限定的であっても政治に参加できる権利と考えていたと思われる。

翌一八七六年二月三日、再び陸軍裁判所七等出仕を命じられたが、四月一四日に依願退職した。[36]松田が陸軍省に出仕したのは留学したいという希望を叶えたかったからである。そのため、政治参加に対する関心が社会的に高まっている時代において、留学経験を活かしてさらなる知識を吸収し発揮できる機会を、陸軍裁判所勤務の実務に費やしたくはなかったのであろう。

松田は、一八七七年九月の愛国社再興大会や一八七九年一二月の自由党準備会には出席した。しかし、自由党の結党式には出席しておらず、正式に入党もしていない。[37]松田は、この自明社以外には、政治結社に本格的に加わることはなく、次第に過激化する民権運動とは距離を置いていた。

松田は、語学を生かして翻訳によって生計を立てた。翻訳は、外国の知識を日本に輸入し、自らもまた知識を深めるために役立った。松田が翻訳に携わったと確認される中で最も大部なのは、バドビー『仏国政法論』[38]である。本書は、第一巻から第七巻までのそれぞれ上下巻と総目録を合わせて全一五巻から成り、翻訳には松田の他に大井憲太郎らも参加していた。

バドビー（Anselme Polycarpe Batbie）は、一八五〇年代から六〇年代のフランスで活躍した、法律・経済学者である。ナポレオン三世からの信頼が厚く、公教育省の大臣からドイツとベルギーとオランダで公法の教育組織について研究するという任務を任されたこともあった。このような経歴をもつバドビーは、労働革命運動に与した側からの評価はあまり高くない人物であった[39]。すなわち、自由民権運動が範としたフランス革命的なるものを求めて翻訳された書ではない。

『仏国政法論』は、フランス革命史における行政法・公法を分析したもので、比較法としてのアプローチも行われている。第一四章「集会及び結社の自由」では、集会（＝無定の会合）と結社（＝常設）との区別から始まって、フランス革命の進行に伴って次第にフランスにおける結社が制限されていく過程を分析している。

また、本書には、日本におけるフランス革命の受容史としての意義もある。本格的なフランス革命の紹介は、一八七六〜七八年に出版された河津祐之訳のミギェー（M. Mignet）『仏国革命史』全四冊に始まると言われるが、より本格的に紹介・翻訳が進むのは、一八八一、八二年以降である[40]。ここにおいて、一八七九〜八二年に総目録を除く全巻の発行を終えた『仏国政法論』は、日本における本格的なフランス革命の受容の最初期のものであったといえる。河津祐之訳『仏国革命史』がフランス革命の歴史を通して政治上の自由を訴えたのに対して[41]、『仏国政法論』は、欧州諸国と比較しながら、フランス革命期におけるフランスの国家制度・法制度の変遷を分析したもので、日本に革命という行動をとり入れようとするものではなかった。日本が近代的な国家制度をつくっていかなければならない時代にあって、松田はフランス語を通して欧州諸国の制度を研究し、翻訳業の中で国家制度や政党のあり方に関する知識を深めていったのである。

2　初代長崎県会議長としての議会指導

県会の制度構築と運営の主導

一八七八年（明治一一）七月二二日、郡区町村編制法、府県会規則、地方税規則の、いわゆる「三新法」が布告された。府県会開設以前にも、一部府県では「地方民会」と総称される会議は存在したが、全国規模での地方議会の設置はこの府県会規則に始まる。府県会は、国会開設への大きな一歩だった(42)。

府県会の権限は、主に地方税を以て支弁すべき経費の予算及び其徴収方法と地方税を以て施行すべき事件の審議に限定されていた（府県会規則第一条・第五条）。くわえて、後者の議決は府知事・県令認可の上で施行すべきものとされ、もし府知事・県令が議決を認可するべきでないと思慮する時はその事由を内務卿に具状して指揮を請う（第五条）など、府知事・県令の権限が強いものであった。このように府県会は限定された形での出発ではあったが、参政権が与えられたのであって、「他日国会の萌芽」である、と地元九州の新聞でも期待された(43)。

松田正久の出身地である佐賀地方は、幾度かの県の合併や県名変更を経て、一八七六年八月に長崎県に合併されていた。その長崎県でも県会開設の準備が進み、一八七九年二月四日、三月に県会を開設する旨の布達が出された(44)。

これに先立って各郡区で県議選挙が行われると、人々の関心は大変高かった。たとえば、東松浦郡で一八七九年一月三一日に開催された選挙会では、選挙人が午前中から集まり始め、午後一時の投票開始時間には、その数が五千余人となって会場に「一の小山」をなしたため、役人の数を増やして対応したが日暮れになっても半分も終わらず、徹夜もするような有様だった。しかしその夜は作業を中断し、翌日再開した後、午後までかかってやっと終了した。[45] 選挙会の様子からは、県会への関心の高さと同時に、県側も有権者の側も不慣れであったことが分かる。

三月一六日、第一回長崎県会臨時会は開会した。[46] 議場は、現在の長崎市公会堂からほど近い光永寺に置かれた。[47] 県会専用の議場が建設されるのは、二年後のことである。議員の定数は六二名で、小城郡からは松田、蒲原政標、牛島秀一郎の三名が選出された。[48]

松田は、明治二年（一八六九）に上京して以降、長く故郷を離れていたが、幕末に優秀さを認められ、東京で学問に励んでさらには海外留学まで経験していることが、有権者から期待されたのだろう。松田にとって県会は、留学を通して関心を持ち、翻訳業に従事しながら身に付けてきた政治知識を活かせる好機であった。

臨時会では、まず県令の内海忠勝《うつみただかつ》が主導して、議事細則を審議するための仮議長を選定することとなった。この仮議長選では、議員中最年長であった藤瀬圓二が選挙のための仮議長役を務め、松田が最多数を得て仮議長に選ばれた。[49] この時、松田は二二票（得票率四三・一％）を獲得し、次点の江口六蔵（佐賀郡、文政六年〔一八二三〕生まれ、数え五七）は一一票（二一・五％）であった。三三歳（数え三五）とまだ若い松田に多くの票が入ったのは、同僚である県議たちもまた、松田が留学を経験していて、西欧の知識に精通している、と期待したのであろう。

議長選挙の方法について松田は、議長を定めるには過半数が必要だとすることこそ「普通の公法」であると主張した。松田以外の全員が多数で十分であると主張したため、松田は、自分としては多数によって仮議長を決定することに不同意であるけれどもこれ以上は強いて意見しても無益であるから、仮議長として謹んで「正実」に務めることにした。この過半数を巡る議論は第二回県会で再び持ち上がり、「過半数」と明文化されることになる。

一八七九年三月一八日から、臨時会では、県側が準備していた議事細則案を基にした審議が始まった。これに対して松田は、議事細則というものは議会の側がみずから草案を起草すべきものであって県令より草案を出すべきものではない。しかしながら、本県会は初めて開かれたものであるから、注意深い県令があらかじめ草案を準備して県会側に下されたのだ、と県側がつくった草案をもとに審議することを宣言した(50)。

一期目の長崎県会には自分たちの手で草案を作成できるほどの能力はない、と松田はよく理解していた。だからこそ松田は、自分が審議を主導して、これから長崎県会を成長させていこう、と決意したことだろう。くわえて、藩閥出身の内海県令(51)に対する松田の協調的な姿勢も見ることができる。松田は、初めての県会を円滑に進めて議会制の実績を積むために、藩閥出身の県令とも協調する道を選んだのである。これは、府県会に合理的な議決機関としての自制を求めた原敬(52)と共通する考え方であって、将来の両者の連携の可能性をうかがわせる。松田は、県会が一歩一歩段階を踏んで、自立し発展することを目指した。

こうして第一回県会で、松田は規則の不備を指摘するなど制度作りに積極的に関わった。先に述べた議長選挙規定のように、長崎県会の制度はまだ未成熟であった。三月二二日に開かれた通常県会で、仮議長松田は、過半数をもって初代議長に選出された(53)。

議員も県を代表して説明応答する役人も不慣れな中、議論が紛糾すると、松田は議長の席を離れて議員の席に座って説得にあたった。論争において自身の論理の飛躍を指摘されても相手の言葉尻をとらえて反論し、円滑な議事進行によって多くの議案を原案通り可決した。

留学とその後の翻訳業とを通して身に付けた議会制度・運営の知識を実践できる機会を得て、松田は意欲的に取り組んだのである。しかし、第一回長崎県会が終わると、松田はひと月足らずで上京した(54)。また、第三回県会で常置委員に選ばれた時には、閉会期間中も長崎を離れられなくなるため辞退した(55)。このように議会閉会後すぐに上京するのは、県会の制度的な発展や議場における議員の指導に力を注ぐ一方で、活動の中心はやはり東京に置きたいと松田が考えていたからであろう。

第一回長崎県会をまずは無事に終え、翌一八八〇年の第二回県会で、松田は、次のように述べて、県会の発展に応じた議事細則の改正を構想した。[56] それを現代文にすると次のようになる。

〔議長としてではなく、一議員として〕自分は昨年に履行した議事細則を改正したいと考えている。昨年の細則が、昨年に行われて本年に行われないというのではないけれど、今この改正を望むのは他でもない。そもそも議事細則にも種々あって、内容が繁雑なものもあれば簡略なものもある、精密なものもあれば粗雑なものもある。各国においてもまた同じではないといえども、これは要するに、幼稚な議会には簡疎な議事細則でも構わないけれども、人文の進度に従ってその簡疎な議事細則を次第に精密な議事細則に変えていかなければならない。長崎県会においても、昨年までは未だ幼稚な段階だったので昨年のような議事細則で事足りたけれども、本年に至っては各議員が共に議事に情熱を注ぐのであれば、議事細則もまた一層精密であることが必要である。これが、自らが議事細則の改正を望む理由である、と。

右は、第二回長崎県会臨時会における、松田の議事細則改正の提議である。前年の第一回長崎県会の期間中、松田は積極的に議事を牽引した。そうして無事第一回県会を終了できたことに、松田はある程度満足しただろう。その自負をもって、長崎県会をもう一歩前進させたいと考えたのである。県会の進歩の度合いに応じて議事細則も発展させていこうとする姿勢は、松田が漸進的な改革を志向していることの表れである。

一八八〇年五月から六月に開催された第二回長崎県会では、議員にも二年目という自信がついたようで、第一回県会と比較すると強硬な態度を見せるようになり、県の予算を積極的に削減する傾向にあった。これに対する県庁側の答弁からは、初めての試みであった前年の第一回県会では、県庁側も新しい県会という制度をまずは尊重することを重視していたことが分かる。たとえば、明治一二年度の師範学校費減額分を、県が維持費から補塡した[57]例が挙げられる。内海県令は、明治一二年度師範学校費の減額を決めた長崎県会の議決を認可しないこともできたけれども（府県会規則第五条）、そうはせずに県会の議決を尊重したのである。一八七九年、八〇年の第一回、第二回長崎県会で、松田は精力的に議長としての役割を果たした。

松田が県会議長を務めたこの時期の長崎には、民権運動の状況と議員に対する世論に変化が見られる。長崎は、九州の中では民権運動があまり盛り上がっていない地域であったが、第二回県会頃になると、国会開設を求める会が結成された(58)。一八八〇年八月には、一部の長崎県議が、各府県議員に対して「国会開設の見込書」を送付した(59)。ここからも、国会開設への関心の高まりが見て取れる。県議らによるこの見込書の送付に、松田の影響があったかどうかは、はっきりとした史料が残されていない。しかしながら、松田が県会において指導的な立場にあったことや政治制度に関する専門的な知識を有していたことを鑑みると、これらの県議たちが、松田に影響を受けた可能性は十分にあったといえよう。

『東洋自由新聞』と県会への関心の薄れ

ところが、長崎県会の形勢は、松田の思い描く通りにはゆかなかった。一八八一年（明治一四）頃になると、県議に対する一般の人々の不満も伝えられ始めた(60)。こうした状況に対して、松田は議長として、県議に対する信頼を守ろうとした。たとえば、実名を挙げることなく、ある県議をドジョウにたとえて、知識はないが口が達者で高価な身なりをしていると馬鹿にする投書が地元の新聞に掲載された。すると、その県議の個人名を挙げないのは「議員一体の栄誉に差響く」と、松田は新聞社に抗議した(61)。

しかし、松田の県会に対する関心が薄れていったことは明らかであった。

一八八一年の第三回長崎県会は、議員定数問題や相次ぐ議員の辞職によって臨時会の開会が延期され、松田自身も臨時会が始まってしばらくは欠席していた。四月二一日に臨時会の開場式は行われたが、この時松田は欠席しており、本人不在のままで議長に再任されたのである。[62]松田が議場に現れたのは、四月二七日であった。[63]五月二〇日に開会した通常会の主な議題は、地方税賦課額の変更、備荒儲蓄規則の修正、教育費中の県立中学廃止動議などであったが、議員には細かい地域差にこだわる傾向が見られた。[64]

すでに述べたようにこの時期には国会開設運動が盛り上がりを見せていた。一八八〇年一一月一日には、地方で国会開設を求めて運動する人々の惣代として四〇余名の論士が東京へ出てきて、枕橋《まくらはし》（現・東京都墨田区）の料亭八百松楼で懇親会を開いた。松田も、長崎県下の有志として出席した。この会で松田が発議したのは、特に国会の一事に限らず、「日本全国の改進を主義とする論士と相親和する」ことを目的として、この会を「自由党懇親会」と称して永続を図ろう、ということであった。[65]

松田は、同年一二月に自由党準備会に参加した。[66]ただし結党式には出席しておらず、正式に入党はしていない。また、一八八一年三月には中江兆民、西園寺公望らと『東洋自由新聞』を創刊するなど、[67]東京での仕事が多くあった。一〇月頃には長崎での新聞発行の準備を進め、[68]翌年四月に「西海日報社」を開業した。[69]

しかし、一八八二年一月一七日、松田は東京での多忙を表向きの理由に、第四回県会開催に先立って県議を辞任した。[70]実際には、県会の指導に一段落はついたのだから、いつまでも長崎県会にとどまるのではなく、再び留学することも視野に入れて、[71]東京を中心にさらに活躍したかったと思われる。実際に議長を務めた経験を踏まえて、議会制度に関する知識をさらに深め、国会開設というさらに大きな目標に関わりたいと考えたのではないだろうか。

以上のように、松田は、長崎県会を漸進的に発展させようとした。その中で県議に対する不満が言われるようになると、県議の威信を保とうと行動したことからも、松田が、議会の発展のためには議員の地位も向上させていく必要があると考えていたことが分かる。

3　恩師西周の影響と教育への関心

明治二年（一八六九）末に育英舎に入って以来約二〇年間、松田正久は西周の下で国際法や語学を学び、留学を経験し、翻訳を通して外国の知識を蓄えていった。松田にとって師である西の影響は大きかった。

西はその「私擬憲法案」で、国会は国民の代理者であって、立法権とは天皇と国会が合同して行うものと位置づけた。議員に対して現在に通じる身分保障を提示し、府県会の権限も憲法に明記したり、大審院を天皇直属としたりすることを打ち出している。[72] また、議会については、民選議院の前段階としてまずは「官選議院」となし、府県会を民選にしてそこから広げていくという構想を持っていた。[73] 西は、明六社の中では保守的であったと言われ、政党政治に反対する山県と親交があったが、西洋の知識を学んでいた西から、松田は多くの影響を受けた。

再び留学することを目標にしながら、[74] 松田は西の下で翻訳に励んだ。[75] 西欧の知識を学ぶには、二つの道があった。一つは、語学力や基本となる知識をさらに身に付けてから、もう一度留学し、海外で今度こそ本格的にその国の本質的なところを理解することである。もう一つは、師である西がそうであったように、留学の経験を踏まえながらも、日本で外国の文献を通して西欧諸国への理解を深めることである。松田は、もう一度留学することを諦められなかった。それでも、留学は資金的に難しかったので、[76] その間は日本に入ってくる外国語の文献を通して、知識を深めていったのである。

この時期に松田が関わったと分かるものに、『憲兵職務提要』『兵役要訓』（一八八四年）、『布〔フリッケ〕氏道徳学』（一八八七年、翌年改訂版）がある。これらは、西が陸軍省所属であったことや、道徳教育の必要性を訴えていた影響であるといえる。[77]

松田は、教育に関心を持ち、自身も一時期ではあるが教育の現場に立った。さかのぼるが一八七七年（明治一〇）一二月に大井憲太郎と北畠《きたばたけ》道龍《どうりゅう》らが創設した「講法学舎」でフランス法を教えたこともあった。[78]その後長崎県会時代を経て、一八八七年七月九日に大阪始審裁判所の検事（奏任官三等・下級俸）になったのであるが、[79]これは当時開校間もなかった「関西法律学校」（現・関西大学）と関係が深い。関西法律学校では、現職の大阪控訴院や大阪始審裁判所判事も講師を務め、松田もここで教壇に立った。[80]

一八八八年一月一六日には、鹿児島高等中学造士館の倫理教諭となり、教頭（奏任官三等・上級俸）を兼任した。[81]鹿児島高等中学造士館は、一八八四年に鹿児島藩の藩校「造士館」が「県立中学造士館」として再興された後、一八八七年一二月、諸学校通則第一条によって「高等中学造士館」と改められたものであった。高等中学校は、県立の尋常中学校と区別され、（東京）帝国大学への予備教育を目指し、文部省が管轄してより高度な教育を行う拠点校として、初め全国で五校計画された。九州では、熊本に第五高等中学校が創立された。鹿児島にも高等中学設立が認められたことは、鹿児島人にとって喜ばしいことである。高等中学への改組直後に赴任した松田は、島津久光の三男で、旧薩摩藩重富領主の館長島《しま》津《づ》珍彦《うずひこ》の下で、県立中学からこの高等中学への移行準備を実質的に主導したと言われる。[82]「鹿児島高等中学造士館一覧　自明治廿三年至明治廿四年」では、沿革の中で、松田の赴任と転任がわざわざ記されている。[83]この記述からも、松田の存在の重要性が学校内で大きく位置づけられていたことが分かる。

西周（国立国会図書館蔵）

憲法発布・国会開設の準備が進む中、松田は、鹿児島高等中学造士館の教育制度づくりを進め、鹿児島の教育環境整備に寄与した。鹿児島高等中学造士館の教諭兼教頭を務めた約二年間に、松田は鹿児島の人々とのつながりを持ち、夫人静子とも結婚した。

もともとは、教育への関心から引き受けたことであるが、佐賀出身の松田が、薩摩系とのつながりを深めたことは、のちに自由党九州派内で勢力を得る一つの政治資源になった。

それでも、当時の松田にとって、鹿児島への赴任は心から望んだものではなかった。本心では、外務省に入り、領事もしくは参事官、やむを得なければ書記官の地位でもよいので、少なくとも二、三年の間欧州で在勤したいとずっと願ってきたのであった。松田は、一八八八年九月頃に、同郷の大隈重信を訪ね、自らの望みをかなえてくれるように頼んだ。しかし、すぐに周旋することは難しく、大隈からは、文部省など他の省に入って、一時の任務で渡欧することを考えてはどうかと提案されたようである。(84)結局、松田の望みが叶うことはなかった。

松田は西に国際法を学び、西を通して教育への関心を深め、生計を立てる手段も与えられた。西は、松田が仕官できるよう山県や京都府知事の北垣国道《きたがきくにみち》に相談していた。(85)松田もまた同郷の知人について西に相談したり、(86)私的な結婚についても話したりと、(87)西と松田は親しい師弟関係にあったのである。松田は二度目の留学を望んだが、これは叶わなかった。病に倒れた西のもとを訪れ、洋行が叶わなかったことを伝えた。(88)このように、思い通りになるばかりではなくとも、松田は恩師の庇護を受けて、決定的な危機は経験することなく国会開設までの時代を生きたのである。

第二章　立憲自由党結成と政党の地域性克服

1　政党政治家としての出発

政党との本格的な関わり

一八八一年（明治一四）に政府が公約した国会（帝国議会）の開設は、一八九〇年（明治二三）であった。帝国議会は、衆議院（定数三〇〇）と貴族院（有爵議員・勅選議員が中心）からなり、前者は直接国税一五円以上を納める満二五歳以上（被選挙権は満三〇歳以上）の男子による制限選挙で選ばれた。

松田正久は、一八八〇年の自由党準備会に出席したことはあるものの、国会開設の直前まで、正式に政党に入党したことはなかった(1)。ここまで述べてきたように、松田は、過激化する、急激な改革を望む自由民権運動とは距離を置いていたのであり、一八八二年の九州改進党結成にも参加しなかった。

松田の名前が新聞紙上に再び掲載されるようになったのは、第一回総選挙への関心が次第に高まり、誰が議員に選ばれるのかに注目が集まるようになる一八八八年末頃からである。各新聞社が国会議員の「候補者」を予想する中で、松田の名もその一人として挙がった(2)。松田の名前が知られていた理由では、西園寺公望と共に『東洋自由新聞』を創刊したことが大きかった。これに加えて地元では、長崎県会開設を振り返る記事が掲載されるたびに、初代議長であった松田の名前が報じられることも影響したといえる。

武富時敏（国立国会図書館蔵）

松田は、一八八九年頃、来るべき第一回総選挙への「立候補」を目指して、九州改進党肥前支部の後継団体である佐賀郷党会への入党の働きかけを行った(3)。郷党会の主唱者である武富時敏は、佐賀県（一八八三年五月に長崎県から分県）の民権運動の中心人物で、のちに第一次大隈内閣の内閣書記官長や第二次大隈内閣の蔵相を務め、財政通としても知られた。

この頃、鹿児島高等中学造士館の教諭兼同館教頭であった松田は、一八九〇年三月五日、文部省参事官（前職と官等上は同格の奏任官三等・上級俸）に栄転したが、衆議院議員となることを決心していたためすぐに辞表を提出した(4)。

国会開設を前に、河野広中らの大同倶楽部（東北）、板垣退助らの愛国公党（近畿・四国・中国・東海）、大井憲太郎らの自由党（関東）が次々に結成され、九州では一八八五年に解党した九州改進党を中心に、地域的結合としての九州同志会が結成された。松田もこの九州同志会の候補者となった。

そもそも、一八八二年三月に結成された九州改進党自体が、九州の民権派政党の連合体という性格を持っていた。一八八五年五月に解党した後も親睦会が開かれており、その中でかつての九州改進党に九州の民権派政党をさらに取り込み、一八八九年二月に「九州連合同志会」が結成された。しかし、結成時の規約には「改進主義」を掲げながら、翌一八九〇年四月以降は「進歩主義」を標榜している(5)。九州地方の民権派政党を広く集めるために、主義をかなり緩やかに定めていたのである。

松田は、一八九〇年四月に初めて、鹿児島で開かれた九州連合同志会の大会に参加した。その後、九州連合同志会は、七月二日に再び大会を開き、九州連合同志会から九州同志会に名を変えた(6)。

表2－1　九州地方の第一回総選挙結果

福岡(9)	津田守彦	大成会
	小野隆助	大成会
	香月恕経	大成会
	権藤貫一	大成会
	佐々木正蔵	大成会
	十時一郎	立憲自由党（九州同志会）
	岡田狐鹿	立憲自由党（九州同志会）
	堤 猷久	大成会
	末松謙澄	大成会
佐賀(4)	松田正久	立憲自由党（九州同志会）
	武富時敏	立憲自由党（九州同志会）
	天野為之	立憲改進党
	二位景暢	立憲自由党（九州同志会）
長崎(7)	富永隼太	立憲自由党（九州同志会）
	家永芳彦	立憲自由党（九州同志会）
	朝長慎三	立憲自由党（九州同志会）
	牧 朴真	大成会
	立石寛司	立憲自由党（九州同志会）
	宮崎栄治	立憲自由党（九州同志会）
	相良正樹	無所属
熊本(8)	佐々友房	無所属（旧熊本国権党）
	前田案山子	国民自由党
	木下助之	無所属
	古荘嘉門	無所属（旧熊本国権党）
	紫藤寛治	無所属（旧熊本国権党）
	岡 次郎太郎	大成会
	山田武甫	立憲自由党（九州同志会）
	松山守善	立憲自由党（九州同志会）
大分(6)	元田 肇	大成会
	箕浦勝人	立憲改進党
	朝倉親為	大成会
	宇佐美春三郎	立憲自由党（九州同志会）
	安東九華	大成会
	是恒真楫	大成会
宮崎(3)	川越 進	立憲自由党（大同倶楽部）
	安田愉逸	立憲自由党（九州同志会）
	三宅正意	立憲自由党（大同倶楽部）
鹿児島(7)	樺山資美	立憲自由党（九州同志会）
	折田兼至	立憲自由党（九州同志会）
	長谷場純孝	立憲自由党（九州同志会）
	宇都宮平一	立憲自由党（九州同志会）
	河島醇	立憲自由党（九州同志会）
	蒲生仙	立憲自由党（九州同志会）
	基俊良	立憲自由党（九州同志会）

※県名欄の（　）の中は定数。

※※大成会は総選挙後の1890年８月21日，立憲自由党は同年８月25日，国民自由党は第一議会開会後の同年12月18日に組織された。

出所：衆議院・参議院編『議会制度百年史 院内会派編衆議院の部』〔大蔵省印刷局，1990年〕をもとに作成。

第一回総選挙の結果、松田は佐賀県第一区から選出された。この時、松田と同じ佐賀県第一区（定数二）からは武富（九州同志会）が、第二区と第三区からはそれぞれ天野為之《あまのためゆき》（立憲改進党）と二位景暢《にいかげのぶ》（九州同志会）が当選した。佐賀県では、特に選挙競争が行われた様子は見られない。佐賀県で選出されたのは、いずれも反藩閥政府を掲げる民党系の人物であった。九州地方全体では、全四四議席中二一議席を九州同志会が占めた。県別に見ると、佐賀県、長崎県、宮崎県、鹿児島県では、九州同志会、立憲改進党などの民党系が強かった。しかし、旧熊本国権党やのちの大成会といった、藩閥政府を支持する吏党系の議員も、福岡県、熊本県、大分県では、多数派を占めた（表2－1）。

立憲自由党結成への参加

一八九〇年（明治二三）七月一日に投票が行われた第一回総選挙の結果は、民党（政府野党）が三〇〇議席中一七四議席を獲得して勝利を収めた(7)。ただし、民党の大同倶楽部・愛国公党・自由党（再興）・九州同志会・立憲改進党の勢力は分散していた。くわえて、帝国議会開会の四カ月前の一八九〇年七月二五日に公布された集会及政社法でも、前の集会条例を受け継いで、政社が他の政社と連結、通信することは禁止されていた（第二八条）。そのため、複数の政社間で連携して藩閥政府に対抗しようと行動することは難しかった。こうして、民党合同の動きが具体化したのであるが、途中で民権運動以来の対立から改進党が離脱し、一八九〇年九月一五日、大同倶楽部・愛国公党・自由党・九州同志会により立憲自由党が結成された。

民党合同の実現を目指して、八月二五日に新政党組織の準備集会が開かれ、九州同志会からは松田、河島醇《かわしまじゅん》（代議士・鹿児島県選出）、山田武甫《やまだたけとし》（代議士・熊本県選出）、田中賢道《たなかけんどう》（熊本）ら計一〇名が出席した(8)。この準備会では、八月二二日の大江卓（大同）邸での会合で作成された原案をもとに党の名称と綱領が議論された(9)。原案では、党名

を「代議政党」とし、

一　皇室の尊栄を保ち民権の拡張を期す
二　内治は干渉の政略を省き外交は対等の条約を期す
三　代議政体の実を挙げ政党内閣の成立を期す

を綱領案とした。

まず、党名を「民権党」または「自由党」に変更するか否かが争われた。九州同志会は立憲改進党との合同の可能性を残すためにも「民権党」を支持し、議論は紛糾した。すると松田は、どの説も過半数に達しない場合には党名選考委員を選んで委員会の議に付すことを提案した(10)。大勢で三つの案を議論していてもまとまらないと考え、建設的な解決策を提案したのである。松田も九州同志会のメンバーに歩調を合わせて「民権党」を支持したが、本心では立憲改進党までをも含めた民党合同には懐疑的で、党名にこだわるよりも最も重要と考える綱領の議論に早く入りたかったのだろう。委員会が開かれた結果、立憲改進党との合同の可能性も残して、党名は「立憲自由党」に決まった(11)。

綱領の議論に移ると、松田は、綱領二のうち「外交は対等の条約を期す」の部分に異論を唱えた。綱領とは政党にとって永久に変更するべきものでないから、対等な条約改正を目指すというような目下の政策課題を綱領に盛り込むべきではない。そこで、外交は国権を損なわない限りは平和を主とする、という程度の意味に改めよう(12)。これが、松田が原案に反対した理由だった。

松田は、政党には主義の一体性が必要であるから、最も重要な綱領に関して、結党の段階で議論を尽くさなければならない、と考えた。だからこそ、真っ先に発言して、議論の主導権を握ろうとした。

それにくわえて、この綱領二に関する松田の主張からは、松田が強硬な外交論を持っていなかったこともうかがえる。不平等条約の改正をめぐっては、その改正内容に不満を持つ人々が運動を起こして政府の交渉に反対し、時に運動は過激化した。松田は、綱領は政党の長期的なビジョンを示すものであるという考えと、そうした歴史も踏まえて、「外交は対等の条約を期す」という文言に反対したのだろう。

このような松田に対して、九州同志会の中心人物であった河島は、綱領に関して異なる理解を持っていた。河島は、綱領のようなものは政党を組織する際に必要がないから、必要になった時に作ればよい、と削除案を出した(13)。河島は、ドイツやオーストリア公使館に在勤し、伊藤博文の憲法調査に同行した経験も持つにもかかわらず、綱領の必要性さえ十分に理解していなかった。政党が一体性を獲得するためには、綱領を策定し、党の方向性を明確にする必要がある。河島が改進党との合同の余地を残すために綱領策定を遅らせたいと考えたのだとしても、松田の方が、近代的な強い政党をつくるという明確なビジョンを持っていたといえる。

採決の結果、綱領は原案通りに決まったが、松田はこの準備会で存在感を示した。国会開設の直前まで政党に入党しておらず、地元九州の民権運動にも関わっていなかったため、松田の名前はある程度知られていたとしてもあくまで九州の民党系政治家の中で、有力者の一人に過ぎなかった。松田は、当時の政党員としては長い、二年半近い留学経験と、欧州の政治に関する豊富な知識とを武器にして、新たな政党で主導権を握ろうという強い気概を持っていた。

党幹事の選挙では、大井（自由）、河野（大同）、河島（九州）、田中（九州）、林有造（愛国）が当選し、その補欠員には次点だった松田（九州）、新井章吾《あらいしょうご》（自由）、杉田定一《すぎたていいち》（自由）、片岡健吉（自由）、内藤魯一《ないとうろいち》（自由）が選ばれた。この選挙では、新井・杉田、片岡に次いで、松田・内藤・大江が七票で並んでいたのだが、この三名のうち、内藤と大江が補欠員になることを辞退した。結局年長者であるという理由で内藤は残され、大江が外れたのであるが、松田は三人の中で一人だけ補欠員就任を辞退しなかった[14]。松田には、立憲自由党をリードしていこうという自負と野心があったといえる。

立憲自由党結党準備の段階から第一議会開院までの間に、松田が急速に党内で存在感を強めていったことは、第一議会の衆議院議長選からもうかがえる。創立当初に立憲自由党内で構想された、議員への拘束力を弱くする議会政治では、議長の人選は重要な問題であった[15]。投票の結果、中島信行が初代議長に選ばれたが、松田も最後の決選投票まで残った[16]。松田が、衆議院議長選挙で決選投票まで残った背景には、長崎県会議長としての名声と、党の評議員会での議事整理が至極機敏でかつ厳正であるという九州派の推薦があった[17]。くわえて、改進党中にも松田を推す声があったようである[18]。

第一議会での未熟な出発

第一議会は、一八九〇年（明治二三）一一月二九日に開かれた。予算削減を目指す衆議院の民党勢力と、藩閥官僚系の山県内閣とが対立したが、翌年一月、旧愛国公党系（土佐派）が中心となって山県内閣との妥協に動いた[19]。このいわゆる「土佐派の裏切り」の結果、予算は成立した。党内では、板垣、林、片岡ら土佐派の有力者を含む二九名の議員が脱党した。脱党した二九名は、他に四名の議員も加えて、自由倶楽部を結成した。この旧愛国公党系による一連の妥協への動きの中で、九州派に対する働きかけも行われたが、九州派がこれに応じることはなかった[20]。「土佐派の裏切り」に対する反発から中江兆民ら一部の党員が脱党した。一方で、自由党の幹部クラスでは、日本が議会を運営できる国であるかを注視している列強との関係を考えれば、第一回目から議会が解散にならなかったことを評価する者も多かった[21]。

この時、山県内閣が議会に提出した予算案は、歳入が約八三一一万四〇〇〇円（前年度より約一九五万六〇〇〇円減）、歳出が約八三〇七万五〇〇〇円（同約一八二万七〇〇〇円減）であった。それに対して、衆議院予算委員会は、約八〇六万円の歳出削減という、一割近い歳出削減の査定案を作成したのであった。これに対して、山県内閣は慎重な議会運営を目指し、六五一万円の削減という、衆議院予算委員会の作成した査定案の八割以上で妥協したのであった。

松田もまた、第一議会での解散には反対だったのは、こうした政府の姿勢を評価したからだと考えられる。松田は、中江を主筆として創刊された自由党系の雑誌『自由平等経綸』第一号に次のような論説を寄せた。

松田は、もし民党が査定案で削減した予算のうち、行政機関の運転を阻害し国是に背反するものがあったならば、政府は憲法の精神に拠って不同意としたらよいではないか、と冒頭では山県内閣が第一議会で強硬手段を執ったことを批判した。一方、査定案が国の利益と国民の幸福を増進するものだと信じる時は、衆議院固有の権力によってただちに政府の同意を取り付け、万が一にも政府が同意しない時は、憲法の条文に従って予算案を可決しなければよい。それにもかかわらず、憲法の条文の解釈をめぐって争うことを松田は批判した。松田は、「人民の裁判」に訴えることが解散の意義であると論じながらも、日本の現状では解散をすべきではないと訴えた(22)。

ここで松田が重要だと考えたのは、第一議会としての実績を積むことであって、憲法を遵守して議会での手続き上の先例をつくることであった。山県内閣の手法を非難はしていても、政府が憲法を遵守していることを評価しており、その上で議会を尊重するよう望むものだった。松田は、憲法の条文を争い、かえって憲法を軽んじるような民党側に対して、政府に対する以上に批判的だったのである。

松田は、第一議会の終了後にも同誌に「政府宜しく猛省する所あるべし」と題する論説を寄せた。これは一見政府批判のように見えるが、議員に対する強烈な批判だった。

表2－2　結党時から第5回総選挙後までの自由党代議士における九州派の勢力の変化

	自由党総代議士数〔人〕	九州選出代議士数〔人〕	党内における九州選出代議士の割合〔%〕
結党時	122	22	18.03
第2回総選挙後	86	8	9.30
第3回総選挙後	119	13	10.92
第4回総選挙後	107	10	9.35
第5回総選挙後	96	11	11.46

注：所属は，前掲，衆議院・参議院編『議会制度百年史 院内会派編衆議院の部』によった。また，第2回～第5回総選挙後は，各総選挙後最初の議会閉会時の勢力を指す。

第一議会は幼稚であり、強いて弁論を好んで他の議論を聞かず、自ら言論の自由を牽制し、君民共治という議会の根本を忘れ、藩閥政府の本拠を衝《つ》くことも出来ずに、政府に議会は与し易いと思わせてしまった。しかし、罵言と紛争の内に終わった第一議会ではあるが、「世の失望者決して落胆する勿《なか》れ」(23)。

このように読者に訴えてはいるが、議会の有様に失望したのは松田自身だったのだろう。だからこそ松田は、自身の知識をもって自由党を改革していかなければならないと考えたのである。

自由党地方団と九州派

一八九〇年（明治二三）七月の第一回総選挙における自由党代議士の数は一二二人、その内の二二人が九州の選挙区出身者であって、その数は全体の二〇パーセント近くを占めていた(24)。その後自由党九州派が分裂して自由党内での割合も減少するものの、第二回総選挙後も一〇パーセント程度の勢力を維持した（表2－2）。

立憲自由党内には、すでに愛国公党・大同倶楽部・自由党（再興）・九州同志会という地域性があった(25)。土佐派が復興した一八九二年一二月までに自由党の地方団として形成されていたのが、関東自由会（星亨派）・関西会（土佐派で山陰・中国・四国に勢力を持つ）・東北会・北信八州会であった(26)。この中で九州出身代議士は、「九州派」または「九州進歩党」と呼ばれ、地域的に緩やかに結びついていた。一八九一年五月八

河野広中
（国立国会図書館蔵）

日の九州派の大会で設立が決定した「九州倶楽部」は、さらに改進党の楠本正隆を含むなど[27]、自由党の下部組織とは位置づけられない[28]。九州派には、自由党系と、自由党に所属はしていても改進党との関係が強い者とがおり、自由・改進両党に両属状態であった[29]。

ここで注目されるのが、河野、星、林の三名が、それぞれ各地域における自由民権運動の中心人物であったのに対して、松田が、佐賀・九州の自由民権運動とそれほど深い関わりを持っていなかったことである。松田の活動拠点は主に東京にあって、九州改進党など九州の自由民権運動とは関わっていない。そのため、自由党結成時の地位は、河島醇（鹿児島）、山田武甫（熊本）らに次ぐ九州派の三、四番手程度だった[30]。

この中でも、河島は党創立時の幹事に加えて、三名しかいない起草委員にも選ばれ、九州派の最有力者であった。河島は、板垣からよく信頼されていて[31]、さらには、大隈からもその外交に関する知識を買われていた[32]。河島は、松田よりも二歳年少で、すでに述べたように、ドイツ・オーストリア・ロシア公使館で書記官を務め、伊藤博文の欧州憲法調査にも随行した。第一次松方正義内閣の時に官吏を辞して以降、明治二〇年代には鹿児島郷友会の中心人物として、九州の民権派中に重きをなしていた。

このように、松田は、立憲自由党創立時には、九州派中の有力者の一人に過ぎなかった。それにもかかわらず、一八九一年一月の組織改革で総務五名説が出た際には、五名の内訳として板垣、星、大井、河野の名が挙がり、残り一名は、九州から山田、河島、松田の一人をと考えられるまでになった[33]。

またこの前段階の一月一五日に行われた常議員会で、党の最高幹部である総務委員の体制をめぐって、板垣・星・大井を想定した総務三名説が出されると、九州の松田、東北の河野も入れるよう声が上がった。しかし、この時九州からならむしろ山田を推すべきであるという松田反対論も多かった[34]。誰が松田を排斥しようとしたのかははっきりと分からないが、立憲自由党で主導権を握っていこうという勢いを持っていた松田よりも、九州改進党以来の経歴を持ち、松田よりも野心的でない山田に九州の支持が集まったのであろう。

立憲自由党は、地域性のある、愛国公党・大同倶楽部・自由党（再興）・九州同志会が合同して結成されたため、全国政党であることを示すためには、最高幹部を全国から偏りなく選ぶ必要があった。

このような状況に合致し、かつ、意欲的な松田が、九州派の最有力者となって、自由党全体の最高幹部へと位置づけられていった転機が、次に述べる一八九一年三月の自由党党組織改革であった。

2　星亨との連携

松田正久と星亨との連携による自由党党組織改革

第一議会でのいわゆる「土佐派の裏切り」によって、板垣退助、林有造、片岡健吉ら土佐派の有力者を含む二九名の議員が立憲自由党を脱党した。第一議会閉会後の立憲自由党の党内事情として、立憲自由党では九州派がなお党を去らない間は、未だ、結合が強いとは言えない、と新聞紙上で評されている[35]。このように、立憲自由党・立憲改進党の両党に縁故がある自由党九州派は、主義による一体性が低かった。立憲自由党では、星亨が掌握するようになる関東派が、主導権を握っていった。

第一議会での経験から、松田正久や星らは、立憲自由党の統制を強めるために、党組織の改革を決めた[36]。一八九一年（明治二四）三月二〇日、大阪で開かれた大会において、星が主導する党組織改革が実施された。主な変更点は、党名の変更と板垣の党総理推戴であった。

板垣退助
（国立国会図書館蔵）

星亨（国立国会図書館蔵）

立憲自由党から「立憲」を除いて、自由党に党名を変更することについて、星は、「故らに此の二字を冠するの要なし」と述べた。しかし、「立憲」には、立憲改進党との将来的な合同を目指す意味が含まれていた。すなわち、この党名変更は、立憲改進党との合同路線からの決別を意味した。

次に、板垣の党総理推戴である。板垣を党総理に位置づけることによって、主流派となった星に挑発的な大井憲太郎を抑えて党の統制力を高めることができる[37]。それと同時に、脱党した土佐派を中心に、板倉中ら四名の代議士を加えて二月二四日に結成された自由倶楽部に動揺を与えることにもなる。

立憲自由党では、総務五名を置くと規定されていた（党則第二条）。しかし、協議委員中の星、松田、河野広中、山田武甫、大井は、総務五名の合議制はいちいち五名の打合せが必要となって繁雑であり、政党に最も必要な機敏の運動ができない、という理由から反対した。その結果、総務を一名（党総理）とし、板垣が選ばれた[38]。

この板垣総理推戴は、最初旧大同倶楽部・旧九州同志会・旧愛国公党の有力者の案によると考えられるが[39]、その中でも特に、星と連携して松田が積極的な推進者になったと思われる。松田、山田、河野、杉田定一らが、党総理に就任するよう板垣を説得し、最終的には星から板垣の総理推戴が発議された。この情報はごく限られた範囲のみにしか知らされておらず、大井には大阪大会に向かう汽車の中で松田から知らされた[40]。党内の最有力者の一人である大井にさえ改革の内容は直前まで秘密にされたように、大会では総務五名が選ばれるものと伝えられていた[41]。板垣に対する総理就任要請の総代は、松田と河野が務めた[42]。

一八九一年三月立憲自由党党組織改革は、この二年後、結果的に自由党九州派の分裂を引き起こすこととなる。「九州進歩党」とも名乗っていた自由党九州派（旧九州同志会）には、この改革を支持する一派と、一人の総理を推戴して、「立憲」の二文字を除くことは、旧自由党を再興することを意味するのでふさわしくないと主張する一派の両方があった(43)。前者は、自由党系グループの主張であって、後者は、改進党系のグループの主張に対応する。この改革が、旧自由党の再興を意味するからふさわしくないという論理は表面的な主張であって、背後には立憲改進党との合同の可能性が消えてしまうことへの危惧があった。

三月二九日に東京市の料亭伊勢勘《いせかん》で開かれた九州派の会合には、松田、河島、山田、武富、田中賢道、江藤新作らが参加した。改革に対する九州派の態度は、この会合では決定されずに、改めて、五月に長崎で九州派の大会を開催することに決まった(44)。

武富は、立憲改進党に縁故が深いと見られていて、立憲自由党の会合があるたびごとに、同郷でもある大隈重信を訪ねていた(45)。すなわち、九州派内の大隈・立憲改進党に近いグループにとって、改進党との合同路線からの決別を意味するこの改革は、自らの帰属に関わる重大な問題だったのである。

五月五日から長崎で開催された自由党九州派（九州進歩党）の大会では、はじめ自由党からの分離独立論も主張された。なかでも鹿児島出身の党員は、特に強硬な分離独立論を主張した。鹿児島の河島は、板垣の総理推戴に反対であった(46)。その他の人物については、具体的に誰がどの立場にあったかは不明であるが、このののち自由党を脱退する長谷場《はせば》純孝《すみたか》らも反対の立場にあったと推定される。

九州派の大会には、松田、星と同じく党組織改革の賛成派である、協議員の河野（東北）が調停役として派遣された。河野の奔走の結果、自由党からの分離独立という強硬論は抑えられた。しかし、総理推戴に賛成するか反対するかに関して結論が出ず、議論は、一〇月に予定されている自由党大会前に、再度開催されることとなった九州派の大会に持ち越されることに決まった。

この党組織改革を主導して勢力を拡大したのが、星であった[47]。そして、松田もまた、総理推戴論（「置総理論」）の熱心な推進者の一人であった[48]。この一八九一年三月の立憲自由党党組織改革を、星と連携して推し進める過程で、松田の自由党内での地位は高まった。

一八九一年六月に、自由党と立憲改進党との合同による第一次松方正義内閣倒閣の噂が報道された時、自由党・立憲改進党の連立内閣の閣員として、自由党側から板垣、星、大井、河野と並んで松田が候補に挙げられている[49]。これは、三月の党組織改革によって、松田が、九州派の最有力者としての地位を固めていったことを傍証するものである。

松田は、立憲自由党結党間もない時期には党内で主導権を握ろうと意気込んでいたが、民権運動以来の党員や壮士を抱える党を一人でまとめていけるほど、強い指導力は持っていなかったのである。党の統制を強化するという理念で一致している星および河野と共に、板垣を党総理に置いて党を指導することで、松田は自分の目指す政党をつくっていく道を得た。

他方、星の主導する体制に反感をもった河島は[50]、このの ち一八九二年二月の第二回総選挙までに自由党を脱退した[51]。河島が脱党したのは、党組織改革の内容というよりもむしろ、星の下になることを拒んだためであると思われる。九州派の中で松田以上の有力者であった河島が脱党したことによって、結果的に、九州派を代表する自由党の最有力者は松田に決まった[52]。松田は、自由党という中央の政党を確立していく中で九州派でも最有力者になったのであって、民権運動の中から自由党九州派の代表として上り詰めていったのではない。

総理推戴問題は、自由党九州派内の分裂を生み、すでに述べたように、九州派の混乱は、河野が調停のために長崎で開催された九州派の大会に派遣されたほど深刻であった[53]。しかし、長崎大会では問題が解決せず、九月の佐賀大会に持ち越しとなった(54)。佐賀で開催された二回目の自由党九州派の大会では、総理推戴問題は直接議論されることなく、代わりに民党合同の議が可決された。これは、総理推戴問題を議論すれば、自由党九州派の分裂は免れないとして、一二日の秘密会で一部の委員によって、総理推戴の是非を問う議題が破棄されたためであった(55)。

こうして、自由党九州派はいったん分裂の危機を脱したものの、特に佐賀県で総理推戴賛成派と反対派との亀裂が深刻だった。民党合同路線を取る九州派の主流とは異なり、松田は民党合同に反対だった。調停に訪れた河野は民党合同論者だったが、当時松田と河野とは協力して党運営にあたっていた。これは、民党合同に関する意見は異なっていても、自由党の統制を強化するという目下の課題に関しては一致できていたからである。

第二回総選挙での落選

先の第一議会で予算の成立に漕ぎつけた山県有朋首相は、一八九一年（明治二四）四月九日に辞意を表明した。伊藤らが後継内閣組織を固辞したため、五月六日に第一次松方正義内閣が成立した。松方内閣は、軍艦建造費・海軍製鋼所設立費等を含む八三五〇万円の予算案と、主要私鉄買収法案・重要地域間の鉄道速成政策等を含む八六〇〇万円の公債募集案など、積極主義に基づく財政計画を打ち出した。これに対して、自由党・立憲改進党は連携を強め、民力休養・経費節減を掲げて衆議院予算委員会で七九四万円という大幅な予算の削減を行った。

党の統制力を強化した自由党は、強気の姿勢で第二議会に臨んだ。星は、党報第一号に「政府及薩長元老株の猛省を希《こいねが》ふ」と題した論説を掲げ、薩長藩閥政府には内政外交に関する一定の方針がない、と批判した(56)。

一八九一年一一月二六日の第二議会の開会を前に、二〇日に開かれた自由党代議士総会で、(1)全院委員長を他の団体に譲る、(2)議場の席順を党派別にすることを主張する、(3)常任委員の数の減少を主張する、という方針を自由党は決定した(57)。一八九一年三月立憲自由党党組織改革の中で星と連携して、党内で重きをなすようになった松田は、予算委員長に選ばれた[58]。この時の予算委員長は、党総理、衆議院議長や、党の議会指導の責任者である院内総理に次ぐ地位であった。

松田は、予算委員長として、早期に審議を進めることに尽力していたようである[59]。予算委員会は、政府案が今日の民力に適したものでないとして、政府の予算案に新規事業の中止等の削減を加える修正を行った。政府委員はしばしば委員会側の修正に同意しなかったものの、昨年も始めは政府が同意を示さなかったのであって、最終的には政府も委員会が修正した査定案に賛成するに至るだろう[60]、と松田予算委員長は、委員会の場で、政府に対して強い姿勢を示した。一二月二五日、議会が査定案を可決すると、政府は議会を解散した[61]。

松田は、松方内閣が議会を解散したことについて、解散権はみだりに政府に与えられたのではなく国民の意思を問うために与えられているのだから、解散の責任は負わなければならないと主張した[62]。これは、政府が憲法の範囲内で行動することは評価しつつ、政府が議会を尊重する方向に進むことを望んだものだった。

第二議会前、民党勢力に連携の動きが見られた[63]。一一月一七日には、自由党と立憲改進党に、自由倶楽部、大《おお》東《ひがし》義徹《ぎてつ》らの巴倶楽部、岡崎邦輔《おかざきくにすけ》ら無所属議員も合わせて、民党代議士を中心に、一五三名の代議士が出席して、「民党連合懇親会」が開催された[64]。

松田が党内での地位を確立していたことは、次に示す人事にも表れている。一一月二二日の代議士総会で、議院内における自由党の運動についての党総理代理（院内総理）に河野が選ばれた。そして、河野に何か事故がある時は、松田が代わりを務めることとなった[65]。

院内の総理代理という性格から、代議士でない星・大井は候補にならない。しかし、立憲自由党創立時、九州派で最有力であった河島は代議士であるため、院内総理の代理となる資格を有する。この時、三カ月後には自由党を脱党することになる河島ではなく、松田が院内総理の代理に選ばれたことは、松田が、⑴板垣・星・河野らと連携できていたこと、(2)この時期までに自由党指導部の一員であると認められていたこと、を意味する。

自由党は、(1)候補者選定および選挙に関する運動は、すべて地方党員の自治に任せる、(2)自由党員は同一選挙区内において競争してはならない（ただし、もし同一選挙区内において党員中数名の候補者がある時は、地方において十分譲り合いの協議を遂げ、どうしてもやむを得ない場合は党総理の指定を受ける）、(3)議場において連合して運動した民党前代議士とは、徳義上なるべく競争しない、(4)立憲自由党脱党者が結成した自由倶楽部の復帰を拒まない、(5)議場における自由党の運動の経過および将来の方針を宣言する、の五つの方針を立てて第二回総選挙に臨んだ。[66] ここに、この時期にはまだ、選挙における政党本部の候補者調整能力が不十分であることが分かる。

翌一八九二年二月一五日、第二回総選挙が行われた。この選挙において、政府は吏党系の「候補者」を立てるとともに、民党系の前職議員に対する選挙干渉を行った。佐賀では、干渉の最も激しかった高知に次ぐ、激しい選挙干渉が行われ、その一環として地方紙を買収してのネガティブ・キャンペーンも行われた。[67] 特に松田の選挙区である小城郡では、多くの死傷者まで出した。[68] その結果、松田と武富をはじめとして、民党系の前職は全員落選した。

松田は、代議士としての地位を失ったが、党内での地位に大きな影響はなかった。松田は、政務調査や全国遊説等、自由党の党運営に力を尽くし、[69] 一八九二年六月までに、九州派の代表として、自由党の最有力者の一人に認められることとなる。

一方、同じく佐賀県で落選した武富は、院外活動へと向かい、板垣、星、松田らのグループからは距離を置いた。代議士総会には、松田をはじめ、第二回総選挙で落選した前代議士も出席していたが、武富が自由党の代議士総会に出席することはまれであった。[70] そうであるからといって、武富は、この後、団体として組織されるようになる自由党院外団にも積極的には関わったわけでもなかった。少し先の話になるが、一八九二年一二月二三日や翌一八九三年二月四日に開催された院外団の大会にも出席しておらず、九州地方の運動員に選ばれたのは、宇都宮平一（鹿児島）であった[71]。すなわち、武富は、自由党自体と距離を置くようになっていったのである。

自由党最高幹部の一員

第二議会の解散から第二回総選挙に至る過程で、松田は、党報上で、イギリス議会を例にとって、議会の発展における解散の必要性を述べていた[72]。また、日本の人民が一般に政治に関する関心や知識を高めて、政治と事業とには密接した関連があるのだということを理解し、一部の知識層だけでなく広く政治に熱心になる必要があるのだとも述べている[73]。

こうした主張から、遅くともこの頃から松田が、イギリス風の立憲政治を理想とし、議会解散を冷静に見、漸進主義・現実主義的な志向を有していたことが分かる。松田は、立憲自由党が結成された一八九〇年九月までに、政党組織のあり方や規則について、自信を持って議論できるだけの知識を身につけていた。それから二年半以上が経ち、党組織改革を推し進める過程で星らと議論を交わした結果、もう一歩踏み込んで、議会制や日本社会における政治のあり方を深く考えるようになったのだろう。

一八九二年（明治二五）五月六日に始まる第三議会に先立って、松田は、議会の解散という政府の選択を、「東洋の代議政体に一歩を進めた」と評した。しかし、その代わり、政府には避けることのできない重大な責任がある、と考えた。松田の論点は、次の四点であった。(1)政府の意見と議会の意見とが合わない場合に政府が議会を解散することは、多くの代議政体の国の憲法で許されていて、我日本憲法においてもまたこれを認めている。(2)しかしながら、解散権とは、特別な理由もなく政府に与えられているのではなく、国民の意思を問うために与えられた権利である。ゆえに政府は、解散後の総選挙の結果によって、断乎としてその進退を決しなければならない。(3)もし、解散後新たに選ばれた議会において、第二議会で否決された予算・鉄道買収案等が容易に通過する時は、現内閣大臣はなお国民の信任をつないでいるという確証があるとして、意気得々、以て益々その政略を伸長する画策に務めても妨げはない。もしそうではなく、総選挙後の新議会が解散前の旧議会と同一の方針を取って再びこれらの議案を否決する時は、内閣は国民の信任を失っているという明らかな証拠であるので、速かに自から責任を取って総辞職する外に策はない。(4)解散の意味はここにあって、憲法の精神もここにあるのである。[74]

このように、政府が国民の意思を反映した議会をより尊重することを松田は期待した。これは、政党内閣が実現するまでの移行期間として、まずは藩閥政府が、国民の意思をより生かせる内閣に近づくことを意味している。

三月二五日の自由党代議士総会で、政務調査局を設置し、前代議士を充てることが決まった。主幹〔政務調査局の長〕と理事には、それぞれ松田と駒林広運《こまばやしひろゆき》が、板垣総理によって選任された。政務調査局の取調委員には、武富、栗原亮一、蒲生仙《がもうせん》ら一〇名が就いた。[75] 政務調査局が起草した「新議会〔第三議会〕に対する我党の方針」は、四月二五日に行われた自由党臨時大会で決議された。その内容は、第二議会で否決した予算案に関してはその姿勢を維持すること、選挙干渉を問題にすること等であった。[76]

五月に開会した第三議会で、第二次松方内閣は選挙干渉の責任を追及され、七日間の停会を行った。政府が提出した明治二五年度予算追加案は、依然として民党勢力が多数を占めた衆議院で大幅に削減された。特に軍艦建造費は、衆議院で削除されたが、貴族院で復活、両院協議会が開かれた末にやはり削除されて、予算追加案が成立した。

第三議会が閉院した翌日の六月一六日、自由党代議士総会で板垣は、(1)党の主義に基づいて施政方針を一定すること、(2)党中央部は活発に運動できて、地方部は地盤を鞏固にできる中央部と地方部との関係を構築すること、を述べた。自由党将来の運動方針を決定するための起草委員には、星、松田、河野の三名が指名された。

こうして一八九二年六月までには、板垣—星・松田・河野を最高幹部とし、板垣と星が主導する体制が形成され、ここに起草された運動方針において、党勢視察のために全国に党員を派遣することが決まった。

このように、松田が自由党の最高幹部の一員に組み込まれた背景には、自由党が全国政党であることを示す意味合いがあったと考えられる。どうしても、板垣は四国・中国・関西の、星は関東の、河野は東北の代表であると見られてしまう。自由党の中でも勢力が大きい九州にも、地域を代表する最高幹部を置くことで、自由党は全国政党としての体裁をつくることができる。くわえて、自由党内で九州選出の代議士は一定の勢力を占めたが、県単位で見ると自由党が強かったのは、福岡と長崎に限られた。九州地方の他の県でも勢力を伸ばすには、九州に最高幹部を一人置き、その人物が中心となって遊説等を行うことが期待された。そこで選ばれたのが松田だったのである。松田が九州地方の民権運動との関係が薄かったにもかかわらず九州の代表者に選ばれたのは、政党に関するビジョン・知識で、星と一致できたからであろう。

第三議会をなんとか乗り切った第二次松方内閣であったが、選挙干渉問題の責任を追及された末に閣内不統一に陥って七月三〇日に総辞職した。後継には、伊藤が第二次内閣を組織した。

3　政党地方支部の誕生

自由党の民党合同路線との決別

一八九二年（明治二五）六月に確立された、板垣退助―星亨・松田正久・河野広中を最高幹部とする新体制の下で、党の新たな運動方針が起草され、党勢視察のための全国遊説が行われることとなった。

この年の全国遊説は、まず、八月初旬から、板垣党総理一行は信越地方を、星一行は山形・福島・岩手・宮城を訪れた(77)。八月下旬には、河野が東海・山陰・山陽地方を巡回し、松田は東北会に臨席するために盛岡を訪れた(78)。盛岡の大会で松田は、改進党員の出席を謝絶し、自由党と改進党との民党合同に反対する姿勢を明確にした(79)。また星は、有志の招聘に応じて岐阜へも出張するなど、[80]板垣、星、松田、河野の最高幹部が先頭に立って全国を遊説して回った。

第四議会の開院式二日前の一八九二年一一月二七日、伊藤博文首相は馬車の事故で重傷を負って療養が必要となり、副総理格の井上馨が臨時首相代理として第四議会に臨んだ。

自由党は、この第四議会に対して、新聞紙の発行停止と保証金の全廃という新聞紙法案の改正を掲げていた。貴族院対策として、発行停止はその事項を指定し、あらかじめ一週間以内の期日を定めるという譲歩も行ったが、貴族院の同意は得られず、両院協議会も開かれたけれども、結局第四議会での改正は成らなかった。[81]

議会に議席を有した星、河野とは異なり、松田は、板垣を除く最高幹部の中で一人だけ院外にあった。しかし、板垣は、松田が政務調査に尽力するなど最高幹部の一人として党のために働いたことを、一一月一五日の自由党大会での総理演説であえて述べた。[82]これは、自身と星・松田・河野の四人で党を指導していく体制を固めたいという板垣の意志の表れである。

第四議会では、予算査定案をめぐって第二次伊藤内閣と自由党とは対立し、政府は、一八九三年一月二三日、議会を停会した。

三月三日、第四議会終了後の代議士総会において、板垣自由党総理は、次のような党組織改革構想を示した。(1)政社法改正に、すでに政府が同意していたことから、本部の出張所を大阪と仙台に置く。(2)大阪・仙台の出張所に各一名ずつ幹事を派遣するために、現行の幹事二名から一名増員して三名とし、さらに、中央に幹事長一名を置く。この幹事長ポストについて、板垣は松田に相談をし、「正面には立てませぬが併し気の毒ではありますけれども、松田君に実際の事務を処理して貰」うことになった、と説明した。[83]

松田は、早い時期から板垣の信頼を獲得していた。[84]松田が、落選によっても、党内での地位をほとんど失わな

表2－3　主な遊説先・臨席大会（1893年）

板垣退助	高知・兵庫・鳥取・島根・山口・広島・大阪・京都（4月22日～5月29日），三重・愛知・兵庫（7月16日～），関東自由会大会（10月28日）
星　亨	静岡・名古屋・岐阜（4月9日～），愛知県自由党大会（4月22日），栃木県自由党大会（5月7日），愛知・岐阜（5月24日～），栃木（7月14日～），三重（7月28日～），静岡（8月5日），千葉（8月6日～），新潟・富山（8月21～），滋賀（9月3日～），熊本・長崎・佐賀（9月15日～）
松田正久	埼玉県高麗倶楽部発会式（4月16日），甲信越（5月12日～），静岡（7月25日～），新潟（8月15日～），福岡・大分（9月15日～）
河野広中	福島（3月20日～），上州自由倶楽部大会（4月9日），長野県自由党春季大会（4月11日），群馬県壬申倶楽部大会（4月13日），正行倶楽部（埼玉県）発会式（4月9日），兵庫（4月29日～板垣一行と合流），愛知（4月24日～），福島（9月1日～），鹿児島・宮崎（9月19日～）

出所：『自由党々報』第33号～第48号より作成。

かったのとは対照的に、同じく第一回総選挙で佐賀県から選出されたが、第二回総選挙で落選した武富は、板垣―星らの党の主流派とは距離を置いており、遊説にも積極的ではなかった。

第四議会の終了後の二月二三日には、自由党九州派の有力者の一人であって、松田とは協調的な関係にあった山田が咽喉がんで亡くなった。[85]

翌一八九三年にも、自由党は、前年に引き続いて大規模な全国遊説を行い、板垣、星、松田、河野の最高幹部が先頭に立って全国を回った。その主な遊説先と地方大会は、表２－３の通りである。

一八九三年の自由党全国遊説は、支部の設置、および、後述する自由党九州派の分裂という点において、自由党の党組織整備に重要な意味を持った。また、全国遊説によって、自由党は、地方から、寄付金や毎月一〇〇名単位での新規入党者を獲得することに成功した。[86]

地方の人々の遊説に対する関心は高く、たとえば、松田が長野県の上諏訪地方を訪れた時には途中の駅にまで多くの有志者が出迎えに集まり、今後の自由党の方針などを熱心に聴き、談話は深夜にまで及んだ。[87]

松田は、前途の方針として、(1)国力を強めるために農工商業の発達を図る、(2)文明の基礎を固めるために教育を普及させる、(3)国の威信を伸張するために対等条約を結んで国際交流を活発にする、の三点を挙げ、政治家が政府攻撃に終始することを批判した。藩閥政府に対しても、ロシアがシベリア鉄道を建設して経済進出してくるのに対抗して、日本も朝鮮により積極的に経済進出すべきだ、と批判もしているが[88]、ここで松田が特に訴えたかったのは、政党の側にも責任を持って行動する必要があるということだった。

そしてまた、政治は国民全体に関係するのだから普通選挙が必ず行われるべきだと原則を述べた上で、しかし、今の日本にはまだ行われないのであって、まずは実業家が政治に関心を持っていかなければならないことを主張した。将来の目標としての普通選挙への言及は特に注目されるが、松田は原則をまず述べてからその上で日本の現状に照らして今どのように考えるべきかを主張している。

外交に関してロシアのシベリア鉄道建設については、経済問題に集中していて、安全保障の面からは論じていない。これは対外強硬論を煽ることを危惧したとも考えられるが、松田は個別の外交問題に対して踏み込む自信がなかった。

一八九三年五月四日、集会及政社法が改正され、政党が支部を置くことができるようになった。自由党も党則を改め、(1)大阪と宮城に出張所を設置して、各出張所に一名の幹事を派遣すること、(2)各府県に一カ所の支部を設置すること（ただし、府県の事情により本部の認可を得て二カ所を置くことができる）、(3)各支部には、幹事・事務員・常議員を置くこと、(4)支部の規約は、該府県党員の議決を以て本部の承認を受けること、の四条が決定した。また、党員の入党および脱党に関しても、支部が取りまとめて本部に報告することとなった[89]。

従来は、正式な支部組織を置くことができなかったため、中央の党本部と地方との関係は整備が不十分だった。そのため、党本部の意向が地方組織に届きにくかったが、支部を設置できるようになったことによって、中央と地方との関係強化を目指したのである。早くも五月七日には自由党下野支部（栃木県）が設置され、その後も順次、大和支部（奈良県）、新潟支部、大阪支部、と各府県で支部の組織が進んだ[90]。

しかし、この支部の設立が大きな問題を引き起こしたのが、松田の地元である佐賀県であった。

自由党九州派の分裂

一八九三年自由党全国遊説の中で、特に重要であって、最も論争になったのが九州遊説[91]であった。九州遊説は、まず七月一日の部長会で協議され、八月下旬から九月上旬の予定で、星、松田、河野をはじめとして特派員を派遣し、三方に分かれて遊説することに決まった。この九州遊説が行われた暁には、「九国の草木正《ま》さに自由の主義に風靡《ふうび》し来るの一偉観を見ん」、すなわち九州地方が真に自由党の勢力下におかれると期待された[92]。

本部は、七月一七日付で九州地方の各県支部に対して、星、松田、河野一行を迎えるために充分準備をするよう通牒を出して、九州の支部に「檄」を飛ばした[93]。『自由党党報』は、この時の遊説について、現代語に直すと次のように報じている。

各々がその予定していた部署に向って遊説すると、到る所で「自由の気」が天高く舞い上がり、万歳の声が盛に起こり、歓迎は雲の如く、喝采は潮の如く、遊説の様子はなんと盛んだっただろう。遊説一行の公明な政論は、九州の天地を感動させ、至誠の熱血は西海の一道に透徹し、意気盛んな革新の機運は此に奮起させられ、我自由党の勢力と信用とは益々拡充されている、と過剰なまでに九州遊説の盛況を報告している。しかし、猜疑の情をもってしきりに讒誣《ざんぶ》〔事実と異なる悪口〕を逞《たくま》しくし、我党を中傷し罪に陥れようとする勢力は、もとより歯牙に掛けるに足らないのだけれども、我党遊説のこのように盛況で、勢力が隆々であるのを見れば、また彼らのそしりを受け容れる余地はない[94]。

このように、自由党の九州遊説が歓迎されたばかりではなく、反対勢力が存在することは無視できない地域もあったことが分かる。

九州に自由党の遊説、しかも星が来ることに対する反発が起きたのは、この年の一月七日に星が「吾人ノ意志」と題する徹底的な改進党攻撃演説を行っていたからだった。これは、伊藤内閣と協調して予算を成立させることと民党連合との決別をなそうとしたもので、松田もこの方針に賛同していた[95]。しかし、自由党九州派の一部にあった星批判の声は、星が立憲改進党を批判することによってさらに強まった。

一〇月一〇日、九州遊説から戻った星は、遊説で訪れた熊本、長崎、佐賀の三県について報告した。現代語に直すと次のようになる。

熊本では、始め妨害を受けたが、自由党員の尽力によって演説懇親会は盛況に終わった。熊本県下には、保守党の紫溟会《しめいかい》派があるけれども、改進党系は「殆ど絶無」といえるほどである。長崎も、「熊本と略ほ同様にして大差なく、次期の選挙には五名若くは六名を我党より選出するに難からざるべし」と思われた。一方、佐賀は、熊本・長崎の「両県と多少其趣を異にし、同地には、自由党員にして改進党と一致の運動を希望するが如き一派」があった。そこで星は、熊本・長崎では、自由党の方針を述べたが、佐賀においては、自由党と立憲改進党との関係を論じた[96]。

星の遊説を、最終的には受け入れた佐賀支部であったが、星の遊説を受け入れるか否かをめぐって、星が到着するまで紛糾していた（第Ⅱ部第七章第一節）[97]。

一一月一五日の自由党大会で、松田は、板垣党総理の推薦によって議長を務めた。大会では、まず政策に関する

長谷場純孝
（国立国会図書館蔵）

審議が行われて、地租軽減・地価修正や条約改正の実行、海軍拡張、新聞条例改正等に関する議案が可決された。この党大会に武富は出席しなかった[98]。武富は、すでに自由党本部の意向を踏まえずに独立して動くようになっていた。

武富は、自由党本部が立憲改進党との合同路線を否定したことと、立憲改進党批判の先頭に立った星に反感を持った。そのため、武富は自由党本部の意向に従わなくなり、一二月二日に自由党を除名された[99]。鹿児島県選出の長谷場純孝、折田《おりた》兼至《かねたか》の両代議士が自由党を脱党したのも、武富と同様に、立憲改進党との合同の可能性をめぐる路線の対立が原因だったと思われる。

武富が自由党を除名され、長谷場らが脱党したことで、旧九州同志会が優勢だった佐賀・鹿児島両県は、次の第三回総選挙以降、立憲改進党の後継である進歩党系の地盤になる[100]。ここに、自由党九州派は分裂した。

こうして、松田は九州における自由党の地盤を回復しなければならなくなった。しかし、松田の党での基盤が揺るぎないわけではなかった。

一一月一〇日の代議士総会で、党総理を補佐する七名の協議員を代議士中より選ぶこととなり、衆議院議長の星は立場上外れるとして、河野（協議員長）、杉田、片岡健吉、長谷場、工藤行幹、石田貫之助、鈴木昌司が選挙された[101]。すでに自由党の党組織は代議士を中心に運営されていたため、議席を持たない松田は、公的には党の役職に就けなかった。板垣、星、河野と連携しているといっても、代議士の地位を持たないことは、松田の弱みであった。

一一月二四日、同盟倶楽部の河島醇、中村弥六、柴四朗が、自由党との交渉委員として、自由・改進・同盟の三派提携の申し込みを行った。これに対して板垣自由党総理は、従来の御懇情もあるので、同盟倶楽部（自由党を脱党した代議士を中心に結成）とは交渉をするけれども、立憲改進党とは、意見を異にしているため決して交渉はしない考えである、と回答した。河島ら同盟倶楽部の交渉委員三名は、いったん同盟倶楽部本部に戻ってから、同盟倶楽部は始めより三派合同の精神をもって運動してきたので、三派合同でない以上は独立の行動をとる方針であるとして、立憲改進党を除いた、自由党と同盟倶楽部との提携を否定した[102]。自由党指導部は、主義の違いを理由に、すでに民党合同路線を望まなくなっていたのであり、立憲改進党との提携に否定的だった。

地域ごとの政党を、中央の政党の地方支部として再編することは、全国政党をつくるために欠くことのできない過程である。自由民権期の地域政党が、自由党という全国政党に進化する過程で、特に困難を要した九州地方の地域政党を、自由党の各県支部と位置づけることに成功したのは、松田の存在があったからである。松田が、主義による一体性のある政党を目指して強い姿勢で臨んだからこそ、九州の自由党勢力は分裂はしたものの、主義を明確にし、自由党の下部組織として再編されたのである。

4　松田正久の自由党改革の模索と低迷

自由党土佐派再興と第二次伊藤内閣との提携

ここまで、強い指導力によって自由党の改革を進めてきた星亨であったが、第二次伊藤博文内閣の条約改正方針に自由党が歩み寄ったことから、自らが衆議院議長を務めた第五議会で、条約励行を主張する立憲改進党などの「硬六派」の攻撃を受けた。こうして星議長信任問題が起こると、一八九三年（明治二六）一二月二日、長谷場純孝ら一六名が自由党を脱党して、同志倶楽部を結成した。星は、「拙者儀思ふ次第有之脱党候也」との短い書翰をもって、自由党を脱党した。

これまで松田正久は、星と連携しながら自由党の改革を行ってきた。党の統制を強め、主義による一体性の強い政党を目指すという理想を同じくし、しかも強い指導力を持つ星がいたからこそ、松田は自由党の中で活躍できていたのであった。長崎県会議長時代には、留学経験や他の県議との大きな知識の差から、県会を牽引できたが、自由民権期をくぐりぬけた政治家たちや壮士も抱える自由党では、星のように党を牛耳る力が、松田にはなかった。

一二月一四日の代議士総会において、自由党総理の板垣退助は、次のような演説を行った。みだりに他党他派と提携して多数を制しようとすれば、かえって我党の本色を失うので、むしろ少数となっても、我党の本領を以て天下に臨めば、輿論を制すると信じる。そして、星については、大体のことにおいて同意することには躊躇しない、と述べて星を擁護し、議長辞職を「討死」と表した(103)。

松田もまた、立憲改進党との提携に否定的であった。病気のために欠席した板垣党総理に代わって、一二月一五日の自由党代議士招待会で演説した松田は、我党が今日の境遇に陥ったのは固より当然のことであって疑うべきでない、と述べた。さらに続けて、思うに、他党他派との交渉を絶って独立独行しようとするならば、一度はこのような境遇に陥らざるを得ない。だから、今回の蹉跌《さてつ》はむしろ将来において大いに勃興すべき徴《しるし》になるであろう。欧州政党の発達を見ても、最初は五、六人の少数より起こって、遂に大政党となるのである。政党は、決して数が多いことをあてにしない。政党とは、その主義・政策のよさにあるのである。もしも正しい道理をもっていれば、少数であることを憂う必要はない、と述べた(104)。

これまで連携して党改革を推し進めてきた星を失い、自身の選挙区の基盤も弱めることになったけれども、松田は、政党には主義の一体性が重要であるという信念を貫いた。藩閥政府を単に批判するばかりでなく、藩閥政府と対等に議論できるように実現可能で合理的な政策を立案できることが、政党には必要だと考えていたのである。それが、すなわち数の面でも有利に向かうのである。自由党が苦境に立たされた中でも、自由党の主義を貫く決意が述べられている。

一二月二七日、神田錦輝館《きんきかん》で開催された自由党の大演説会で、板垣は「自由党の精神」と題する演説を、松田は「代議政体の実行を望む」と題する演説を行った(105)。松田の演説内容は詳しく記されていないが、板垣の述べた「自由党の精神」とは、政府構造の過大を改革して、民力休養・政費節減を図るという、従来からの自由党の主張であった。くわえて、地方政治改革による民権伸長・海軍拡張・民業保護等も訴えた。

翌一八九四年三月一日に実施された第三回総選挙で、自由党は全三〇〇議席中の一二〇議席を獲得し、衆議院第二党となった立憲改進党の六〇議席に対して倍の議席数を得て勝利した。しかし、松田は議席を回復することができなかった。第二回総選挙で選挙干渉を受けて落選して以降、佐賀県の自由党勢力が分裂したために、松田はこののち一八九八年の第六回総選挙まで、選挙に勝つことができなかった。

それでも、武富時敏の脱党によって事実上消滅していた自由党佐賀支部を再興し、入党者は二五四名に上った。松田は、自身の下で新たに佐賀県における自由党の支持基盤を着実に育成していった（第Ⅱ部第七章第一節）。

自由党は、六月三日の自由党総会で党則を改正して、板垣総理を支える最高幹部の政務委員四名を置いた。四名の政務委員には、大会における推選によって、星、松田、河野広中、片岡健吉が就任した(106)。

自由党では、星が失脚したことで、土佐派が再び勢力を強めた。さらに、九州派は分裂し、佐賀の武富や鹿児島の長谷場ら九州派の有力者が一八九三年一二月末までに自由党を脱党していた。松田は、星という共に政党改革を進められる有力な連携相手を失い、九州派も松田を強力に支える集団ではなかった。松田は、土佐派で党内での影響力を強めていた林に協力せざるを得なかった。

一八九四年に起こった日清戦争は、政党と藩閥との関係に対しても大きな影響を与えた。日清戦争中から、自由党と第二次伊藤内閣との提携関係が深まっており、自由党は三国干渉による内閣批判にも積極的に与しなかった。その後、軍備拡張、商工業の振興を盛り込んだ日清戦後経営を実現するため、第二次伊藤内閣は自由党と提携した。

日清戦後の一八九五年三月二八日の代議士総会において、四政務委員を廃し、代議士の互選をもって評議員六名を置き、評議員をして、政務調査部各部の正副部長とすることとなった。さらに、評議員中より設けられた一名の長には、林が選ばれた(107)。この改正によって、議会に議席を有さない松田は、党内の公的な幹部職に就くことができなくなった。ただし、松田は、評議員ではなくとも、評議委員会に出席しており、党の意思決定には関与し続けた(108)。

一八九五年六月、自由党は、「政党今後の行動」と題する論説を党報に掲載した(109)。その中では、平和条約が成った今、時はまさに一致協同の時機に至ったものではないだろうか。時移り機空しく去ったならば十日の菊を悔恨するのみである。政府と政党とが互いに赤誠を披《ひら》いて事を議し、その施設・政策が適当であれば、国家のことは心配がなくなるのである、と自由党と政府との提携の可能性を示唆している。右の論説と同時に、「政治家之責任」と題して、政治家たる者は朝に在る時も野に在る時も変わらず、最もその責任を重んじ言動を慎まなければならない、との主張も、党論として発表した(110)。これらは、約半年後に発表される、自由党と政府との提携へ向けての下準備であったといえる。

七月一七日の代議士総会で、板垣党総理・林・河野・松田らも出席して、自由党は今後の方針を決定した。ここに決定したのは、軍備を拡張し、実業を奨励するには、巨額の経費が必要であるため、国家の負担が増加しても富国強兵を実現するためには実にやむを得ない事である。その財源を求めることについて、我党固より考案がないわけではないけれども、財源を経理するのは当局者の職責であって、もし当局者が成案を公表するならば、その当否を審査し、以てよろしく決する所があるだろうなどと(111)、積極財政に転じ、かつ、政府との提携を示唆するものであった。

七月二五日、松田は神田錦輝館での自由党大演説会の壇上に立ち、「進取策」と題する演説を行って、無責任に政府の外交を非難する政党の姿勢を批判した。日清戦争の講和条約に対する三国干渉を政府の外交の失敗だとする声に対して、松田は、日清戦争の開戦も遼東半島の割譲も国民が支持したではないか、政府は国民の輿論を容れて講和を結んだのだから政府の失策だとしても擁護しなければならない、もし政府の責任を問うのならば国民も政党もまた責任を負わなければならない、と訴えた。外交には兵力の後援が必要であり、実際の外交の局にあたったことのない政党は「畳水練《たたみすいれん》」、すなわち理屈だけの議論であって無意味だ、と自分たち政党側の限界も認識していた(112)。このように松田は、政党や国民がやみくもに政府を批判するのではなく、責任を持った議論をできるようになることを目指した。政党とは、その主義・方針に基づき、自らの主義・方針と異なる点について政府や他党と正々堂々と争わなければならない(113)、というのが松田の信念であった。政党が過激な政府批判をすることによって世論が対外強硬論に煽動されることを、松田は危惧したのである。

政党内閣への前進と板垣退助の配慮

第二次伊藤内閣は、日清戦後経営の安定を目指して、自由党と提携した。日清戦争中から、林と伊藤の腹心である伊東巳代治《いとうみよじ》との間で交渉が始まり(114)、一八九五年（明治二八）一一月二二日、提携が発表された。政府との提携の目的は、代議政体の実を挙げ、政党内閣の成立を期することにあった(115)。

一二月一五日に開かれた自由党大会で提携は承認された(116)。衆議院議長候補者が、板垣党総理の指名によって河野に決定した。次いで、一六名の評議員では事の敏捷を欠くため、評議員を廃して、三名の政務委員を置くという党則改正の建議があって、満場異議なく可決された。三名の総務委員には、板垣の指名によって、河野、林、松田が就任した(117)。大会の後、一七日に開かれた自由党大懇親会の様子は次のようだった。

集まった人々がしきりに板垣総理の演説を請うたので、板垣総理は立ち上がって簡単な一場の演説をした。その演説は簡単なものであったが嘘偽りがなく、聴衆はすこぶる感動して万雷の拍手を送った。演説を終えた板垣総理はすぐに自分の席に戻るかと思うと、みずから松田正久氏の手を握って強いて演壇に登らせた。松田氏は、湧くような拍手に迎えられて一場の演説をなした[118]。

この党報に掲載された会場の様子からは、板垣が松田を重用すると示していることが読み取れる。政府との提携は、松田にとって星失脚後の自らの地位を回復するきっかけであった。伊東を介しての政府との交渉に直接あたったのは林であり、林は松田にも交渉の進捗を伝えていた[119]。政府との提携が成れば、党内の意思決定の迅速化が求められ、一六名の評議員制を改革して、少数による意思決定の制度に変更する必要が見込まれる。提携交渉に参加して、この少数の幹部ポストを得ることは、松田にとって大きな好機ではあったが、松田がこの交渉で主体的な役割を担うことはなかった。

それでも、林が主導する第二次伊藤内閣との提携に、不安がなかったわけではない。提携が成ったのちの一二月四日、松田は河野と共に伊東を訪い、財政の要領を聞いておきたいと切り出した[120]。松田は、提携条件を河野と二人でも十分に了解しておきたいと考えたのだろう。

この第二次伊藤内閣との提携経験についてのちに松田は、地租の増徴ではなく、なるべくなら酒造税や営業税に財源を求めたいという、従来の民党の主張を受け継ぎながらも、第二次伊藤内閣の財政計画を基本的には支持し、地租も多少は増徴しなければならないという態度を見せた。くわえて、伊藤内閣との提携を振り返って、極力尽力してみたれどもさていよいよ自分が政府の側に立ってみるとなかなか実行できないものである[121]、と述べたように、政府との提携は、自由党にとってはもちろん、松田自身にとっても、のちの第一次大隈重信内閣、西園寺公望内閣へとつながる大きな経験になったといえる。談話全体を通して、急激な改革は望まない松田の姿勢がうかがわれるとともに、なかなか地租増徴に踏み切れない松田の決断力の弱さも現れている。

さらに、松田は、次の発言にあるように、政党内閣の実現のために、さらに進まなければならないことも学んだ。

(1)いよいよ内閣は政党に頼らずに立つことができないという実際の情勢となったのであり、これは一見喜ぶべきもののようである。
(2)けれども、よくよくその真相を観て取れば、政府が政党に頼るということの多くは虚偽であって、はなはだ満足でないものである。政府は政党を味方とし、幾度か艱難《かんなん》を切り抜けてその目的を貫徹しただけに相違ない。これは、真正に政党を率いて往進したのではなく、ただ単に、時に政党を操縦し、一時自分たちの手先として利用したに過ぎないのである。そうであれば、名は政党に頼るといっても、その実政党は政府のための傭兵と見られているのであって、現に今も傭兵にされつつあるのである。
(3)政府が政党に頼る必要を感じることは構わないけれども、傭兵と見られている程度では到底駄目であって、政府も政党も憲政の美を充分に発揚することはまだ難しい。特に、何時でも集められる「臨時傭兵」に至っては、いよいよ心もとない限りである。
(4)ゆえに「常備兵」を有した政府、すなわち真正に政党を率いた政府が一日も早く建造されることを切に望む。(122)

このように松田は、現状のように政府に都合よく利用される政党ではなく、政府と真の連携を強める政党となり、政党内閣の成立へと歩みを進めなければならないと考えていた。

松田が、党内での地位を確立していた、一八九五年四月から七月頃、松田は三井財閥の益田《ますだ》孝《たかし》と会った。(123)この時、なぜ松田が益田と面会したのか、明確な理由は分からないが、政治資金の問題や、今後の産業政策に関して意見を交換したのだろう。

のちに松田は、三池紡績会社の役員を務める。(124)ただし、両者の接触は、このわずかの時期に限られていたようである。松田は、晩年になっても資金的に豊かではなかった。資金的な後ろ盾を得ることが得意ではなく、そのことが、選挙での苦戦や、のちに政友会内での勢力面で原に圧倒されていくことなどにつながったのではないだろうか。

自由党の迷走の中での陸奥宗光入党計画

自由党内での勢力を再び強め、第二次伊藤内閣との提携を成し遂げた土佐派であったが、板垣の内相就任後わずか四カ月半で約束に反して伊藤首相が政権を投げ出したことで、党内での土佐派批判が強まった。[125] さらに、続く第二次松方内閣が、対外硬派の改進党・革新党等が合同して一八九六年（明治二九）三月一日に結成した進歩党と提携したことも、党の改革を目指す動きに影響した。

一八九七年二月一五日までに、最高幹部の政務委員の一人である河野を含む二三名が自由党を脱党した。これは当時の自由党代議士の四分の一以上にあたるもので、松田は、河野を説得するために何度も河野邸と自由党本部を往復した。[126] 河野は、党の幹部の中でまず松田に脱党することを打ち明けた。そして、自身が脱党届を提出するに至った顚末を、党総理の板垣ともう一人の政務委員である林には、松田から伝えてくれるよう依頼したという。[127]

松田は、九州派内で地位を高めて党の中枢を占めて以来、河野とは協調して党の指導にあたってきた。一八九一年三月の党組織改革によって九州派に第一の分裂の危機が起こった時、河野は調停のために九州大会まで出張した。自由党の統制力を維持するためにも、松田は河野を残留させたかっただろう。松田は、河野を引き留めようと、次のように話した。

自分も自由民権を主唱したことにおいては他人に劣らないけれども、自由党に加盟した時期においてはなお後進であることを免れない。ゆえに余の進退を決するならば兎も角も、二〇年来の歴史を背負っているあなたが脱党することは、他の党員たちが決して受け容れられない。願わくは、さらに熟考してもらいたい。[128]

河野を説得するための言葉であるが、第一回総選挙の直前になって初めて、正式に政党に入党した松田が、自由党幹部としての地位を獲得するまでの苦労がうかがえる。もともと民党連合路線をとる河野と、民党連合に距離を置く松田とは、政治構想上まったく同じ考えを持っていたわけではなかった。それでも松田が河野を必要としたのは、土佐派も自由党の将来像を描くことができない中で、自分だけで自由党を指導することに自信が持てなかったためであろう。

河野らの脱党騒動によって自由党は動揺し、土佐派は党の新たな方針を打ち出すことができずに弱体化していた。そこで松田は、強力なリーダーシップを求めて、一八九七年三月九日、陸奥宗光（前外相、農商相）に自由党に入党して党総理に就任することを求めた。(129)

当時の陸奥は、病状が悪化して大磯で療養中であった。松田と陸奥とは約八時間もの間「密話」し、このために陸奥は三八度以上の熱が出てしまった。この会見で、陸奥は今すぐに入党することは断ったようであるが、松田らの希望に応じることができないので多少の失望も免れがたいだろうから、松田が帰京した後の様子を篤と探ってどんなことでも報告してほしい、松田らの感情がどうであるかを探知してほしい、と会見の前後に陸奥は岡崎邦輔《おかざきくにすけ》に書き送っている。(130)また会見では、できるだけ松田の感情を害さないように応対するつもりであることも伝えている。

この第一の布石として、陸奥のいとこである岡崎が一八九七年二月二五日に自由党に入党し、(131)陸奥を板垣に代わる新たな自由党の総理に推戴するという計画が急速に進んでいった。陸奥が、自身の病状を表向きの理由にすぐに入党することは拒んだのは、まだ状況が整っていないと判断したからであろう。陸奥は入党自体には意欲的だったのであり、陸奥入党の第二の布石として中島信行の入党計画は着々と進められた。(132)

陸奥入党問題は、松田と陸奥の側近のみの秘密として進められ、陸奥は、彼を信頼してきた伊藤にもこの事実を伝えなかった。陸奥は、この話が伊藤に伝わるのを、次のように心配していた。

末松謙澄《すえまつけんちょう》（伊藤の女婿）らは、近頃の松田の企てをまだ知らないのだろう。しかしながら、自由党が伊藤や陸奥の助力を求めるために板垣らが大磯を訪ねるだろうという末松の話を伊藤は信じ、必ず伊東巳代治に実況報告をせよと命じるだろう。伊東は末松よりも鋭敏だから、遂に内輪話まで看破するかもしれず、そうなれば事はいよいよ面倒になる。(133)

松田が強力なリーダーシップを発揮でき、連携して自由党を指導できる人物として陸奥を考えたのは、政党政治についての考え方や外交観で理念が近いと思えたからだろう。松田がこのような行動に出たのは、自由党が時代に応じた新たな政策を打ち出すためであった。しかし同時に、陸奥を党総理に推戴することに賛成でない板垣・土佐派と決別することも意味した。

板垣は、自由民権期を象徴する人物である。松田自身も、自由党の統制を強化するために、少数の幹部が党を統制できる組織を目指して、板垣を党の総理に置くことを推進した。星が失脚した後も板垣は松田を重んじており、両者の関係が悪化したとは思われない。これは、日清戦後という新たな時代に、政党政治を確立するために歩みを進め、産業政策でも時代に適応していくためには、板垣や土佐派の党指導では不十分だ、と松田が決断したからである。

しかし、この陸奥の自由党入党計画は実現しなかった。この計画が暴露されると、板垣は三月一九日に自由党総理を辞職し、松田も三月二五日に混乱の責任を取って政務委員の辞表を提出した。

こうして、自由党内には、実質的に、最高幹部がいなくなってしまった。そこで、自由党は、三月二五日の評議会で、松田、林、中島の三名を政務委員とすることを決め、代議士総会で承認された。ここにおいて、政務委員復帰にあまり前向きとは見られなかった林とは対照的に、松田は政務委員に復帰するとすぐに動き始めた。(134) 他方、松田が入党を実現しようとした陸奥は、八月に亡くなった。

一連の騒動の中で、陸奥推戴を計画した松田が退けられることはなかった。さらには、陸奥系の中島の政務委員就任までが認められ、土佐派が弱体化していった。

第三章　政党内閣の実現と挫折

1　自由党・進歩党の合同と第一次大隈内閣の成立

第二次松方内閣との提携の挫折と自由党の不振

一八九七年（明治三〇）九月、松田正久は、伊藤博文・大隈重信間の提携の噂に対して、政治家というものは、国家の利害と境遇の変遷によっては時に、あるいは前日反目していた党派と相合するような例は、欧州の政党史上にも少なくないのであるから、徹頭徹尾前轍を固守しなければならないとは明言することができない、(1)と応じていた。この時期、松田は、政党政治の発展のため、党総理不在ではあるが、自由党の党勢拡張を目指して、様々な可能性を探っていたのである。

一八九七年一一月三一日、進歩党が地租増徴に反対して第二次松方正義内閣との提携を断絶すると、松田と樺山《かばやま》資紀《すけのり》内相とを中心として、松方内閣と自由党との提携交渉が進められた。松田は、遊説のために九州に赴いていたが、松田が、樺山内相や高島鞆之助《たかしまとものすけ》陸相らと会っていたことは、九月頃になると、「公然の秘密」と見られていた。(2)しかし、板垣退助や土佐派の林有造は、第二次松方内閣との提携に反対であった。(3)

結局、一一月一九日の評議員会で松田を中心とした第二次松方内閣との提携論は敗れ、松田は政務委員の辞表を提出した。この時、林も同様に政務委員の辞表を提出した(4)。ここでも、自由党内で松田個人に対する非難は大きくなかったようであるが(5)、しばらくは目立った活動が見られない。

陸奥宗光の自由党入党問題と、第二次松方内閣と自由党との提携問題、という二つの試みは、土佐派が求心力を失い、自由党が政策面でも行き詰まっている中で、主導権を握って党の進むべき方針を打ち出そうとする、松田の積極的な行動であった。

また、松田の一連の行動は、駐米公使を務めていた星亨にも知らされてはいた。しかし、星が積極的に松田を応援することはなく、星の配下にあった関東倶楽部の利光鶴松《としみつつるまつ》らも、星が松田と通じているとは知らずに、提携反対に回った(6)。星が松田を積極的には応援していないのは、松田が土佐派の林らと協力したことに対する若干の不満もあったのではないかと思われる。

すでに述べたように、第二次松方内閣は進歩党との提携が断絶し、自由党との提携も実現しなかった。迎えた第一一議会、本会議二日目の一八九七年一二月二五日、内閣不信任案が可決されると、松方内閣は衆議院を解散し、総辞職した。天皇から組閣を命じられた伊藤博文は、当時の日韓関係の緊張や列強による中国分割の動きを考慮して、藩閥内の一致を目指した(7)。こうして、自由・進歩両党の協力を得られないまま、翌一八九八年一月一二日に第三次伊藤内閣が成立した。組閣段階で伊藤と板垣・林は交渉を重ね、最終的に提携を断念した。

三月一五日に行われた第五回総選挙では、自由党と進歩党ともが過半数を取れなかった。松田は、この選挙でも当選することができず、佐賀はほとんど進歩党に占められた。

この選挙で自由党が特に苦戦したのが、河野広中を失って臨んだ東北であった。東北六県を合わせて定数三二議席のうち、自由党が獲得できたのは宮城県の二議席のみであった(8)。総選挙後には、東北地方での自由党勢力を拡張するために、板垣も出席して盛岡で東北大会と政談演説会を開催する計画が早速立てられた(9)。

伊藤首相は第一二議会に増税案を提出した。伊藤首相は、この増税が、新規事業のためではなく、条約改正・台湾経営等既存の事業のために「免れ難きもの」であると説明し、議会の協賛を求めた。そして、今日の形勢においては国家を維持するためにこれらの予算が必要不可欠であるという断固たる決意をもって地租増徴に取り組むことを明らかにした。

しかし、地租増徴反対は、初期議会以来の民党の主張であったため、議場は大きく紛糾し、伊藤内閣は、三日間の停会を決めた。停会明けの六月一〇日、議会が地租条例の改正を否決したため、伊藤首相はただちに議会を解散した(10)。

この間、松田は、先の第二次松方内閣との提携問題をめぐって自由党の第一線を離れていた。正式に政務委員として復活できたのは、五月五日の党大会であった。党大会において、松田、片岡健吉、中島信行、杉田定一、江原素六の五名の政務委員が決定した(11)。党内には、政務委員を増員することによって、スタンドプレーを避けようとする声が大きかった。そのような党内の声を反映して、政務委員復帰後の自由党懇親会の初めに演説した松田は、今後の党務はすべて多数の意見に従い、殊に重要な問題に関しては綿密周到に全党の意見を求め、決して単独の意見によって決行するようなことなく、勉《つと》めて全党の一致結合を図ることを約束した(12)。

松田はこれまで、少数の幹部が意思決定をして党の方針を定め、それを党全体として実行できる党組織をつくり上げようとしてきた。政務委員を増員すればそれだけ迅速な意思決定が難しくなる。これは、松田の考える党組織構想とは異なる。それでも、陸奥宗光の入党計画が成らず、第二次松方内閣との提携論でも敗れていたため、この時、松田は政務委員の増員を受け入れる他なかった。

自由党も松田も、政策的に新たな方向性を示すことができずにいた。さらに、党組織も、松田の理想と逆行するものに変わってしまった。松田にとって、自由党を発展させることができずに口惜しい時期であった。

中国分割に対する松田正久の外交観

この時期の東アジアの国際関係を見てみると、一八九八年三月、ロシアが旅順・大連を、ドイツが膠州湾を租借するなど、列強の中国分割が進み始めていた。このような状況のもとで、中国分割に対して、松田はめずらしく次のように発言している。

世間の人々は、ややもすれば現在の東洋問題について抗議と戦争とを混同し、抗議をなすには必ず戦争の覚悟を要すると言う。しかし、抗議にも種類があって、たとえ戦争をしなくても外交家の手腕によって抗議をすることはできる。このように述べて、松田は強硬な外交論に傾きやすい世論を戒めた。そして当時のアメリカとスペインとの関係を例にとり、外交が必ず国力如何によって決まるものなら、スペインはとっくにアメリカに屈服しているだろうが、今なお容易にその腰を折らない。この例を見ても、抗議と戦争とを混同するような俗説は顧みる必要もないのだと強く否定した。このように松田は、外交での強硬論に批判的だった。

その上で松田は、日本の取るべき道として、交渉の時機が遅れてしまったため、この際、威海衛の占領を継続するのもまた一策であると考えた。その理由はこうである。威海衛の占領継続が償金に影響することはない。下関条約とは切り離して占領を始めれば何の差支《さしつか》えもない。それゆえ、もし清国に今後発達する望みがあるならば、しばらくの間日本が威海衛を保護し、その間に清国を扶助して他日これを清国に還付し、日清が同盟して東洋自衛の途を講じることができればよいが、清国にこのような好望はない。こうした目的もなく威海衛を占領しても、日本に利益はない。これは一国の体面の問題よりも実益の問題である。よって、ロシア、ドイツ、イギリスの各国がそれぞれ希望の地を要求するのであれば、日本も充分に有利な地を占有する必要がある。清国には煩いが多いならば、釜山付近を借り受けることも軍事上商業上一策である(13)。

このように松田は、列強の中国分割が進展するなら日本も安全保障上から中国もしくは韓国の一部を占有する必要があると論じた。

のちのことであるが、一九一〇年の日韓併合に際して、今後通商貿易の発展を図ることは構わないが「侵略主義」は断じて慎まなければならない、と主張している。[14]先にも述べた通り、松田は、強硬な外交論に批判的であったが、日本の安全保障を考えると列強の動きに対応して、大陸政策を立てるべきであると考えた。これは、伊藤や藩閥主流の考えと同じであった。

自由党と進歩党の合同

しかしながら、伊藤内閣と自由党との関係は外交政策よりも地租増徴問題をめぐって展開した。伊藤首相の地租増徴法案に対する強硬な対応を受けて、自由党と進歩党との合同は急速に進んだ。議会の解散から二日後の一八九八年六月一二日には、栗原亮一（自由）・竹内正志（進歩）を起草委員として新党の綱領規則および宣言書が作成された。起草された綱領等を踏まえての両党交渉委員の協議は、松田邸で行われた。[15]このことから、新党結成交渉過程において、松田が主要な立場にあったことが確認される。[16]

六月一三日夜の会合には、自由・進歩両党の委員に加えて、河野と平岡浩太郎が参加した。この会合で新党の創立委員を両党から五名ずつ出すことと、進歩党の楠本正隆、尾崎行雄、大東義徹が自由党総理である板垣を、自由党の松田、片岡、林が進歩党の事実上の党首である大隈重信を訪問し、今後のさらなる尽力を求めることが決定した。

自由・進歩両党の地方議員間にはこの急速な合同に反対する者もあったが、[17]六月二二日、合同は成って「憲政党」の結党式が挙行され、総務委員には大東・尾崎・松田・林の四名が選ばれた。合同交渉成立後の自由党臨時大会において、合同交渉の顚末を説明する役を引き受けたのは松田であって、[18]党幹部である政務委員の代表とみなされていたといえる。もともと民党合同に反対だったにもかかわらず、この時松田が進歩党との合同に踏み切ったのは、自由党が新たな方針を打ち出すことができないまま迷走を続け、松田自身も改革をできない状況から何とか脱したいという思いがあったからだろう。

憲政党では結成当初から、旧自由党系と旧進歩党系の間にポストをめぐる争いだけではなく、種々の相違があった。たとえば、総務委員・幹事らの会合において、松田は旧進歩党系の鳩山和夫に対して苦言を呈した。それは憲政党結党式において、創立委員を代表して演説した鳩山が、次のように述べたからである。藩閥政府がもし政党に内閣組織を許さないとするならば、無理にでも内閣を藩閥政府の手から受け取ろうと思う。その方法手段は他でもない。藩閥政府が年々国政上に必要として議会に提出する所の予算を全部否決すればよいのだ(19)、と。すなわち、藩閥政府が政権を自分たち政党に渡さないのであれば、予算案をすべて否決してこれに対抗し、無理やり奪い取ろう、鳩山は反藩閥の姿勢を強調したのである。旧自由党も旧進歩党も、政府と連携して予算を成立させることの重要性をすでに知っていて、政権が目前まで来ている時に、このような過激な発言をしていては藩閥内の反政党勢力に余計に警戒されてしまう。そのため松田は鳩山に対して、いささか迷惑であると諫《いさ》めた(20)。

漸進的な進歩を目指す松田は、政権を得るためにひたすら政府に反対するという態度が無責任である上、強硬すぎる姿勢は、政権を得る上でかえってマイナスになると判断したのであろう。この場は尾崎がとりなしたが、創立委員間でも、旧自由党系と旧進歩党系との間で、ともすれば衝突が起き得る状態であった。

2　初めての政党内閣と蔵相就任

松田蔵相の官僚との協調姿勢と政党内閣に対する自負

憲政党が結成されると伊藤首相は辞表を提出し、憲政党の結党間もない一八九八年（明治三一）六月三〇日、第一次大隈重信内閣が成立した。外務大臣は大隈が兼任し、内務大臣に板垣退助（旧自由）、大蔵大臣に松田正久（旧自由）、陸軍大臣に桂太郎（前内閣から留任）、海軍大臣に西郷従道（前内閣から留任）、司法大臣に大東義徹（旧進歩）、文部大臣に尾崎行雄（旧進歩）、農商務大臣に大石正巳（旧進歩）、逓信大臣に林有造（旧自由）が就任した。陸軍・海軍大臣以外をすべて政党員が占める、「初の政党内閣」である。松田は、旧自由党系を代表して、大蔵大臣として入閣を果たした。旧自由党系からの入閣者は、他に板垣内相と、林逓相である。旧自由党系の閣僚ポストが三なのに対して、大隈首相が兼任する外相も合わせると、旧進歩党系の閣僚ポストが五と、旧自由党系には不満が残る閣僚の人選であった。さらに、佐賀県の選挙区で松田と長年争ってきた武富時敏は、七月七日から内閣書記官長を務めた。

憲政党が成立して間もないうちの内閣組織を不安視する声は多かった。それはすでに述べたように憲政党の理念・政策の不統一に対するものであった。具体的には、憲政党が、地租増徴反対という方針でしか合意できていないことへの不安の声である。

第一次大隈内閣最大の課題は、地租増徴反対を維持したままで、いかにして財源を確保し、予算案を作成するかであった。「初の政党内閣」として、松田蔵相を中心に政府は明治三二年度予算作成に尽力した。

大蔵大臣に就任した松田は、大蔵官僚との協調を重んじた。政党による猟官が問題視される中、松田蔵相は就任にあたって、次のような演説を行った。

私のような者が、突然大蔵省の長となって諸君の上に座することはさぞ奇異に思うだろうが、これは政党内閣がそうしたことであるから、如何ともしようがないのである。さて、政府と議会とは衝突し、行政その他一般の国務が常に停滞したことは、国会が開設された明治二三年以来、私たちが遺憾としている所であった。しかるに、前総理大臣の伊藤侯の大決心により、ここに政党内閣を組織するに至った。しかし、政党内閣は、本邦においてはまったく初めてのことであるゆえ前途を案ずれば、大いに注意し、慎重を要するのである(21)。

官僚中に政党が内閣を組織することへの不信感や反感があることは分かっている。しかし、政府と議会とが国会開設以来、常に衝突してきたことに触れた上で、伊藤の「大決心」によってとうとう初めての政党内閣が成立したのだと述べて、伊藤の決断があったからこそ政党内閣ができた点を強調した。これは、政党が藩閥政府に認められて政権に就いたことを宣言する意図もあった。官僚が最も心配していたことは、政党による激しい猟官要求であった。そこで、松田は次のように続けた。

大隈重信（国立国会図書館蔵）

いかに政党内閣といっても、政務官と事務官とを混同し、内閣の更迭毎に事務官を動揺させるようなことは、断じて避けなければならない。…〔中略〕…殊に大蔵省には、次官各局長以下いずれも老練の士がいるがゆえに、みだりに更迭は行わないので、諸君には安心して執務することを望む。ただし、政務官については十分考慮の上、諸君と相談して進退を決定するであろう。[22]

この政務官と事務官とを区別する案は、大隈が宣言していた構想であって、伊藤の助言を受けたものだった。[23]それでも、官僚らに相談するので心配の必要がないことを重ねて述べた。しかしこの演説で、松田は官僚に配慮する姿勢ばかり見せていたわけではない。

なお一言すべきは、もし諸君が政党内閣を妨害するようなことがあれば、決してこれを「寛假《かんか》（罪を寛大に扱って、咎めない）」することはできない。仮にも政党内閣を妨害するようなことをしない以上は、みだりに事務官を任免しはしない。[24]

松田は蔵相就任演説をこう言って結んだ。官僚が政党内閣を妨害するようなことがあれば、決してこれを寛大に咎め立てしないということは出来ない。官僚との協調を重視しながらも、初めての政党内閣の重要な役割を自らが担うのであるという、松田の毅然とした態度が表れている。

松田蔵相は、次官には、主計局長であった添《そえ》田《だ》寿一《じゅいち》を昇格させた。この次官人事は、添田の憲政党入党を条件として、松田が官僚側の要望を受け入れたものであった。[25]また、大臣秘書官には、旧自由党系で、党内の財政通として知られた桜井（旧姓森本）駿をあてた。松田は、「初の政党内閣での大蔵大臣」として、官僚との関係を築きながら、重要な予算編成等に取り組む意気込みを持って万全の布陣で臨もうとした。ここで政党が政権を担当することが、政党内閣が本格的に確立されるための大きな一歩だったからである。

明治三二年度予算と財源の確保

蔵相として松田が取り組まなければならなかった最大の課題は、明治三二年度予算案の編成とそのための財源の確保であった。憲政党は、地租の増徴に反対する立場であったため、酒税・砂糖税等の間接税によって歳入を補てんすることを目指した。しかし、大蔵省への回付期限を過ぎても各省の概算要求は出揃わず、歳出の増加が見込まれたため、財源の確保は困難な状況に直面した(26)。

それでも松田は、予算案作成に積極的に取り組んだ。夏休み中にも、次官と秘書官を避暑地に同行させて、予算の作成にあたった(27)。また、添田次官、桜井秘書官らを伴って、大磯の伊藤を訪問したこともあった(28)。伊藤の財政意見を求めたのだろう。

大蔵省は、地租増徴なしには財源が確保できない、という立場であった。それは、もちろん添田次官にも分かっていることだった。しかし、添田次官は、政党側が地租を増徴しないという立場を譲れないことも理解していた。そのため、その他の財源を探すよう、部下に指示していた(29)。

松田は、「初の政党内閣」として譲れない立場は示しながらも、実務においては、長く財政に携わってきた官僚たちの意見を尊重したのだろう。政党政治家が、実務経験もないままに、気負って独善的に振る舞っても、官僚から必要な情報を得られず、大きな過ちを犯しかねない。松田が、慎重に助力を求めたからこそ、添田次官の協力を得られたのだといえる。

松田は、財源に関して慎重な姿勢を維持し、新聞記者に問われても、各種の税源について主税局が調査中であると述べるにとどめた(30)。一八九八年（明治三一）八月下旬には、主計局によって予算案が作成され、松田蔵相官邸で、添田次官、阪谷芳郎（主計局長）ら各局長による幹部会議が重ねられた(31)。その結果、大蔵省は、査定案で、陸海軍費をそれぞれ三〇〇万円余り削減した。大隈首相邸で開かれた大臣らによる予算協議会において、陸海軍費の削減に抵抗する桂陸相と西郷海相に対して、松田が説得を続けた結果、陸・海軍省も一定程度譲歩した[32]。元々の各省の概算要求によれば、歳出の超過が五八〇〇万円にも上ったが、四九五〇万円ほどの超過で閣議決定した。超過分のうち、三六〇〇万円を増税計画によって補塡する計画であった。その増税計画は、地租増徴は避けて、酒税、煙草専売および関税、砂糖税、市街宅地租等によるものであって、特に酒税増税が重視された[33]。

予算案の作成が難航する中、松田の蔵相就任当時には、「比較的好蔵相」であって、従来の蔵相たちに「優ると も劣らない」と宣伝していた大隈であったが、次第に不満を口にするようになっていた[34]。

そもそも大隈は、松田に対して蔵相としての手腕は期待していなかった。たとえば、外債問題に関しても[35]、松田蔵相の頭越しに加藤高明駐英公使との間で進めていた[36]。松田には財政に携わった経験がないので、大隈は自分が蔵相も兼任しているのと同じような思いだったのだろう。

大隈と松田は、共に佐賀県の出身であるが、大隈は佐賀本藩の出身で、松田は支藩である小城藩の出身である。それ以上に、松田には大隈に対して忘れられない思い出があった。松田は、鹿児島高等中学造士館の教頭兼教諭を務めていた一八八八年、大隈に外務省への就職の斡旋を頼み、実現されなかった（第Ⅰ部第一章第三節）。その時限りで松田と大隈との交流はほとんどなかったように、松田と大隈との関係は疎遠であった。

予算作成について、松田は難しい立場に置かれていた。旧自由党と旧進歩党との一致点である地租増徴反対を覆して、財源を地租に求めることは、この時点では非常に難しい。そうした中で、財源確保の候補として酒税が挙げられたのは、当時の租税収入の中で、酒税が地租に次ぐ額だったからである。明治三〇年度は、地租収入が約三八〇〇万円で酒税収入が約三一〇〇万円、翌三一年度は、地租収入が三八四〇万円で酒税収入が約三三〇〇万円であった[37]。酒税増税は、税の公平な負担という観点から、反発も予想された。しかしながら、間接税を重視しなければならない状況下では、松田には他に有力な選択肢は考えられなかった。

松田は蔵相としての職責から陸海軍費の節減が必要であることを主張し、もし節減ができないなら、この上は間接税で間に合わせることができないのだから地租を増徴しなければ仕方がないという方向に持っていくつもりであった。[38]

松田は、まず「政党内閣」としての実績を積みたいと考えた。そのためには強引に地租増徴に持っていくことは、松田にとってあまりにリスクの大きな決断であった。松田は、自身で大きな決断に踏み切ることを避け、周囲が地租増徴でもやむを得ないと納得しなければならない状況に持ち込むことで解決しようと考えた。

鉄道国有化問題と金融整理問題

予算問題に加えて、第二の課題は、鉄道国有化問題である。第三次伊藤内閣は、鉄道事業よりも軍拡関係事業を重視したが[39]、第二次山県有朋内閣と憲政党との提携条件にもなったほど、鉄道国有化問題は、政党にとって主要な課題であった。松田は、鉄道国有化に賛成の立場であった。松田が熱心に取り組んだ動産銀行設立も、鉄道国有化に必要な資金を確保するためであった。[40]ただし、準備は慎重に進める必要があった。動産銀行についても調査を慎重に行った。

さらに外債募集は、特に慎重に準備を進めなければならないと主張した。[41]これは、先に述べた通り、大隈首相と加藤駐英公使が蔵相である松田の頭越しに英国での外債募集を進めていたことに対して、松田が不快感を持っていたものと思われる。

第三の課題は、金融整理問題である。金融整理をめぐって、松田は、日銀総裁岩崎弥之助と対立した。[42]岩崎は、当時の井上馨蔵相の下で日清戦争後の経済反動による不況に対応した。結果、経済界はやや小康を取り戻していた。そこで、慎重を期そうとした岩崎日銀総裁が公定歩合の引き下げを要求する松田蔵相と対立した。[43]松田と岩崎は、

「兎角円滑を欠き」、両者の関係はまるで「敵国の観」があって、岩崎が松田を「恰《あたか》も一属僚」の如く見ていると噂されていた(44)。公定歩合の引き下げを要求する松田蔵相の主張の根拠は、物価が下落傾向にあって、市中銀行が金利引き下げに動いていることであった(45)。金利をどのようにするかは難しい問題であったが(46)、結果として公定歩合引き下げは実行され(47)、「是を以て相場の一段落」となった(48)。また、一八九八年九月に清国で政変が起こった（戊戌政変）影響を受けて、株価は停滞気味であったものの、経済界の機運を挽回するものとして期待された(49)。

松田と対立した岩崎総裁は一〇月二〇日に辞職し、後任総裁には、岩崎の推薦した山本達雄が決まった。松田と岩崎との対立は、お互いにある程度譲歩して決着したといえる。

3　地租増徴に対する大きな転換

星亨による第一次大隈内閣倒閣

旧自由党系と旧進歩党系との間で調整がうまくいっていないことが顕在化したのが、一八九八年（明治三一）八月一〇日に行われた第六回総選挙であった。憲政党本部は同士討ちを避けるよう通知を出したが(50)、実際には、全国で旧自由党系と旧進歩党系との間で選挙競争が起こって(51)、旧自由党系と旧進歩党系との間の不調和を露呈した。この選挙で、松田はようやく議席を回復した。第二回総選挙で選挙干渉を受けて落選したのち、選挙区佐賀県の自由党系勢力は分裂した。その後、地道に基盤を広げ、実に六年半ぶりに「代議士」の肩書きを取り戻したのである（第Ⅱ部）。

さらに、予算編成と財源の確保の先行きが見えず、大隈重信首相が兼任していた外相の専任問題も生じる中で、第六回総選挙における山田喜之助《やまだきのすけ》司法次官の選挙違反事件が起きた。これは、東京府第三区（京橋区）で当選した山田司法次官が、司法次官という立場をもって検事局を利用し、反対候補に対する選挙干渉を行ったとして批判を受け、私文書偽造で告訴される事態に発展したものである。(52)八月一六日、山田は憲政党東京支部から辞職勧告を受け、九月二日に司法次官を辞職した。(53)同じく司法省に関する、大東義徹法相と横田国臣《よこたくにおみ》大審院長との衝突は、大東法相が横田大審院長に辞職を勧告したことに対して、横田大審院長が強く抵抗したことから、両者の衝突となった。(54)

そして、八月二二日に開催された帝国教育会の席上で演説をした尾崎行雄文相が、「若し我国にして千百年の後共和政体設立するが如きことあるも…〔後略〕…」と発言したことが、新聞に大きく報じられて、大問題となった（いわゆる、共和演説事件）。尾崎文相がこの発言を行ったのは、ちょうど、板垣退助、松田正久らも出席して、憲政党総務委員の発起による、星亨駐米公使帰国の歓迎会が行われている時であった。(55)

駐米公使であった星は自ら決意して、一八九八年八月一五日に帰国していた。それは、地租増徴に反対する、旧来の民権派政党の政策はすでに時代遅れであり、今後は公共事業など積極的な財政政策が必要であると考えていたからであった。さらに、大隈がリードする憲政党内閣では、自由党系が大隈の下に取り込まれてしまうことも危惧したのである。

星は帰国すると、大隈内閣や旧進歩党系を攻撃することによって、旧自由党系の団結と、土佐派に対する自身の主導権を回復しようとした。星は、関東倶楽部を率いて旧自由党系をまとめ、大隈内閣倒閣へと動いた。(56)政府批判が高まったきっかけは、こうした星の動きを踏まえた上での、伊東巳代治が経営する『東京日日新聞』の内閣批判キャンペーンであった。(57)

一〇月の半ばには、旧自由党系と旧進歩党系との対立が明らかになっていった。旧自由党系と旧進歩党系の幹部たちは会合を開いて、対立を抑えようと交渉を重ねたが、旧進歩党系は、共和演説事件の責任を取って一〇月二七日に辞職した尾崎文相の後任を自派から出すことを譲らなかった。

尾崎の後任に旧進歩党の犬養毅が挙げられたのと同日の一〇月二九日、板垣、松田、林有造の旧自由党系三大臣は辞表を提出した。この辞表提出前夜、旧自由党系の代議士らは、松田蔵相邸に集会して、今後の運動を話し合っていた。(58)

同二九日、旧自由党系を中心に開かれた憲政党協議会は、憲政党の解党を決めた。引き続いて開かれた党大会はこれを承認し、ただちに、彼らをもって改めて憲政党（表記の混乱をさけるために以下、新憲政党（旧自由党系）と表記する）を結成することも決定した。

総務委員四名には、星、片岡健吉、江原素六が決まり、残りの一名は当分欠員とされた。幹事五名には、利光鶴松、龍野周一郎が選ばれ、残りの三名は当分欠員とされた。新憲政党（旧自由党系）の綱領および規約は、従前の憲政党のそれをそのまま引き継ぐこととなって、本部もまた以前のまま、と決まった。この協議会および大会は、神田青年会館で開催されていた。散会後、二百余名の来会者は芝公園内の本部に向かい、利光・龍野両幹事は、芝警察署に解党および結党届を提出した。新憲政党（旧自由党系）の大会の冒頭に演説したのは、松田であった。

板垣・林・松田三大臣の辞表奉呈を受けて、明治天皇は岩倉具定《いわくらともさだ》を勅使として板垣内相に派遣して熟考を促した。(59)しかし、一〇月三一日、大隈首相も辞表を提出した。松田は本部での事務にはあたったが、板垣、林、松田の前大臣は謹慎の意を表するため、三〇日に紅葉館で催された新憲政党（旧自由党系）懇親会にも出席しなかった。(60)新憲政党（旧自由党系）が結成された時、林、松田はまだ現職の大臣であったため、党のポストに就かなかった。星は、末松謙澄（伊藤博文の女婿）の憲政党入党を進め、四人目の総務委員には末松が就任した。(61)こうして、星は再び旧自由党の実権を握ったのである。

一方の旧進歩党系は、憲政党の名称を使用できなかったため、従前憲政党の綱領を引き継ぎ、「憲政本党」としての結党を届け出た。

「政党内閣」の意義と課題

近代日本「初の政党内閣」は短命に終わってしまったが、功績もあった。まず第一に、政党内閣が誕生したという事実である。第二に、政党内閣を警戒していた官僚たちの意識を変化させたことである。のちに政友会入りする、内務官僚の水野《みずの》錬太郎《れんたろう》もそうした一人であった。水野は、のちの政党生活の機縁を、この第一次大隈内閣時代の板垣、松田ら党人との交わりに見、「是等の人々も公明で朗かで、官僚とは異り、凡てのことを打明け城廓を設けることなく、実に気持ちがよかった。自分は政党員とはこんなものであるかと思ひこれなら政党政治を行ってもよい」と考えた、と回想している[62]。

一方で、松田蔵相には課題が残った。当時大蔵省主税局内国税課長だった若槻礼次郎は、あれではいけないと思ったと回想している。それは、「煮え切らぬやうで居て要領を得て居る」松田を含め、憲政党の栗原亮一、桜井駿は、好人物ではあっても何も事務が分からなかったからである。松田蔵相らは、大蔵官僚の言われるままで、大蔵省は大変良く治まったものの、なんのために大臣や勅任参事官がいるのかが分からなかった。政党内閣の大臣は、幕僚を連れてきて、大臣とその幕僚とが方針を決めなければならないのだ、ということが官僚の側にも認識された。ここから、第二次大隈内閣で若槻が蔵相を務めた時、若槻は加藤高明と共に政務次官の必要を主張したという[63]。

若槻ら当時の若手大蔵官僚にとって、松田は反面教師のようになってしまった。実際に財政を処理することができなかったことは松田自身が理解していただろう。「初の政党内閣」の蔵相として意気込んで臨んだものの、十分な働きができなかったことで、以降松田は、財政やさらには外交などの分野での新しい挑戦に積極的に関わらなくなったといえる。

大蔵大臣を務めた後の経歴を見てみると、三度大蔵大臣（卿）を経験したのち総理大臣に就任した松方正義をはじめとして、大蔵大臣を経験したのち総理大臣になる例は多い。若槻、濱口雄幸は、蔵相と同様もしくはそれ以上に有力閣僚である内務大臣を務めてから、総理大臣になった。一方で、大蔵大臣退任後は貴族院議員に勅選されたり活動の分野を変えたりなど、財政実務の専門家として事実上一線を退いたのは、井上準之助や阪谷芳郎らであった。

このように、一九二〇年代までの大蔵大臣経験者のその後の経歴を見ても、松田が、現役で閣僚を続けながら、主として、蔵相よりも軽く見られがちな法相や文相の地位にあったことは、珍しい例であった。松田は、第一次大隈内閣時代の苦い経験を踏まえて、自らの担いうるポストで、国家の発展に寄与していこうとしていたのである。

地租増徴受け入れへ

一八九八年一一月八日、後を襲った第二次山県有朋内閣の目下の課題は、明治三二年度予算の編成であった。新憲政党（旧自由党系）内では、星が土佐派に代わって主導権を握り、山県内閣と提携し、地租増徴について妥協することを決めた。これは、自由民権期以来の民力休養路線から、商工業を中心とした産業政策へと転換することを意味した。

松田は、星が強引に米国から帰国して倒閣へと動いたことには不満を持っていた(64)。それは、松田が大蔵大臣の職務に責任を感じていたため、予算をはじめとした事業を途中で投げ出す形になることを残念に思ったからであろう。松田は、まずは政党内閣として予算を作成する実績をつくりたかったのである。しかし、星が地租増徴受け入れに踏み切ると、松田は、党の一致が第一であることを明言し、代議士総会で地租増徴の受け入れをはっきりと表明した(65)。

第一四議会に憲政本党の尾崎らが提出した山県内閣弾劾上奏案の審議では、松田が第一次大隈内閣の蔵相時代に地租増徴に反対しながら、賛成の立場に転じたことを攻撃された。松田は、当時から自分は非増租論者ではなく、場合によっては地租増徴も必要であると思っていたが、自由党と進歩党との折り合いをつけるために当分地租増徴をしないことに決定したゆえだと反論した(66)。これは松田の本心であったと推定されるが、苦しい立場にあることに変わりはなかった。

新憲政党（旧自由党系）において、松田は、最高幹部である三人の総務委員の一人に選ばれた。くわえて、政務調査会長を務め、大蔵大臣としても関わった動産銀行創設問題に熱心に取り組んだ。

山県内閣との提携が成立したが、星のリードのもと、新憲政党（旧自由党系）の党員の入閣はなかった(67)。松田は、山県内閣との提携を次のように語った。

政府にとっては、財源が充分に出来たのみでなく万事意のままに行われている今日であれば政党の必要性を感ずることも次第に薄くならざるを得ない。いかにしても政党の助力を借りなくては立ち行かないという場合ならば政党員を入閣させる必要もあるだろうが、万望が遂げられて何の不足もない今日に至って政府の方から政党員の入閣を持ちだすようなことはよもやないであろう。

議会での憲政党〔新憲政党（旧自由党系）――文中以下同〕の協力がどうしても必要な状況であれば、山県内閣は憲政党との提携の条件で譲歩を見せるであろう。しかし、明治三二年度予算は成立し、政府が憲政党との提携関係を強化しなければならないような、目下の緊急課題は存在しない。こうした現状の下で憲政党員の入閣を認めることはないだろうという発言には、猟官運動を戒める意味があったと考えられる。松田は続けて次のように語った。

提携は国家のためにしたものであるから、党員の入閣がなかったとしても国家のためにした提携に何の不満もあるはずがない(68)。

これらの発言は、松田のもとを訪れた人物に対するものである。おそらく新聞記者の問いに答えたものであろう。右の発言は、政党政治の発展を目指す松田の意思であるとともに、松田が星の路線を支持しているという点で重要である。松田は、山県内閣との提携によって、政党員の望む恩恵をすぐには得られなくとも、星の党運営を支持し、星と連携して党の指導にあたった(69)。

第一次大隈内閣の蔵相時代に、もし松田が地租増徴に踏み切り成功していたら、松田の指導力は高まったであろう。しかし、まずは政党内閣でも予算編成ができるということを示して実績を積もうとした松田には、そのような大きな決断は難しかった。ここに、駐米公使を辞して独断で帰国し、倒閣、そして党の合意を形成して地租増徴受け入れに踏み切るという決断をした星との差があった。

松田は、政党政治の確立という信念を持ちながら、実現可能な政策を立案できる政党を目指した政治家であった。星は松田を評して、ぐずぐずしている男だがかえって林〔有造〕よりは智慧がある、と話したという(70)。大きな決断を前に踏み切れないでいたことが、松田の政治家としての弱点であった。

新憲政党（旧自由党系）が地租増徴に踏み切ったことは、地主層が有権者の大部分を占めた当時の選挙を戦う上でリスクを伴う政策転換であった。そこで新憲政党（旧自由党系）では、板垣、星、松田が先頭に立って全国を遊説し、地租増徴が日本の産業発展上合理的な政策であることを訴えた。松田自身も実業の発達を重視しており、その証拠に選挙区佐賀県では実業家層に松田への支持が広がっていた（第Ⅱ部第七章第二節）。松田は遊説先で演説し、今日では欧米は日本に注目していて、イギリスの政治家が日本を相手にしなければ東洋問題を解決できないと言うほど日本の地位が向上したのは、海軍力の増強と立憲政治の進歩のおかげである。しかし、日本の歳出はフランスやロシアに比べれば少ない方であるから、歳入を増やして財政の均衡を図らなければならないと述べた[71]。すなわち、個別の地方利益を訴えるのではなく、国際的な日本の地位向上との関連から地租を増徴する必要性を説明したのである。

こうして、一八九九年九月に各県で行われた県会議員選挙で、新憲政党（旧自由党系）は、地租増徴反対を訴えた憲政本党（旧進歩党系）に勝利した。この県議選は松田にとっても転換点となった。松田の選挙区佐賀県では、第一次大隈内閣下で行われた一八九八年八月の第六回総選挙頃まで、大隈重信につながる武富時敏・進歩党系の勢力が常に優勢を保ってきた。ところが、この時の県議選で、松田らは武富らに勝利したのである。

新憲政党（旧自由党系）が全国を遊説して、地租増徴の必要性を積極的に訴えた結果、それが財政の現状を考慮すると合理的で理念に合致した政策であると、選挙区の人々に受け入れられたがゆえの勝利だったといえる。

第四章　松田正久と原敬による政友会指導の形成

1　初期政友会内部の党人派・伊藤系官僚対立

松田正久の藩閥評価と政友会の創立

時期が少しさかのぼるが、第三次伊藤博文内閣時代の一八九八年（明治三一）六月、伊藤首相は、より幅広い層、特に都市商工業者の政治参加を促し、また政党を改良することによって、産業振興や立憲制の発達を進めるために、自ら政党をつくろうと考えた。この時は、政党政治に批判的な山県有朋らの反対で実現しなかったが、星亨が指導する新憲政党（旧自由党系）も、商工業者層の支持拡大を目指していた。(1)

松田正久も、藩閥政府が衆議院の一つの政党と提携して政権運営を行う状況を変える時期に来ている、と感じていた。日本の進歩のためには、政府が提携した政党に「依頼して其意《その》を迎」えるのでなく、「強大な国民」の後援を有する政党内閣をつくる必要がある。ただし、政党内閣の実現のためには、内閣の構成員は、どれほど党員間の不人望を来したとしても、非理不当な党員の要求を断然排斥しなくてはならない。また、調停の精神をもってたとえ党員でなくても政見が同一の者は入閣させて、漸次完全な政党内閣に進むように運ぶべきである、と松田は考えた。(2) 長く自由党・憲政党幹部として政府との折衝にもあたってきた松田は、政党内閣像、政府・与党間のあるべき姿をより明確に構想するようになっていたのである。

また、松田は、藩閥に対しても維新以来約三〇年間の功績を認めていた。それゆえ、政党内閣が成立したとしても、藩閥を「善となく悪となく悉《ことごと》く根本より掃蕩《そうとう》」しようとするようなことがあれば、これまた「突飛過激にして調停の精神に乏しきもの」と言わなければならない[3]と安易に藩閥批判に走ることを否定した。松田は、藩閥の有力者が各々その好む処によって既成政党に入党する、あるいは、別に新政党を起して「悉《ことごとく》皆孰《いず》れかの政党」に属し「政党と藩閥との境域を没了する」[4]ことが好ましいと考えた。これは伊藤による新党結成構想に合致する。

一九〇〇年五月三一日、新憲政党（旧自由党系）は第二次山県内閣との提携を断絶することを決め、六月一日には、伊藤による新党結成への参加に動き始めた。松田も同様の構想を持っていたため、星が新党すなわち立憲政友会（以下、政友会）創立構想を持ち出すと、松田はまずこれに賛成した[5]。

伊藤は、政友会を結成して実業家層を積極的に取り込んで産業振興を進めることを目指した。松田にとっても政友会に参加することは、政党内閣の実現に向けて大きく歩みを進めるとともに、これまでも重視していた実業振興をさらに促進する好機であった。

八月二五日には、伊藤から新党の創立委員一二名が指名された。松田もその一人に選ばれた。その後、三名が追加指名された（表4-1）[6]。

九月一五日、政友会の発会式が行われ、党の最高幹部である総務委員には、まず創立委員が「仮」に就いた。正式には、約一カ月後の一〇月一七日に、伊藤総裁が松田を含む一三名を指名し、総務委員を嘱託した。

一三名の総務委員には、憲政党（旧自由党系）から松田の他に、星（元駐米公使）と林有造（元文相）、末松謙澄（元逓相）が就任し、伊藤系官僚として西園寺公望（元外相・文相）、金子堅太郎（元農商相）が就任した。また憲政本党の尾崎行雄（元文相）、無所属議員の長谷場純孝ら有力議員も選ばれた（表4-2）。このように、一三名の総務委員中、憲政党（旧自由党系）出身者は松田・星・林の三名と、憲政党に入党してまだ二年足らずの末松という、少

表４－１　政友会創立委員および理事
（1900年８月25日～９月５日）

創立委員＝結成時の仮総務委員	西園寺公望（侯爵）
	☆渡邊國武（子爵）
	本田政以（男爵）
	金子堅太郎（男爵）
	末松謙澄（男爵）
	林　有造
	長谷場純孝
	星　亨
	渡邊洪基
	大岡育造
	都築馨六
	松田正久
創立委員（追加）	鶴原定吉
	小栗富次郎
	平出喜三郎
創立委員会理事＝結成時の仮幹事	改野耕三
	藥袋義一

☆創立委員長
出所：『政友』第１号より作成。

表４－２　政友会初代総務委員（1900年10月19日）

西園寺公望（侯爵）※	伊藤系，第二次伊藤内閣文相のち外相兼任
星　亨	旧憲政党
松田正久	旧憲政党
末松謙澄（男爵）	旧憲政党，伊藤の女婿
林 有造	旧憲政党
金子堅太郎（男爵）	伊藤系官僚，第三次伊藤内閣農商務相
渡邊洪基	伊藤系官僚，帝国大学初代総長
本田政以（男爵）	貴族院議員
大岡育造	帝国党（旧国民協会系）
長谷場純孝	無所属
都築馨六	伊藤系官僚，貴族院議員，井上馨の女婿
尾崎行雄	憲政本党
鶴原定吉	伊藤系官僚

※1900年10月27日枢密院議長就任により辞任。
出所：『政友』第２号をもとに作成。

数に過ぎなかった。しかも末松は伊藤の女婿であり、実質的には伊藤系官僚の一人である。

すなわち、幹部には伊藤系官僚が多かったため民権期から政党員として活動してきた経歴を持ち、こののち政友会「党人派」と称される政党政治家のグループと、政友会の結成をきっかけに政党に参加した伊藤系官僚グループには、政友会成立直後から対立の兆しがあった。

松田正久と西園寺公望、原敬

少し時期がさかのぼるが、政友会の結党準備を進めていた七月五日、伊藤の大磯本邸で伊藤と秘密協議を行っていた憲政党総務のうち、星、林、片岡健吉の三名は協議終了後に帰京した。しかし、松田だけは残って西園寺のもとを訪れてから、星らより四時間遅れで帰京した(7)。

松田と西園寺は留学中に出会い、一八八一年には共に『東洋自由新聞』を創刊した。この間の松田と西園寺との交流を示す史料は今のところ発見されていない。しかし後述するように、松田の死に際して西園寺が送った弔辞の一部には、次のような内容がある。

明治初年に留学先で初めて出会い、帰国後に互いに考えをめぐらせて何事かをなしたのは一度や二度ではない、また政友会が結成されると、一緒に伊藤を補佐して会の運営に加わった。

このように、政友会結成以前にも『東洋自由新聞』以外で交流があったことがうかがわれる。また少し後になるが、渡辺蔵相問題で原敬が西園寺邸を訪れると、そこには松田が来ていた(8)。

西園寺公望
（国立国会図書館蔵）

原敬（国立国会図書館蔵）

この時に松田のみが残って西園寺のもとを訪れたことは、頻繁ではないにしろ両者の交流がこの時期まで続いていたことを意味し、のちに西園寺が伊藤の跡を継いで第二代総裁となり、松田と原が連携して党を支えた時代の土台になっていたといえる。

のちに原は、政友会の実権を掌握して松田を凌駕することになる。しかしこの時はまだ、政友会の結成に参加できずにいた。当時社長を務めていた大阪毎日新聞社をすぐに辞めることができず、さらに伊藤からは入閣の約束を反古にされて、原は伊藤に不信感を募らせていった。その反面、原と西園寺との関係は深まった。原が、伊藤総裁の指名を受けて総務委員兼幹事長という政友会の正式な役職に就いたのは、結成後約三カ月が経った一二月であった。すなわち、原には伊藤からの期待と、西園寺との強い信頼関係があったとはいえ、政友会全体で見れば、党人派を代表して入閣していた松田の他にも六名の入閣者があり、原の序列はまだかなり低かったのである。(9)

松田が政友会で活躍することへの期待は、政友会結成後間もなく、三井財閥の益田孝から松田に二一〇七円（現在の価値で約四二〇〇万円）が渡されたことにも表れている。(10)

なお、新憲政党（旧自由党系）は政友会の成立に伴って解党された。大会で解党が決議された後に開かれた党の大懇親会において、総務委員を代表して挨拶をしたのは松田であった。(11)松田が総務委員の中で最年長であったことが挨拶に立った理由であろう。くわえて、時に強引な星と比べて松田の方が、こうした党の円満な解党の式の代表挨拶にはふさわしくもあった。のちに述べるように、西園寺総裁時代の政友会では、原が党の実権を握っていながらも、総裁の代理としての挨拶などの場面で名目的に松田を立てた。そうした松田と原との関係の一端がすでにここにうかがわれるのである。

また、憲政党の解党に際して松田、星、末松が板垣退助への「感謝報告委員」に選出され、(12)自由民権運動期以来、自由党系政党の看板であった板垣は、政治の表舞台から姿を消したのである。そうは言っても、民権運動を象徴する存在としての板垣の影響力はなお意味があった。この後も、板垣は折に触れて政治や社会事業に対する発言を続け、「党人派」は自らの存在を確かめるために板垣を顕彰した。

第四次伊藤内閣成立と党内対立への不安

政友会の結成準備が進むと、一九〇〇年五月二七日に山県首相は天皇に辞意を申し出、政友会結成直後の一〇月六日、伊藤が内閣組織を承諾した。伊藤による内閣組織の噂は、九月末頃には報じられていた。伊藤内閣の閣員予想も新聞紙上に掲載された。『佐賀』紙では二通りの閣員予想がなされているが、その両者ともにおいて、松田は司法大臣に就任すると見られていた(13)。

松田は、伊藤の内閣組織に対して次のように語っている。

山県内閣の辞職は実を言えば来春にしてもらいたいけれども、〔後継内閣の選定には〕我々は一向に関係しない、そんなことは元老間で話がつくだろう。伊藤侯がいよいよ内閣を組織することになれば、政友会の方は何も憂うべきことはない。種々のことを言う者が院外者の中にはいるかもしれないが、それは決して憂うべきことではない。反対派の新聞は早く伊藤に組閣させて内輪の混乱を引き起こそうと思っているのだろう、と伊藤侯は言ったが、政友会のことは「一向御心配は要らないのだ(14)」と。

松田は、伊藤が内閣を組織するかしないかといった後継首相の選定に政友会が口を挟むようなことはない、ときっぱりと述べた上で、政友会が結成間もないからといって分裂の不安を煽るようなことのないよう努めたのである。

一〇月一九日、第四次伊藤内閣は成立し、松田は文部大臣として入閣を果たした。松田の他には、旧自由党系からは星が逓信大臣に、林が農商務大臣に就任した。政党員としては、末松も内務大臣として入閣した（表４－３）。松田にとって第四次伊藤内閣の成立は、政党内閣を目指して実績を積みたいという信念を叶えられる好機であっ

表4-3　第4次伊藤内閣閣員

総理大臣	伊藤博文	
班列大臣	西園寺公望	伊藤系官僚
外務大臣	加藤高明	非政友
内務大臣	末松謙澄	旧憲政党，伊藤の女婿
大蔵大臣	渡辺国武	伊藤系官僚
陸軍大臣	桂　太郎 1900年12月23日～児玉源太郎	非政友 非政友
海軍大臣	山本権兵衛	非政友
司法大臣	金子堅太郎	伊藤系官僚
文部大臣	松田正久	旧憲政党
農商務大臣	林　有造	旧憲政党
逓信大臣	星　亨 1900年12月22日～原　敬	旧憲政党 伊藤系官僚

出所：秦郁彦編『日本官僚制総合事典：1868-2000』〔東京大学出版会，2001〕をもとに作成。

た。

しかし、政友会が成立間もないこと、そして、党人派と伊藤系官僚との対立への不安は、内閣組織過程においてすでに表れていた。伊藤の予想以上に党内からの入閣要求が強かったために、伊藤から入閣を求められて政友会に参加した原が、内閣成立時には入閣できなかった(15)。さらには、渡辺国武が、自らの大臣ポストをめぐって、政友会内の不統一を世間に喧伝した。伊藤は当初、蔵相に盟友の井上馨を考えていたのだが、渡辺はこの蔵相ポストを要求したのである。渡辺の不満は、星の強いリーダーシップにもあった。渡辺は、自分の希望が容れられないのであれば脱党するとの意思を新聞紙上に表明した(16)。

松田は党人派の最有力者の一人として政友会に参加したので、伊藤系官僚らにいくらかの対抗心を持つのは当然である。くわえて、先に述べた渡辺のような態度を見、反感を強めただろう。渡辺の処分について記者に問われると、むやみに党内対立を喧伝しないように抑制しながら、人には各々意見があって意見を闘わすのは当然であるけれども、渡辺子爵のように不平を鳴らして脱会の意思を新聞紙上に表白するのは穏当の挙動と見做し難い、と渡辺を非難した。これに対して、党人派の行動を次のように評価している。旧自由党員は激しく「猟官」運動をしているように言う者がいるけれど、予の目より見れば旧自由党こそ最も平穏な態度を守っている。旧自由党は、多年政党運動に慣れているだけに今日政友会の中堅として自ら重きをなしており、軽々しくその足並みを乱すことはしない。もっとも、一個人の考えを問うたならば自ずから種々の意見を有する者があるだろうけれど、大体においては党の規律を重んじて総裁の専制に甘んじるという風がある。これはつまり、無益の運動をなしてもその効がないことを知っているからである[17]。

先にも述べた通り、党人派による就官要求が行われていなかったわけではない。しかし松田には、渡辺のように、成立間もない政友会の足を引っ張るような行動が許せなかったのだ。この談話からは、党人派としての松田の自負が読み取れる。伊藤系官僚に対する非難をはっきりと口に出してはいないものの、「旧自由党こそ」と強調しているのは、言外に渡辺のような伊藤系官僚を非難する気持ちが表れている。これまで述べてきた通り、松田は西園寺と親交があり、官僚嫌いでもない。しかしながら、政友会内で伊藤系官僚らに旧自由党系が負けてはならないという気持ちがあったのも当然であろう。

2　党人派の代表へ

松田文相の教育政策

松田は文部大臣に就任したことをどのように捉えていたのだろうか。松田は、渡辺蔵相のように「待つて居つた人」とは違い自分は文相になるだろうとは一向に思わなかったと皮肉も込めながら謙遜した。続けて、私も教育のことを一切知らなかったらよいが、なまじ学校に関係したことがあって少々教育のことを知っている。おかしなものだが知らない方が良い、なぜなら文部大臣は演説で失敗するから私は演説禁止の札でも掛けようか、と笑った[18]。

口ではこのように言いながらも、松田は自分が大臣になれるのは当然だと考えたに違いないし、自分は大臣就任のようなことには頓着しないのだという見栄があった。しかし頭には、第一次大隈内閣で蔵相を務めたものの、地租増徴に踏み切れず、蔵相としての実績を残せなかった失敗も浮かんだことだろう。松田は若い時から教育に関心をもっていた。また、鹿児島高等中学造士館の教頭を務めるなど教育分野に通じており、すでに述べたように、実業教育の振興を重要な課題としていたので、蔵相などの重要閣僚ポストよりも文相のポストを適当であると考えたと思われる。

松田の文相在任期間は、一九〇〇年（明治三三）一〇月一九日から内閣総辞職に至る一九〇一年六月二日までの八カ月弱であったが、この間に自身の教育政策を積極的に発信している。特に重視したのは、就任間もない時期から訴えた、実業教育の必要である。

当時、実業教育といえば、尋常小学校卒業後に進む中等教育としての実業学校と、中学校卒業後に進む高等教育としての専門学校とがあった。松田は、その両方を念頭に置いていて、広く教育を普及させつつ、高等教育も推進していきたいと考えた。教育について実業発達の観点からいえば、日本は今の場合「実用的の人物」を養成することが大いに必要であり、また「専門的の人物」もつくらなければ国の品位に関わるからである、というのが松田の論理であった。(19)

前内閣の樺山資紀文相時代の方針を受け継ぎつつ、松田は財源の許す限り教育事業を振興させていかなければならなかった。当時課題となっていた小学校教育と高等教育問題については、前途が厳しいことを松田は認識しながらも、次のような施政方針を語った。

まず、授業料が必要であった当時の小学校教育の充実に関してである。小学校教育については、児童の数に比べて学校数が少ないために就学児童を収容できずにいる問題に加えて、一度入学しても親の経済的な事情から途中で小学校をやめなければならなくなってしまう子供が多いことも課題であった。そのために、授業料全廃が必要であると考えた。ただしあくまでも、「激烈に」改革することはできないまでも、授業料全廃という方針を定めて、「漸次に現今の欠点を完全にし国民教育事業の設備を大成」しよう[20]。

というのが松田の理想であった。

次に、高等教育については官立高等学校増設と九州・東北帝大新設計画を少しでも進めることも目標とした。しかしながら、高等教育も実業教育も充実させようというのは、財源的に難しい問題である。そこで、松田は民間資本に期待を寄せた。文相就任から一カ月半後、来年度予算との関係から教育予算に関連して松田は、国の発展における教育の重要性を訴えた[21]。現代文に直すと次のようになる。

我国民は眼前の利害を知って永遠の利害を画するという眼識がないため、我国において最も必要である教育を顧みないという弊害がある。教育というものは、百般の事業にわたって必要なのであり、工業界では最も緊要である。米国が、近来工業において英国を凌駕するほどの隆盛を見るのも、まったく教育進歩の結果に外ならない。そこで英国では早くも教育の重要性を察知し、商工業の盛衰はまったく教育の進歩発展如何にあるとして教育の奨励に熱中しているようだ。しかし財源が許さない現状では、むしろ私立の方に重きを置いて私立学校の隆盛によって我国の教育の発達を図るべきだ。

重要な教育問題だからこそ、民間資本も積極的に参入するべきだと考えたのである。また、当時一般的にはまだアメリカよりもイギリスを重視する傾向にあった中で、松田がアメリカの発展に注目しているのは重要な特色である。文献から知識を得ていたからであると思われる。

年が明けて一九〇一年一月、教育予算をめぐっても松田は次のように言う(22)。

学校増設は目下の急務であり、軍事と比較した場合、軍事設備は不充分ならば国家の不利益であることが直接明白に国民の耳目を驚かすが、教育施設は不充分であってもその結果が眼前にあらわれないがゆえ国民はこれを等閑視する傾向にある。しかし、教育の必要は決して軍事の下ではない。国家の富強、社会の安寧はその基礎教育の発達にあるのだから、国民もここに注意し、学校増設計画が成功するよう尽力してほしいものである。学校の設立は政府だけでは到底できないのであって、自ずから私人の経営に期待することが大きい。当局者もますます私立学校の設立を歓迎し、できるだけその便宜を図るであろう。

実際に、一九〇一年一月三〇日に東京専門学校校友会の席上で、高田早苗が早稲田大学設立の趣旨を演説し、翌一九〇二年九月二日に名称を「早稲田大学」に変更した(23)。正式に大学に昇格したのは一九二〇年の原内閣時代であり、こうした私学教育を尊重する立場でも、松田と原は共通の政策志向を持っていたことが分かる。

予算が限られる中で、樺山前文相より引き継いだ新規事業が、帝国大学の新設問題であった。新たな帝国大学設立の候補地として挙がったのが、東北と九州の二地方であった。しかしこの時松田文相は、九州帝国大学の設立を、九州出身という点からはとらえてはいない。

松田の選挙区佐賀県では、地元の新聞が九州帝大を佐賀県に誘致しようと訴えた。たとえば、『佐賀』紙は一九〇〇年一二月六日の「九州大学と我県」と題する社説で、帝大の各分科を九州各県に分置するにしても一県に置くとしても、佐賀県は、(1)鉄道の便が良い、(2)土地が清爽で山水秀麗と衛生面に優れる、という二つの好条件と、(3)誘致運動をしている福岡・熊本両県に比べて官設の施設がないために生産事業が甚だ不振であるため前途の憂慮に堪《た》えないという現状から、佐賀県民および県の当局者・県会議員に対して誘致運動をするよう訴えた。[24]
九州・四国選出代議士の中には、増税案と引き換えに九州帝大と四国高等学校の建設に関する追加案を提出するよう松田文相に迫る者もあった。[25] しかし松田が九州帝大だけを論じた史料は残されていない。
松田はかつて実際に教育に携わったことがあり、かつ教育分野には長く関心を持っていたため、文部大臣の地位は居心地の良いものだったことだろう。増税をめぐっては九州の野田卯太郎（福岡県選出代議士）らから再々増税を不可とする申入れがなされていた。[26] それでも予算が限られているのはどの省も同様であり、その中で引き継いだ事業をなるべく実行できるよう努めればよく、第一次大隈内閣での大蔵大臣の重責とは比べ物にならなかった。旧自由党員として大臣になって、さらに実業教育や私学の振興といった自身の信念を文相という公的な立場で発言できることに松田は満足していた。身の丈に合ったポストでやりがいを見つけ、松田は再び自信を取り戻しかけていた。

野田卯太郎
（国立国会図書館蔵）

党人派対伊藤系官僚という対立の枠を超えて――原との連携

このような、松田にとって好ましい状況を一変させたのが、渡辺蔵相による突然の事業中止・繰り延べの方針である。この渡辺の方針に反対して渡辺を孤立させようとしたのが原であった。原は渡辺と同じく伊藤系官僚であり、東京市会疑獄事件に関係したとされて辞職した星の跡を受けて逓相に就任した。原の行動に、西園寺、そして松田も星も連携した。一九〇一年五月二日、伊藤首相は閣内不一致を理由として天皇に辞表を提出したが、原は政友会内の地位を固めた。[27]
松田と原とが行動を共にする機会が増えるのも、原が逓相として入閣を果たして以降であった[28]。渡辺蔵相問題は、そうした松田と原とが連携するようになる、大きな転機であった。渡辺の責任論をめぐって、原と林有造の意見が齟齬すると、松田は原を支持した。四月一九日、林が主催して、松田、原、末松謙澄、金子堅太郎による会合が行われた。ここで林は、渡辺の責任を追及するために一同が辞表を提出することを主張した。これに対して原は、辞表云々はすでに西園寺に内話した結果見合わせた方がよいという返答があった問題であり、それを繰り返しても首相を追い詰めるだけだと主張した。こうして一同の辞表提出は中止になったのであるが、この結論は松田から伊藤首相へと伝えられることになった[29]。もしも原が直接伊藤にこの結論を伝えに行けば、原が独断で動いているという印象を与えかねない。松田が総意として伊藤に伝えることによって、林も同意していると示すことができるのである。

松田は渡辺蔵相問題で原を支持する姿勢を貫いた。原は渡辺に反駁すると決めると、二五日に西園寺を訪問し、星も招いて内閣総辞職も辞さない姿勢を確認した。翌二六日午前に渡辺と二人で会見すると、原は松田のもとを訪れた。この時点で原が意向を確認しているのは、前日の西園寺と星、それに伊藤首相邸を訪ねた際にそこにいた金子だけであった。原が渡辺の意見に対する自身の反対意見書写を示すと、松田は「至極賛成」であると答えた[30]。政友会副総裁格の西園寺が原に同意することは重要であるし、党人派の最高幹部である星の同意も得ておく必要がある。しかし、この時の星は、東京市会疑獄事件に関係したとされて逓相を辞任していた。党人派で星に次ぐ松田が原を評価したことにも大きな意味があった。

政友会結成間もない時期には、松田は渡辺の振る舞いなどを見て、一部の伊藤系官僚に反感を抱いた。また、そもそも党人派として、伊藤系官僚に対抗意識を持つことは自然であろう。それが党人派や伊藤系官僚といった枠組みを超えて、政策上の観点から同じ伊藤系官僚の渡辺を批判する原の姿を見たことで、自分より一〇歳あまり年少の原の実力を理解し、今後は共に政友会のために尽くしていける相手だと評価したのである。松田はこの渡辺蔵相問題を通して、政友会内の党人派と伊藤系官僚との対立を克服した。

また、この時期の松田について興味深いのが、次に示す明治天皇の対応である。明治天皇は、渡辺蔵相の後任候補として、松田の名を挙げた。その理由は、第一次大隈内閣で松田が蔵相を経験しているというものであった。これに対して伊藤は、松田はそのような重任を担える適材ではないと返答した(31)。

伊藤総裁洋行中の政友会の「留守居役」と原の台頭

野党となった政友会では、一九〇一年六月の議員総会で、松田、原ら前閣員が、総務委員に復帰した。また、常務委員には、総務委員の中から星、原、片岡、尾崎、大岡育造が就いた。松田は党務の実権を持つ常務委員にはなれず、政務調査局財政調査委員長に就いた。

政務調査局は、政権を降りた後、政友会がどのような政策を推し進めていくのかを検討するために重要な党内の組織である。行政、財政、経済、教育、外交の各分野に総務委員が一人以上入っていることからも、幹部が主導権を握ったうえで、党員が政策を検討し、党の方針をまとめていくための組織であったことが分かる。

また、表4－4から分かる通り、各部門の委員長には、常務委員には選ばれなかったその他の総務委員が就いている。常務委員の星、原、片岡、尾崎、大岡は、それぞれいずれかの分野の調査局に属したが、表面的には一般局員の地位である。これは、常務委員が党の最高幹部であり、その他の総務委員は常務委員に次ぐ有力な幹部として、個別具体的に党の方針決定に参与していたと考えられる。

このように、政務調査局財政調査委員長は重要な役割ではあったが、松田が星と連携している限り、星の権力が弱まっていた時期であれ、星がいれば党人派を抑えることができたことも表している。

しかし、突如事態は変わった。六月二一日、星が東京市役所で暗殺されてしまったのである。星の葬儀委員長に

表4－4　総務委員および政務調査委員（1901年6月7日臨時総務委員会）

		常務委員
総務委員	星　亨	◎
	本田政以（男爵）	
	末松謙澄（男爵）	
	金子堅太郎（男爵）	
	林　有造	
	松田正久	
	原　敬	◎
	大岡育造	◎
	長谷場純孝	
	都築馨六	
	尾崎行雄	◎
	元田　肇	
	片岡健吉	◎
	江原素六	

各政務調査委員長		その他局員中の総務委員（**太字**は常務委員）
行政調査局	末松謙澄	**星亨**，元田肇，長谷場純孝
財政調査局	松田正久	なし
経済調査局	金子堅太郎	**大岡育造**，鶴原定吉（元総務委員）
教育調査局	江原素六	なし
外交調査局	都築馨六※	**原敬**，**尾崎行雄**

※都築が1901年9月15日外遊のため辞任し，原が後任として委員長に就任。
出所：『政友』第10号をもとに作成。

は片岡健吉が就き、松田と原が主任として星の遺族を助けて諸事を取り計らった[32]。片岡は衆議院議長の立場から葬儀委員長に選ばれたとはいえ、実質的に松田と原が政友会を代表して星の葬儀を執り行う地位にあったといえる。また星の死を受け、二八日に伊藤総裁は後任の常務委員に松田を指名した。土佐派の林を常務委員に推す声もあった中で、伊藤は、明確に松田を選んだのである。また、星の遊説先には、代わって松田が赴くこととなった[33]。こうして松田は星の役割を継承し、「党人派の代表」の椅子に収まったのである。

けれども、松田は、星ほどの強い決断力と実行力を持ち合わせてはいなかった。松田は星がいた地位は引き継いだが、星の果たした役割は原によって受け継がれることになるのである。先に述べた通り、原は政友会結成時には有力者の一人に過ぎなかった。しかし、この時期になると松田の選挙区佐賀県の地方紙『佐賀』でも、星亡きあと原を政友会の「党務指揮者」に、松田を院内総理に擬しつつある[34]、と報じられるほど、政友会内での原の地位が上昇したことが分かる。

それでは、松田は周囲からどのように見られていたのだろうか。常務委員の一人尾崎は、松田を政友会の院内総理に推した。その理由として、院内総理は各問題に一々賛成や反対を叫ぶのではなく、黙って自重するのが良い。演説をすることはやむを得ないが、唯人を知って適当な役目にその人を使えばよいからだ[35]、と語っている。五六歳と当時としては老境に差し掛かり、挫折も経験してきた松田は、政党内閣の実現を目指すという理念を持ち続けてはいても、かつて立憲自由党結党時に見せたような野心に満ちた行動はもうとれなくなっていた。それよりも適材適所で人材を生かし、まずは政友会をまとめていこうとしていた。このような松田の姿勢の変化が、尾崎の松田評価には反映されていると思われる。

第四次伊藤内閣で挫折を味わった伊藤は、日露協商論と日英同盟論とが交錯する中で、一九〇一年九月一八日、アメリカ・イェール大学からの招待を受けて欧米旅行に出かけることになった。しかし問題は、総裁が不在の間、政友会をどのように指導するかにあった。伊藤総裁洋行中に副総裁を置く案も出されたが、結局は総務委員長に松田を、院内総理に尾崎を就けることに決まった。この時期、原はすでに党を主導し始めていたが、伊藤洋行中の党を代表するような役職には就かなかった。それは、党を指導する実権は自分にあるのだという、四五歳に近付いた原の政治指導の円熟と党指導への自信を示すものであった[36]。それだけではなく、この時点で松田よりも原が上位に立つことは、間違いなく党人派の反感を招く恐れがあった。総務委員長に内定した松田は、伊藤のもとを単独でも訪問し、親しく話をしている[37]。その一方で、原が伊藤と松田を交えて伊藤不在中の政友会指導の方針を確認するなど[38]、原が実質的に政友会を指導するようになっていた。

伊藤の不在中に松田が政友会をうまく指導することができれば、松田は再び大きな存在感を示すことができただろう。自分より一〇歳あまり年下の原の存在は、この時期の松田にとって、心強い片腕を得たという思いだったのではないだろうか。実力があるといっても原は政党政治家としてはまだ駆け出しである。松田が、原の助力を得ながら、伊藤、そしてその後継者である西園寺に次ぐ、政友会第三位の最高幹部となるという希望を取り戻した時期といえる。

民間資本への期待、軍との距離

それではこの時期の松田はどのような政策構想を持っていたのか、次に挙げる桂内閣の外債募集に対する談話を見てみよう。

松田はこの時の外資輸入論に消極的だった。しかし、どうしても外債募集を実施する場合として、外資を輸入する分野として鉄道国有化と公債借り替えを挙げた。松田が外資輸入に消極的だった理由は、日本の市場価値が低いことであった。中国との間でも、市場が開かれて小規模の商人は進出しているが、「大きな商売」が積極的に中国市場に進出していない。これでは外国資本を吸収するといっても国民に対する信頼がないため、国家が責任を取るといっても外国資本はそれほど入ってこない、と松田は考えた。ここでイギリスがトランスヴァールとの戦費を公債で賄ったことを例にして、いざ公債を売り出す場合の相手国としてはイギリス・アメリカを挙げた。欧州の大陸国は、日清戦争、北清事変を経て日本の国力の進歩を認識してはいても、日本市場の理解は不十分だ、と松田は見ていたからである(39)。

ここでの特徴は、第一に日本の商業がより積極的に海外進出するべきだと考えていることである。産業振興、特に民間の資本がより活発に活動することを目標とするのは、松田の一貫した主張である。第二に、列強の中での英米の重視である。明確な史料は見つかっていないが、松田の談話からは、松田が常に欧米の情報を収集し、そこから国際社会の中での日本の位置づけを考えていたと推定される。列強から日本がどう見られているかを意識し、日本の取るべき政策を考えている。これは、英米を重視し、国際協調を重んじる点で、松田と原が共通した外交観を持っていたことを示している。

また、松田は、日本の取るべき経済政策として、軍拡を抑え民間の力に期待することを重視した(40)。先にも述べた通り、民間の資本を育てるべきだというのが松田の理念である。それと同時に、松田は産業振興や教育問題で度々軍備拡張反対を唱えている。しかしながら、帝国主義の時代に日本の国防をどのようにするのかといった具体的な提案はなされていない。また新聞紙上で松田の動向を追っても、松田が意識的に軍人と交流している様子は見られない。軍人との接触・交流なしに、直接軍を掌握することは困難である。松田は、第一次大隈内閣時代の失敗経験などから未経験の分野に踏み込んでいくことを恐れ、結果として自身の政策構想に幅を持たせることができなくなっていった。

伊藤総裁の不在中、桂内閣に対する態度について、松田と原は共に、慎重に桂内閣の政策を見極めてからでないと判断はできない、という抑制的な姿勢をとっている(41)。しかし、桂は、政友会切り崩しに打って出た。田健次郎、井上角五郎、重野謙次郎らのいわゆる「浜野屋組」らによる桂内閣との妥協の策動によって、松田、原、尾崎の桂内閣倒閣の試みは失敗に終わった。結局、田、井上、重野の三名を除名処分としたが、松田と尾崎に対する党内の不満もあって、松田と尾崎は、形式的に常務委員・院内総理を辞任しようとした。これに対しては、伊藤総裁が帰国後に慰留した。

松田は尾崎と共に交渉にあたったが、政友会を統率して明確な方針を打ち出すことができなかった。代わりに原が党を主導し始め、松田は責任を感じて辞意を漏らした(42)。総務委員になった直後は、原の実力は買っていても、まだまだ政党経験が短く、あくまで自分を補佐してくれる頼れる相手である、という気持ちが松田にはあっただろう。

しかし、伊藤総裁不在中に自身はまたしても党をまとめきれず、原に助けられた。松田は自分の限界を痛感したと思われる。以降、松田が原に同調する形で、両者は連携して政友会の運営にあたるようになる。

中堅幹部組織の創設と「党人派」

ところで、ここまで党の最高幹部を中心に政友会の組織を見てきたが、ここでは中堅幹部についても見ておきたい。

政友会の創立時には、伊藤総裁の下に、最高幹部として一三名の総務委員が置かれた。彼らは、新憲政党（旧自由党系）の幹部や、他党からの政友会入党者、伊藤系官僚、貴族院議員など、政友会への入党時の経歴によって選ばれた。このように、一三名の総務委員が伊藤総裁を支えるという組織で出発した政友会であるが、それだけでは、党内の意思疎通に不十分であった。そこで組織されたのが、協議員と呼ばれる中堅幹部であり、ここには、政友会結成以降「党人派」と呼ばれるようになる自由党以来の政党政治家が多く配された。

政策の立案では、原を筆頭に官僚出身者が力を発揮した。一方、党人派は、この名誉職的な性格を持つ中堅幹部に選ばれることにより、党本部と地方をつなぐ役割を担った。党人派の代表である松田に対して、党人派議員たちは自分を中堅幹部に選定してもらえることを期待しただろう。

初めて協議員が置かれたのは、第四次伊藤内閣時代の一九〇〇年（明治三三）一二月一九日である。この時は、まだ帝国議会開会中に臨時的に置かれた協議員であり、総裁からの通達によって決められた。選ばれたのは、西山《にしやま》志澄《しちょう》をはじめとする二〇名で、(43)協議員の地方の別、当選回数、経歴は、表4-5aの通りである。二〇名は、地方別に見ると、結成時の代議士の地方別をそれほど考慮しているとは思われない（表4-5b）。(44)また、経歴を見ると二〇人中一三人（六五パーセント）と、党人派が過半数を占めた（表4-5c）。

表4－5 a　帝国議会開会中臨時協議員（1900年12月19日伊藤総裁より通達）

氏名	選挙区	地方の別	指名までの当選回数	経歴
西山志澄	高知	四国	4	旧自由党
石田貫之助	兵庫	中国	5	旧自由党
石坂昌孝	東京	関東	4	旧自由党
伊藤大八	長野	北信	3	旧自由党
和泉邦彦	鹿児島	九州	1	憲政党（旧）
濱名信平	茨城	関東	4	旧自由党（のち新自由党）
坂東勘五郎	徳島	四国	3	中立
多田作兵衛	福岡	九州	4	旧自由党
田村順之助	栃木	関東	4	旧自由党（のち新自由党）
中西光三郎	和歌山	近畿	貴	旧自由党
井上角五郎	広島	中国	6	旧自由党
日下義雄	福島	東北	0	伊藤系官僚
丸山嵯峨一郎	新潟	北信	2	旧進歩党
古谷新作	山口	中国	3	国民協会系
朝倉親爲	大分	九州	6	国民協会
秋岡義一	大阪	近畿	4	旧自由党
天春文衞	三重	東海	2・貴	旧自由党
森　東一郎	愛知	東海	4	旧自由党
菅原　傳	宮城	東北	2	旧自由党
鈴木摠兵衞	愛知	東海	2	実業家

出所：『政友』第4号をもとに作成。

表4－5 b　帝国議会開会中臨時協議員の地方別人数

	関東	東北	北信	東海	近畿	中国	四国	九州	合計
臨時協議員地方別	3	2	2	3	2	3	2	3	20
政友会代議士地方別*	29	11	18	17	18	25	13	25	156
	18.59%	7.05%	11.54%	10.90%	11.54%	16.03%	8.33%	16.03%	

＊政友会創立から第15議会閉院までに入会した代議士。
出所：表4－5 aより作成。

表4－5 c　帝国議会開会中臨時協議員の経歴別人数

旧自由党	伊藤系官僚	その他
13	1	6

出所：同上。

次に指名された協議員も、臨時で設置された組織であった。二度目の臨時協議員は、伊藤総裁が欧米に出かけて不在の間の臨時組織であった。一九〇一年九月一五日に開かれた政友会創立一周年記念会の場で、松田の総務委員長就任と同時に発表された総裁不在中臨時協議員は三〇名で、西山、秋岡義一、石坂昌孝、石田貫之助、井上角五郎、菅原傳、鈴木摠兵衛、多田作兵衛、中西光三郎、濱名信平、坂東勘五郎の一一名は、前回の帝国議会開会中臨時協議員と同じ顔触れが選ばれた。(45) 協議員の地方の別、当選回数、経歴は、表4－6aの通りである。

前回と比較して注目されるのは、党人派が三〇人中二二人（約七三パーセント）を占めていたことである（表4－6b）。ここでは、党人派の比率がさらに上がっている。すなわち、臨時で置かれたこの協議員という中堅幹部ポストは、主として、旧自由党時代から長く政党政治家として活動してきた人々を優遇する意味があったのである。

政友会では、伊藤総裁の下、少数の幹部による党指導が目指された。これは、政党のあるべき姿として、自由党時代以来、松田が追求してきた理想と同じである。しかし、政友会はまだ結成から日が浅く、党組織は発達の途上だった。政策立案では、実務経験に基づいた知識を豊富に持っている伊藤系官僚たちの方が、党人派よりも主導権を握るのは明らかである。これでは、政治家としての経験の長さでは自分たちの方が優れているという党人派の自負心が傷つけられ、党人派と伊藤系官僚との対立は深まる可能性がある。そこで、党人派を協議員という中堅幹部ポストに就けることによって、党の統制を強化していこうとした。

政友会の中堅幹部組織は、後述するように、一九〇三年五月の党組織変更を経て、西園寺総裁時代に入る同年一二月以降、総裁指名で一〇名と、案分比例で各地方団体ごとに選出される二〇名を合わせた三〇名で、任期一年の常任の協議員が置かれることになる。しかし、この地方団体という単位は、地域性が高かった自由党時代の地方団とは性格が異なる。

政友会は、新憲政党（旧自由党系）に加えて、官界、実業界から幅広く党員を募って組織された。それだけ大き

表４－６ａ　総裁不在中臨時協議員（1901年９月15日）

氏名	選挙区	地方の別	指名までの当選回数	経歴
石坂昌孝	東京	関東	4	旧自由党
石塚重平	長野	北信	2	旧自由党
稲垣　示	富山	北信	3	旧自由党
石田貫之助	兵庫	中国	5	旧自由党
井上角五郎	広島	中国	6	旧自由党
石黒涵一郎	岡山	中国	1	憲政党
和泉邦彦	鹿児島	九州	1	憲政党
濱名信平	茨城	関東	4	旧自由党（のち新自由党）
坂東勘五郎	徳島	四国	3	中立
西山志澄	高知	四国	4	旧自由党
富永隼太	長崎	九州	5	旧自由党
岡崎邦輔	和歌山	近畿	4	旧自由党
大瀧傳十郎	新潟	北信	2	旧自由党
粕谷義三	埼玉	関東	2	旧自由党
門脇重雄	鳥取	中国	3	旧自由党
多田作兵衛	福岡	九州	4	旧自由党
武弘宜路	山口	中国	3	准国民
長坂重孝	愛知	東海	2	憲政党
中西光三郎	和歌山	近畿	貴	旧自由党
栗原亮一	三重	東海	6	旧自由党
新井章吾	栃木	関東	6	旧自由党
秋岡義一	大阪	近畿	4	旧自由党
佐藤昌藏	岩手	東北	5	旧自由党
重野謙次郎	山形	東北	4	旧自由党
神藤才一	神奈川	関東	1	教育者
重岡薫五郎	愛媛	四国	4	旧自由党
菅原　傳	宮城	東北	2	旧自由党
杉田定一	福井	北信	5	旧自由党
鈴木摠兵衛	愛知	東海	2	実業家
首藤邦基	大分	九州	1	帝国党

出所：『政友』第４号をもとに作成。

表４－６ｂ　総裁不在中臨時協議員の経歴別人数

旧自由党	官僚・実業家等	その他
22	2	6

出所：表４－６ａより作成。

な組織で、党幹部の意思を党員に広く伝え、党としての合意形成を図るには、幹部とその他の党員をつなぐ仕組みが必要であった。そのために、地方というまとまりが活用されたのである。

中堅幹部組織や地方ごとのまとまりが、幹部の意思を伝えるために活用されていたことは、次の例からも分かる。一九〇一年一二月一九日、対政府交渉成行き通告委員が選ばれた。これは、党の幹部と桂内閣との交渉内容を毎度議員総会で報告するのを省略するための仕組みであった。政友会では、この時に初めて、関東、東北、北信、東海、中国、四国、九州という地方団体ごとに委員が選ばれた(46)。選ばれた各地方団体の委員は、表4－7の通りで、それぞれ党人派が選ばれた。対政府交渉成行き「通告」委員の名称からも明らかな通り、この委員は、大勢の党員の意見を集約するためではなく、幹部による交渉内容を知らせるために置かれたものである。地方ごとのまとまりも、意思の伝達に都合のよい単位だった。

表4－7　対政府交渉成行き通告委員（1901年12月19日）

関東	闕 信之介
東北	重野謙次郎
北信	杉田定一
東海	長坂重孝
中国	井上角五郎
四国	坂東勘五郎
九州	多田作兵衛

出所：『政友』第16号より作成。

3　原敬と松田正久による党指導体制の確立

地租継続増徴問題と松田正久

一九〇二年（明治三五）三月一日、前年九月からアメリカ・欧州に渡っていた伊藤博文総裁が帰朝した。長崎に到着する伊藤の出迎えには総務委員の一人である大岡育造が向かい、松田正久と原敬は二人で神戸まで行き、そこで将来のことを協議することになった(47)。すなわち、伊藤総裁不在中の一九〇二年二月までに、松田と原が協議して政友会の実質的な運営を決定する体制ができ上がっていたのである。

松田と原が、政党刷新と役員組織の改革などについて二人で協議し、翌日、総務委員会に諮った。その上で、西園寺公望にも伝えてから、再び二人で伊藤総裁を訪ねた(48)。「浜野屋組」の一件もあり統制力が低下し、政策面でも行き詰まっていたため、原、松田らは総務委員会を開き、総務委員を減らして意思決定を明確にするなどの党組織改革案を作成した。そうして原と松田で帰国した伊藤総裁に訴えたものの、党改革は聞き入れられなかった(49)。政友会の窮状が伊藤に理解されないもどかしさを共有することによって、松田と原はより接近したと思われる。総選挙を約一カ月後に控えた七月一日、選挙資金に関する取り決めを伊藤が承諾しなかった際には、松田と原とが内談し、「当分我々の手の及ぶ限り」で取り計らうことにした(50)。このように党の実務に関して伊藤の理解が得られない不満を共有し、松田と原は連帯を強めていった。

八月一〇日に投票が行われた第七回総選挙では、政友会はかろうじて勝利を得るという状況だった。この選挙で、松田は佐賀県郡部から当選し、原も岩手県盛岡市部から初当選を果たした。しかし、初めての大選挙区制ということもあって、候補者の調整は難航した(51)。大選挙区制が導入されたことによって、市部と郡部で独立して投票が行われるようになり、従来の地主層中心の政治から、都市部の商工業者の声も反映されやすい選挙制度に移行したのである。このことは商工業者の政治参加を重視した松田の信念にも適合する改革であった。

第七回総選挙が終わったのち一〇月一一日に開かれた政友会東京支部および関東倶楽部の大会で、松田は大政党としての責任を論じた。

選挙の結果政友会は過半数を得た。したがって我党の責任は重大であることを知らなければならず、そのためには代議士諸君が一致する必要がある。今や我が国の経済は甚だ困難な状況にあるので、各地方の問題を議院に持ち出して国庫の負担をますます高めるようなことをしてはならない。政友会は幸に過半数の代議士を当選させることができたが、大政党として国家の前途を経営する任務があるから国家の大経綸を全うする責任があるという覚悟がなければ大政党も何の価値もなくしてしまうのである。だから代議士および地方の党員が精神的に一致結合しなければ、この重大な責任を尽すことができないと思うからここに一言述べる。(52)

松田の主張は、政友会の大政党としての責任と、一体性を重んじることにあった。大政党としての責任というのは、慎重に政策を吟味することであり、議員は軽々に行動してはならないということにあった。これは、各地方の問題を議院に持ち出して国庫の負担を高めるようなことをしてはならない、という個別の地方に対する利益誘導を戒める態度とも相通じるものである。松田はこの後も大政党の責任と一体性の重要さを繰り返し唱え続ける。

さて、先の第七回総選挙では、政友会も憲政本党も桂内閣の地租継続増徴案に反対して選挙戦を戦ったのであるが、選挙の結果、桂内閣に不利な議院の情勢は変わらなかった。政友会では議員総会を開いて政府への反対を決め、一二月二八日、第一七議会で桂首相は衆議院を解散した。

この間、地租継続増徴に対する態度について、松田と原は互いに相手に不満を感じていた。少し時期がさかのぼるが、松田は選挙戦を終えて東京に戻ると、九月一五日に原を訪ねて自身不在中の出来事を聞いた。この時、松田は地租増徴の継続は断じて不可であり、党員の大多数が皆反対していると語った。この松田の発言に対して、原はそのようなことをうかうかと口外すれば党内の紛擾のもとになりかねないと批判的であった。(53)

その後も、一〇月二七日には、総務委員会の後に松田、原、尾崎、大岡で協議していた際に、総務委員会で決議をなしてその決議を伊藤総裁に提出し、伊藤が同意せざるを得ないようにしたいと松田は提案した。原は、松田のこの意見に反対で、松田の強硬な態度は、九州の一部を見ているせいだとし、また、強硬を主張する者は案外内心は軟弱な者が多い、と批判的に見た。(54)

結局、一一月七日の総務委員会で、原が、行財政整理後に増税せずに海軍拡張ができるのならする、という方針を提案すると、松田は支持し、林と共に翌日伊藤を大磯に訪ねた。(55)

実際、九州出身代議士は一〇月一五日に福岡市で懇話会を開き、(1)財政行政の根本的整理を期することと、(2)地租増徴継続の否認を決めた。ただし、本会に出席したのは野田卯太郎、川原茂輔らで、松田は参加していない。(56)原が指導力を強めると、原は松田に対してより厳しい目を向けるようになり、松田もまた自身の存在感が弱くなっていくのを感じていく。しかしながら、この時の福岡での懇話会に出席していないように、松田が決定的に原と相反する強硬な姿勢を取ることはなかった。

松田には、伊藤総裁不在中に総務委員長として政友会をまとめきれなかったことがこたえていた。一二月六日に召集される第一七議会を前に、一二月五日の政友会議員総会で、松田、尾崎、大岡が議会で党をまとめる院内総務に指名された。また、議長候補に片岡健吉、副議長候補に元田《もとだ》肇《はじめ》、全院委員長候補に栗原亮一、そして予算委員長候補に原が決まった。(57)

その後、院内総務三名の協議によって、松田は院内総務の主任になった。この人選を、松田は院内総務のような敏捷な事務に適さず、かつ憲政本党の院内総務が犬養毅であるため、松田が主任を務めることは不適任だ、と原は評している。(58)このような自分に対する原の評価に松田が気づかないわけはない。松田は、原なしでは政友会をまとめられないこともよく自覚していたであろう。

一二月二二日、桂内閣との妥協をめぐって、伊藤は、松田、原、加藤高明を大磯に呼び寄せた。ここで桂首相が政友会と憲政本党の幹部と会見することを求めており、伊藤がその仲介をなすことが伝えられ、憲政本党側には、加藤から大石正巳にその旨が伝えられた。その一方で、政府から議員の切り崩し策も行われていた。

桂首相との会見の日程が、伊藤帰京後の二五日に決まると、その前日にあたる二四日に松田は末松を訪問し、翌日の会見について内談した。二五日の会見当日、まず衆議院議長官舎で原、松田、そして憲政本党から犬養と大石が集会し、それから揃って首相官邸を訪れた。政府からは桂首相、山本海相、曾根蔵相が会見に参加した。しかし、政府が提示した市街地宅地税五分、地租三分という妥協条件は議員総会で否決されたため、原と松田は、原が起草した政府案不同意の覚書を桂首相に交付した。憲政本党の返答も同様であった(59)。

海軍拡張のための地租継続増徴に関する桂内閣と政党との協議では、伊藤が仲介をなし、政友会側では松田と原が交渉役を務めた。松田と原の他に、尾崎、大岡、林（一二月八日に常務委員を辞任した片岡の後任）が常務委員を務めていたが、彼らが交渉に直接携わることはなかった。

政府との交渉という高度な合意形成が求められる機に、原と松田によるインフォーマルな党指導体制は強化された。原が政府への覚書を起草したように、原が交渉で力を発揮していることが分かる。一方で、松田は末松に政府との交渉が行われることを前日に伝える役を担っており、この時期には松田と原が役割を分担しながら、政友会と政府との交渉を担っていたのである。

結局、桂内閣と政友会・憲政本党との妥協を目指した交渉はならず、一二月二八日に第一七議会は解散され、総選挙が行われることとなった。年が明けて、松田は、政友会の党員に対し、第八回総選挙に向けての演説をした。その中で、桂内閣を支持する勢力に対抗するのはもちろんであるが、中立議員も途絶えさせよう、と訴えた(60)。議員はどこかの政党に所属し、一つの党として結束して政策を主張していかなければならないと考えていたからである。

改正された選挙法の実施について、松田はどこが政党側として問題かを挙げた。第一に、候補者の取り締まりに偏っていて、政党が問題視する候補者を取り締まる側すなわち政府について何も改正されていないことであった。松田はこれを最も著しい欠点であると批判した。第二に運動費を二〇〇〇円と定めたことである。二〇〇〇円という規定はそもそも何を標準として算出されたのかが分からない上、もしもこのような規定を設けるのであれば三〇〇円や五〇〇〇円の少額にとどめるべきだと主張した。

第八回総選挙後、「政友会革新派」を名乗る者たちが、政友会の現在の体制を批判する檄文《げきぶん》を一部の新聞に掲載した。すでに東京に戻っていた原は、岡崎邦輔に「政友会革新派」の一人であるという森久保作蔵を問い質させ、一部の政友会員を桂が買収した実態をつかんだ。そうして総務委員会を開き、「政友会革新派」の首謀者であった石塚重平、龍野周一郎、板倉中、持田若佐の四名を除名処分とした。松田はまだ東京に戻っていなかったので総務委員会には出席できなかったが、大阪から処分に賛同する意思を伝えた(61)。

この時除名処分を受けた四名は、自由党時代から松田も共に政治家として過ごしてきた人々であった。そのような彼らが政府に買収されたことを、松田は悔しく思っていたことであろう。

第一次桂太郎内閣との妥協と松田正久・原敬の関係強化

一九〇三年（明治三六）四月、桂内閣への態度をめぐって、伊藤総裁が総務委員一同に対して妥協を求め、総務委員はこれを受け入れる代わりに党組織改革を総裁に認めさせた(62)。

まず、五月一日に党組織改革が行われ、これまで幹部組織であった総務委員は「当分欠員」とされ(63)、かわって定員五名以内の「常務員」と、総裁の指名による任期一年で定員三〇名の「協議員」とが新設された(64)。最高幹部ポストである常務員には、松田、原、尾崎の三名が任命され、協議員長には末松が決まった。これは、常議員という少数の最高幹部を置いて意思決定が緩慢にならないようにしながら、協議員という党の中堅幹部ポストに多くの政治家を就けることによって、より多くの党員に自分たちも党の意思決定に関与しているのだと思わせ、不満を和らげる狙いがあったといえる。

伊藤総裁を介した政府との妥協交渉は、三名の常務員が伊藤と妥協の条件を協議し、それを持ち帰って協議会にかけ、その成案をもって党の議員総会での議決を目指すという手順で進められた[65]。従来の総務委員制では人数が多すぎて合意形成が難しかったため、常務員という少数の最高幹部ポストが公式に設置され、その最高幹部と政友会所属全議員とをつなぐ中堅幹部ポストとして協議員が置かれた。この時点では、協議員三〇名の人選をどのようにするかはまだ明文化されていなかったが、当選回数の多い衆議院議員を中心に、貴族院議員と政友会ができてから政党に参加した非議員にも配慮して選ばれている（表4－8）。

五月二四日、松田と原は官邸の桂首相を訪ね、妥協案を承諾すると返答した。その結果、憲政本党が二六日に提出した政府弾劾の上奏案は否決された。しかし、同じく憲政本党が提出した教科書事件と取引所事件に関して文部・大蔵大臣の責任を問うという、政府の一部の問責決議については、政友会を分裂させないためには必要であった。伊藤はこの一部問責にも反対で、五月二七日深更に大磯から東京の原に電話をかけてきて状況を尋ね、翌八日早朝に東京へ出てきて、ただちに首相官邸に行き、議員総会中の原をしきりに呼び出そうとするほどであった。一方で、憲政本党の大石と交渉し、政友会と憲政本党が政府の一部問責という方針で党の意思をまとめることを誓った[66]。

政府の一部問責という政友会の姿勢を何とか思いとどまらせて改めさせたい伊藤との交渉も、政友会と憲政本党が一致した姿勢で進むためには両党の確固たる合意と相手側の党内調整も必要な憲政本党との交渉も、原が一手に引き受けて進めていた。

この件で伊藤の反対が明らかだったため、原は松田と協議し、総裁の伊藤には諮らずに原と松田の専断で実行することを決めた[67]。原は、前幹事の伊藤大八に伊藤総裁を訪問させた。すると、伊藤総裁は常務員の松田と原が辞表を提出するよう望むとの内意を漏らした。政府への義理立てという形式的な理由であったとしても、桂内閣との妥協という難局に尽力し、政府の一部問責も党内の有力議員をできるだけ引き留めて政友会の分裂を防いだことを鑑みれば、総裁が自分たちに辞任を求めるのは筋が通らない、と感じながら、原と松田は第一八議会の閉院をもって

表4-8　1903年5月1日組織変更

協議員		貴・衆・非議員	出身		当選回数（貴は期間）
林　有造		衆	高知	四国	7回
原　敬	常務員	衆	岩手	東北	2回
長谷場純孝		衆	鹿児島	九州	8回
西山志澄		元	高知	四国	4回
本田政以（男爵）		非	石川	北信	※
尾崎行雄	常務員	衆	三重	東海	8回
大岡育造		衆	山口	中国	7回
岡崎邦輔		元	和歌山	近畿	4回
奥　繁三郎		衆	京都	近畿	4回
金子堅太郎（男爵）		貴	東京	関東	10年
片岡健吉		衆	高知	四国	8回
鎌田勝太郎		元	香川	四国	1回
改野耕三		衆	兵庫	中国	7回
多田作兵衛		衆	福岡	九州	6回
都築馨六		貴	東京	関東	4年
中西光三郎		貴	和歌山	近畿	5年以上
村野常右衛門		衆	東京	関東	3回
久我通久（侯爵）		貴	東京	関東	14年
栗原亮一		衆	三重	東海	8回
山下千代雄		衆	山形	東北	5回
松田正久	常務員	衆	佐賀	九州	4回
江原素六		衆	静岡	東海	6回
秋元興朝（子爵）		非	群馬	関東	※
秋岡義一		衆	大阪	近畿	6回
重岡薫五郎		衆	愛媛	四国	6回
平山靖彦		非	広島	中国	※
元田　肇		衆	大分	九州	8回
末松謙澄（子爵）	協議員長	貴	福岡	九州	3回＋7年
杉田定一		衆	福井	北信	7回
菅原　傳		衆	宮城	東北	4回
1903年5月5日，総裁より濱名信平を協議員に追加指名		衆	茨城	関東	6回

※非議員のため，当選回数はなし。
出所：『政友』第33号をもとに作成。

常務員を辞任することを二人で決めた(68)。

伊藤総裁に提出する辞表について、松田は、伊藤総裁の決定を求めずに政府の一部問責の決議を決行したことによって引責する、と辞表に記載しようとした。しかし原は、この件に関して引責の理由がなく、かつ、問責決議を決行したのが総裁の意思ではなかったということを明らかにすれば党員を動揺させる恐れがあるので、都合あり、とだけでよいと主張し、合意した(69)。

辞表理由をどのように記載するのかについて、はじめ松田と原で意見が違ったのは、松田も原も妥協から政府の一部問責決議決行までの一連の行動において、自分たちは何も引責しなければならないようなことはしていないというところでは一致していて、その上で、松田はだからこそ強いて挙げれば伊藤総裁の意思に反したというところが引責の理由である、と記載しようとしたのであり、原は理由がないのだからあえて記載しなくてよい、と考えたのだろう。原の方がより慎重であり、松田の方が一連の行動への悔しさから少し感情的になっているといえる。

松田と原の辞任問題は、六月六日の政友会議員総会前に開かれた協議員会で報告された。協議員会には伊藤総裁も出席していたが、協議員一同が松田と原の常務員辞任に反対し、議員総会で辞任を報告しないよう切望したため、延期された。協議員長の末松は、大磯で松田と原の常務員辞任を望むという伊藤の内意を聞いていた伊藤大八を連れて松田を訪問した。末松は、伊藤大八から伊藤の意思を聞き取ると、伊藤総裁と対決することを求めた。そのため松田は原に電話で面会を求め、それまでは末松に会わないよう伝えてきた。松田は、政友会本部で原と会い、末松の様子を伝えた。二人は、伊藤大八を伊藤総裁のもとに派遣して自分たちの辞任を速やかに決行するよう説得することにした。常務員の後任については、協議員による互選ではなく、総裁の指名によることも求めた(70)。

九日に原は直接伊藤総裁を訪ね、議員たちが帰郷する六月末頃まで松田と原が留任し、その後に辞任することを決めた。原が翌日この内容を松田と末松に内密に伝えると、末松は反対したが、松田に不満はなかったようである(71)。

しかし、妥協に反対した尾崎と、土佐派の林有造・片岡健吉らが脱党した。松田も、この妥協に従いはしたものの、快くは思っていなかった(72)。しかし、伊藤が元老の立場から政友会に妥協を求めたことへの不満が、松田と伊藤との個人的な交流まで途絶えさせたわけではない。この時期になると伊藤と松田とは親交を深めていた(73)。

地租継続増徴問題と政友会九州選出代議士

妥協を受け、政友会九州選出代議士は、妥協条件である公債募集を三〇〇万円位に止め、その他は行政整理を待つべしと本部に希望することに協議をまとめたが、多田作兵衛ら一部には反対の意見を持つ者もあった(74)。それでも九州代議士が強硬な態度を抑えたのは松田の存在があったからだといえる。松田自身は、選挙区佐賀県や九州という地方を特別に重んじることには、それほど愛着を持っていなかったと思われる(75)。それでも、党中央での有力幹部であることに加えて、九州を抑えているということが松田にとっての政治資源であることは事実であった。

少し時期が戻るが、五月七日の政友会代議士総会で、松田が常務員として次のような挨拶をした。

桂内閣の地租継続増徴に反対して選挙戦を戦い勝利したのであるから、地租増徴継続が国民の希望に適わないことは明らかである。それにもかかわらず政府は恬然としてその地位にあってまるで職責を忘れたかのように思われるだけでなく、さらに伊藤総裁に妥協の申し込みがあったと聞いている。その妥協のことは追って総裁の演説で説明があるが、とにかくこのようなことは立憲国家として「美事」ではない。

しかしながら、あらゆるものごとにおいて「絶対理想的」に進むということはできないものであり、ほとんど望み難いこととしなければならない。我国に憲法が実施されて以来の政府と議会との関係では、非立憲的なことも多々あるであろうと考える。思うにこれは当時の国情がそうさせたのであり、また各政党の党情からもやむを得なかった。だから今回の妥協も政府だけが悪いのではなく、国民一般の責任に帰することもまた多々あろうと考えるのである。

だからこそ常に憲政の美果を達成するには、決して軽挙妄動してはならないのである。勇進邁往することは決して不可ではないが、また忍耐力を忘れてはならない(76)。

漸進的な進歩を重んじる松田の理念は桂内閣との妥協受入れの場面でも貫かれていた。

常務員の松田、原、尾崎に協議員長の末松も出席した第二回議員総会でも、会長席には松田が座った(77)。あくまでも松田を形式的な代表に立てている。また伊藤総裁への態度について、松田と原は進退を共にする覚悟であった(78)。日々共に党務にあたっている場面場面では互いに不満を感じることがあっても、政友会の将来に関わる重要な局面では、松田が原の示す方向性に同調しながら両者は連携して党の運営にあたった。

政友会協議員会で林有造が党を革新する必要があると主張したが、結局は現状を維持し意思の疎通に努めるべきだという意見が多数を占めた。政友会九州選出代議士も、この多数意見と同様の決議をなすとともに、中央政界においていかなる変動があっても九州派はあくまで一致した行動をとることも決めた(79)。

桂内閣との妥協を受け入れたことによって、片岡、林、竹内綱ら土佐派の政友会員が揃って脱会したことに対して、野田卯太郎が政友会代議士総会で片岡らの留会を勧告するための委員を選出することを発議した。松田と杉田定一は、この留会勧告委員から委託されて、板垣を訪問した(80)。これは土佐派の首領である板垣から片岡や林らを説得してくれるように頼むためであったが、松田にとっては原と党を指導できる体制が固まりつつある中で、どうしても土佐派を止める必要はなかった。むしろ、土佐派を尊重しているポーズを見せて、板垣にも配慮しているように党内に思わせる狙いがあったと思われる。揃って脱会した土佐派も、片岡と林との確執など決して一枚岩ではなかった[81]。

板垣は六月一九日に演説を行い、自由平等博愛の主義を広めること、個人専制は立憲治世の本旨に反することを唱えた。その上で、自分は政党を円満に統治する唯一の方法を知っており、昨年それを伊藤に伝えたが容れられなかった。この案を往年自由党の総理だった時に早く案出しなかったことをただ恨むばかりだ[82]。このように政治の表舞台を退いてもなお、板垣は存在感を示そうとしていた。

「原・松田体制」の確立

一九〇三年六月に松田は時局について、大隈は日露開戦論を主張しているとして批判した。(1)大隈は元来非戦論者でなくてはならない。日清戦争の際も最初は非戦論者であったのに日本軍が着々と勝利するにつれて途中から戦争論者に変わった。日露戦争が必ずしも悪いのではないが、軍費供給の途を見出し得るかどうかが先決問題である。(2)軍事費の話というと一般経済状況と財政問題が自ずから問題になるが、前者は不振で後者も歳入不足が予想される。(3)そうであれば当然諸般の事業を縮小するか廃止するしか解決策はない。特に電話事業は、今日の経済程度では必ずしも実施すべき事柄ではないから断然中止すべきである、と主張した。さらに桂内閣との妥協について、妥協はある問題についての妥協であって提携ではないので継続する関係ではなく、第一九議会も結局妥協に終わるということはないと述べた[83]。

さらに約半月後には、松田は、伊藤が時々「自分は政友会総裁としてあるのみならず又元老としても考へなければならぬ」と言う真意は、一党の利害から打算してのみ行動することはできず、国家全体の利害から考えて行動しなければならないということにある、と語った[84]。

七月一五日、伊藤の枢密院議長就任にともなって、西園寺公望が第二代政友会総裁に就任した。伊藤の枢密院議長就任問題は、松田も伊藤の口から噂のあることを聞いて知っていた。松田は、原の帰郷中は東京に残り、一人で大磯に伊藤を訪問していた。その際に漏れ聞いたのだと原に伝えた。原は自分も前々からそのような情報を知っていたことを日記に記しているが(85)、伊藤総裁が松田も政友会の重要な人物として扱っていること、松田が原と情報を密に共有しなければならないと考えていたことが分かる。

この時期松田は一時的に体調を崩した。七月一七日から一〇日間ほど腸カタルのために療養しなければならなかったのである(86)。それでも精力的に党務をこなしていた。

日露問題に関する憲政本党の宣言書に関しても、できるだけ穏当な文言に改めるよう、原は松田と内々に協議している(87)。このことからも、松田は原と外交観について意見が一致し、かつ、松田と原でまとまれば十分であるほど、政友会の指導が固まっていたといえる。

一九〇三年一二月六日の組織改革で、原と松田が再び置かれた総務委員のポストに就任して、最高幹部二人の指導力が強化された(88)。これは松田が原のイニシアティブに同調する形での、松田と原の連携関係の上に成り立っていた。協議員長には、静養を理由に辞意を申し出ていた末松に代わって久我《こが》通久《みちつね》が就任し(89)、末松は総裁指名の一協議員の立場になった(90)。これは、原と松田による指導体制が確固たるものになり、協議員が名誉職になったことを意味する。

協議員の改選期（協議員は、一九〇三年五月に任期一年として設置されたが、初年度は例外としてこの一二月の定期大会で改選され、以降は毎年一月に開かれる定期大会で改選された）を迎えた同年一二月三〇日の政友会定期大会で、三〇名の協議員中二〇名は衆議院議員よる選挙によって選び、一〇名は総裁の指名によって決定するという議案が可決された。このうち衆議院議員による選挙で選ばれる協議員の選挙方法については常務員に一任され、松田が各地方団体の議員数に応じた案分比例によることを表明した。その結果、関東、東北、北信からはそれぞれ二名ずつ、東海、近畿、中国からはそれぞれ三名ずつ、四国からは一名、そして九州からは四名の協議員が選出された(91)。政友会では、地方利益に偏ることを避けようとした伊藤総裁の構想によって、自由党、憲政党時代の地方団を解体することが目指された(92)。しかし、この時の妥協交渉のように、党内の反発が強く、合意形成が難しい場面で、なんとか合意に達するための適当な単位としては、地方団体は有効だったのである。

一二月九日に開かれた政友会九州代議士会は、対議会策を協議し、政界の変化が予測できないため九州代議士は各種問題に関して十分に研究し、あくまで一致強固の態度を執ることを決めた(93)。

迎えた第一九議会の開院式当日の一二月一〇日、河野議長が、桂内閣を弾劾する内容を含んだ奉答文を作成し、議会で可決承認されてしまった。いわゆる奉答文事件である。政府は翌一一日に議会を解散した。

政府のこの処置に対して松田は、河野に対するしかるべき処分を協議している段階で、桂が解散を行ったことを次のように非難した。

> 奉答文が満場異議なく通過するとたちまち全院の動揺が起こり、散会後に代議士総会を開いて善後策を講じるため委員を挙げて西園寺総裁の意見を問うた。すると、河野の奉答文は「異例違式」のもので手続き上穏当を欠くのは遺憾であるが事後においてはどうすることもできないので、その成行きに任せる外はない。そうは言っても党としてこのままでは済まされないというなら、河野の行為が穏当を欠いていたという理由により相当の懲戒をなすという途もあるだろうと、西園寺は言った。しかし、政府が今期の議会が到底無事に落着しないと考え、いったん許された両院議長の拝謁を延引して議事の開く前に議会を解散したのは、誠に言路壅《よう》〔壅ヵ〕塞《そく》、言語道断である。今回の解散を選挙民に説明するのは難しいと言う前代議士もいるが、決してそのようなことはない。おおよそ憲政が施行されて以来幾多の横暴な内閣を経験したこともあるが、現政府ほど乱暴狼藉をはたらく政府

はない(94)。

このように強い口調で、松田は桂内閣を批判した。これは、松田が憲政本党と協力して桂内閣に対抗しようとしたためである。

日露戦争と第一二代衆議院議長

一九〇四年（明治三七）二月一〇日に日露開戦の詔勅が出された。政友会は、開戦まで対露強硬論を唱えなかった。これは、外交交渉での問題解決を望む原の姿勢であり(95)、松田もまた同様の姿勢であったと思われる。

しかし、松田の選挙区政友会佐賀県支部の機関紙『佐賀新聞』も「戦争主義」を掲げ、戦況報道が敏速であることを宣伝した(96)。多くの国民が戦況はどのように進んでいるのかと関心を持つため、戦争報道によって新聞は読者数を増やすことができた。また、政友会佐賀県支部の機関紙であるといっても『佐賀新聞』には経営者の江副靖臣《えぞえやすおみ》の影響力が強く、伝統的に対外強硬論に傾きやすい特徴があった(97)。そのため、松田自身は開戦に慎重であっても、新聞経営上の判断と外交に対する元々の性質ゆえ、戦争が始まると『佐賀新聞』が戦争に積極的な姿勢を執ることを、松田は見守るより他に仕方なかった。

それでも、松田は決して強硬論を唱えることなく選挙戦に臨んだ。第九回総選挙は日露開戦間もない三月一日に投票が行われ、松田は佐賀県郡部でトップ当選を果たした。政友会佐賀県支部のもう一人の候補者であった川原茂輔も当選し(98)、これまで佐賀県で強い地盤を持っていた大隈重信に近い武富時敏・憲政本党系の勢力に確実に食い込んでいった。旧藩以来の地縁的な関係の中で、松田は実現可能な政策を提示し、それを遊説を通して次第に浸透させていったのである。

三月二〇日に開会した第二〇議会で、松田は第一二代衆議院議長に就任した。衆議院議長は、一八九八年五月から一九〇三年一〇月まで旧自由党系の片岡健吉が務めた。議院内の重要な地位ではあるが、院内での政党指導を行うのは院内総務であり、この頃には名誉職とも見られるようになっていた。しかし、片岡の死を受けて第一一代衆議院議長に選ばれた河野が前議会で奉答文事件を起こした後だったため、この時は人選が重要であった。松田が議長に祭り上げられた、ということではない。戦前には衆議院議長退任後にも閣僚になった例も少なくない(99)。

衆議院議長に就任した松田は、政友会所属の貴衆両院議員と在京の主な党員、さらに新聞記者ら二百余名を三縁亭に招待して午餐会を開いた(100)。松田が個人的にこのような饗応の宴を催すことは珍しいため、華やかなことの好きな静子夫人にとっては夫が衆議院議長に就任して午餐会を開くということは大変満足のいく出来事であっただろう。

一九〇四年三月三一日、松田と原はかねてからの約束の通り、総務委員を辞任した。新たな総務委員には、久我通久、大岡育造、元田肇、杉田定一、長谷場純孝が就いた。原は協議員長に指名され、松田は、それまで九州団体の協議員だった元田と長谷場が総務委員になった代わりに、九州団体から協議員に選出された(101)。新しい総務委員のなかでも、大岡、元田、杉田は役職を「渇望」していたという(102)。

これは、原が主導しながら松田と二人で連携して党を指導するという体制が揺るぎないものになり、もはや松田と原が公的なポストに就いているか否かは関係なくなったこと、そこで最高幹部を指した総務委員のポストは、原と松田に次ぐ党内の有力者や政友会と関係の良い貴族院議員を満足させるために与えるポストになったことを意味した。また、松田が一見格下の協議委員ポストに就任したのは、どの役職にも就かないより、政友会全体や九州団体の中で表面上当たり障りがないと判断したからと思われる。

総務委員の職を離れた後も、松田と原は総務委員会には出席しており、また憲政本党との交渉など、少数での意思決定が必要な際には、松田と原の二人だけで交渉にあたった(103)。

桂からの申込みを受け、一二月七日に原は政友会の前途について松田と協議した。政友会が桂内閣との関係をどうするかは、政友会と憲政本党との関係にもかかわる問題だったからである。松田もこの原の意見に賛同し、二人は西園寺を訪ねた。八日に原が桂を訪問すると、桂は自身の後継内閣を西園寺に譲る意向を原に伝えた。この話は、政府側では首相の桂と曾根蔵相、山本海相の三名、政友会側では西園寺、原、松田の三名だけで留めておくこととなった。翌九日、松田は前夜の原と桂との会見の顚末を聞きに原のもとを訪れた[104]。松田は、桂との交渉は原に一任するのがよいと考えつつも、政友会の将来に大きな影響を与えるだろう会見の結果を、一刻も早く知りたいと思ったのである。

韓国政策、地方利益

一九〇四年（明治三七）一一月末に開院する第二一議会を控えて、松田は、来年度予算は大体において認定するしかないだろう、地租六分二厘は地方の小地主には特に苦痛であり五分内外ならば堪えられないこともないだろうとの所感を語っている。塩専売の議論については必ずしも専売に固執する必要はないとも語っている。相続税では累進課税を考えており、行政整理は今が好機と見た[105]。しかし『佐賀新聞』は政府の相続税累進性案に反対している[106]。また同じ所感の中で、そうして来る二一議会は、突然政局の変動を起こすような出来事が現出しない限りこのまま進行すれば無事平穏になるだろうとの見通しを語った。さらに続けて、韓国問題については、現代語に直すと次のように述べている。

顧問を送るか送らないかの議論よりも、まず韓国を保護国とすべきか否かという根本問題を決定するべきである。政府も何かやりつつあるようだけれども、及ばない。明らかにこれを保護国となしてしまってはどうか。最早今日となってはどこへも遠慮する必要はない[107]。

松田の論点は二つある。第一は、八月の第一次日韓協約にいう日本人顧問に関する取り決めについて、顧問問題よりも保護国化するか否かという根本問題を議論すべきだという主張である。第二は、対韓政策を列強との関係の中で考えなければならないという主張である。

第一の論点については、桂内閣が五月三一日の閣議で韓国の保護国化を決定し、それに従って第一次日韓協約を結んだのであるから、松田が内閣と元老の情報をつかめていないことを示している。第二の論点については、この頃までにアメリカも日本が韓国を勢力圏とすることを認めていることから[108]、松田の観察が当たっている。松田は、国際協調的な枠組みの中で外交を考えなければならないことを理解し、列強の見方もある程度把握できていたが、実際の具体的な外交政策の議論には甘さがあった。

併合後の談話であるが、松田は韓国政策について次のように考えていた[109]。韓国の現状は、数百年来の悪政の結果である。そこで、威圧をもってするのではなく日本の仁政をもって徐々に啓発誘導するのが最善の統治策である。また法律を整備し、その運用においては手心も要する。判事・検事自身もたとえ直接韓国人を審問できるほどではなくても、少なくとも通訳者が正しいか間違っているか察することができるくらいには韓国語の素養を習得する必要がある。

ここに表れている松田の韓国に対する考え方は、第一に韓国に進歩の可能性をみていること、第二に日本人官吏も韓国語を身に付けるように、と日本人と韓国人とに公平なまなざしを向けているといえる。このような認識は、伊藤と同じである。

また佐賀県下の杵島《きしま》郡福富村、小城郡砥川村、佐賀郡川上村などでは一九〇四年の春夏に降雨が少なく、日照りが続いて農作物が被害を受ける干害が起こっていた。前年一九〇三年に災害地地租延納法が成立していたが同法は手続きが煩雑で救済策が十分でないとして、干害地租特別免除処分法制定を求めて政府・議会に請願書を提出することとなった。この請願書提出に『佐賀新聞』は、佐賀県選出代議士の松田、川原、山口小一と、貴族院議員の下村辰右衛門が奮って尽力するはずだと報じた(110)。しかし、実際にこの運動に協力して干害地租特別減免の請願を議会に掛けたのは、憲政本党の武富だったのである。しかも、対象となる地域も、武富らの勢力が強い佐賀郡川上村に限られていた。武富は災害地地租減免に関する法律案も同議会に提出しており、同法案は委員に付託されることとなっていたため、衆議院議長の松田が佐賀郡川上村干害地租特別減免の請願を延期してはどうかと提案し、延期に決まった(111)。政友会の最高幹部である松田に対して、選挙区には、地元の直接の利害を優先的に取り上げてほしいという期待があったことは事実である。しかし、この事実からも、松田が選挙区の直接の利害からは距離を置き、日本全体の利害を考える姿勢を取っていたことは明らかである。

一九〇五年六月頃には、日露戦争の講和が言われるようになると九州選出代議士などが強硬論を唱えたが、松田は、多数党である政友会は慎重でなければならないと、そうした強硬な主張を抑制した(112)。松田は常々大政党としての責任を論じており、外交政策に関しても軽々に強硬論を唱えることに反対であった。こうした姿勢も原の外交観と相通じるところである。

第五章　桂園体制期の松田正久

1　政友会領袖としての第一次西園寺内閣

党内第二位の形式的な地位

日露戦争の戦後処理をほぼ終えると、第一次桂内閣は、戦時中からの政友会との約束に基づいて総辞職した。後継には、政友会総裁の西園寺公望が挙げられ、一九〇六年（明治三九）一月七日、第一次西園寺内閣が成立した。「桂園時代」の始まりといえる。しかしながら、桂との交渉を行ったのは原敬であり、松田は桂との合意が成ってから内容を知らされた。桂から西園寺への「禅譲」とほぼ時を同じくして、枢密院議長の伊藤博文は韓国統監を任ぜられ、山県有朋が枢密院議長の地位に就いた。

第一次西園寺内閣の閣員は、外務・陸・海軍を除くと、大蔵大臣には大蔵官僚の阪谷芳郎《さかたによしろう》が就き、内務大臣と司法大臣には、それぞれ政友会最高幹部の原と松田が就いた。農商務大臣には貴族院議員の松岡康毅《まつおかやすたけ》、逓信大臣には元老山県有朋の甥で養嗣子の山県伊三郎《やまがたいさぶろう》が就任した。政権移譲や閣僚の人選については原と西園寺とで話し合われ松田は加えられていないが、前年一九〇五年八月二七日に原が松田には内話しておく必要があると判断しており(1)、最終的に元老会議の直前に幹事長らに伝えたのは松田であった(2)。この事実は、松田が実質的な閣僚人選に加われていないことを示していると同時に、西園寺、原、松田を除く政友会のその他の幹部たちには、松田が最高意思決定に参加していると思わせる必要があったことも傍証している。実際には、松田は原と西園寺の決定を拒否する力がないので了承する以外に選択肢はないのであるが、実情を知らない者たちは松田に期待をし、またそう思わせることで松田は自尊心を保っていたといえる。

『佐賀新聞』は次のように松田を評した。

これという特徴がない代わりに指摘すべき欠点がないのは誰もが認めるところである。実に自由党においてはじめは学者の一人に数えられた往年より、今日新進人物が輩出されて「先生の学問などは目にも掛けず窃《ひそか》に旧式の頭脳として問題にせぬ迄久しき経歴を政界に有して其節操上一点の批難」もなく、政界に重きをなしている。(3)

確かに松田は政友会内で重きをなしていたが、伊藤系官僚をはじめとして新たな人物が政党に加わる中で、大臣として活躍することが難しくなっていた。それでも、年長であり「党人派の代表」である松田は、政友会の名目上は西園寺総裁に次ぐ立場にあった。原もあえてその状況を変えようとはしなかった。

一九〇六年一月の政友会大会では、西園寺総裁が欠席したため松田が総裁挨拶を代読した。二一日の西園寺総裁による貴衆両院議員および代議員招待会でも、松田が西園寺に代わって冒頭の挨拶を述べた。次いで松田個人として、次のように挨拶した。

今回西園寺総裁が内閣を組織した勇気は誰もが感服すべきものであり、戦後経営の大困難があるにも拘わらず病躯《びょうく》を以ってその大任に当たった勇気が認められるべきことは疑いない。内閣の生命の長短はあらかじめいう必要はなく、ただ国家多端の時局に対し至誠を以って当たる外ない。中国の古いことわざに「両人力を協すれば克く金を絶つべし」という。我党は大政党であるから、大政党員が一致協力して総裁を援け、国事のために力を尽くしてほしい。ただし、国家のことは個人の利害で考えるべきでない。諸君には、ただ総裁が総理大臣に就任されたこの誠意を常に頭に置いておいてもらいたい(4)。

このように松田は、政党が一致団結することの重要性、大政党としての責任の重さ、議員たるものは個人的な利害に左右されてはならないことを繰り返し説いている。大政党としての責任と一体性の確保は、松田の理念であった。また同時に、『佐賀新聞』が「旧式の頭脳」と評した通り、具体的な政策を提示することが難しくなっていたのである。

司法大臣就任と刑法改正・司法官増俸問題

法相に就任した松田は、一九〇六年（明治三九）一月一九日に衆議院議長を辞任した。衆議院議長と大臣の兼職は、官制上は問題ないものの、蜂須賀茂韶《はちすかもちあき》が第二次松方正義内閣で文部大臣に就任した際に貴族院議長の職を辞した例があったためである(5)。

第一次西園寺内閣時代、司法省の最大の課題は刑法改正の実行であった。くわえて、他省と比較して決して地位の高くなかった司法省の地位向上のため、司法官僚の待遇改善、すなわち増俸問題も主要な課題であった。

刑法改正案は、一九〇七年三月に成立した。刑法改正に対する松田正久の思い入れは強く、新刑法の早期実施へ向けた刑訴法改正の必要等、新刑法関連の発言が目立つ(6)。司法官に対する増俸も、他省でも同様の要求があることを踏まえつつも、繰り返し主張している(7)。松田は司法省の平沼騏一郎を高く評価して重用した(8)。

松田が初めて法相に就任した当時、司法省の勅任参事官であった平沼は、のちに松田を回想して「公平な人」

だったと評している。日露戦争講和条約をめぐって起こった日比谷焼打ち事件の暴徒に対する処罰について、「松田さんは公平な人でしたが、兎に角政友会の首脳ですから、事件の有罪にならんように希望されていたことは確かです。けれどあらわには出されなかった」と述べている。(9) また、平沼は松田を「有力な、そして正しい人」だとも述べている。

松田は平沼を大審院検事局次席検事（のちの検事局次長）から司法次官に引き上げ、行政整理についても平沼を信頼した。終身官であるがゆえに司法省法学校設立以前に雇用された司法官も解雇できない問題（当時、司法官の「老朽淘汰」と呼ばれた）に対しても、松田は検事に関しては平沼に任せ、自分はより難しい判事の説得に当たった。こうした問題は、本当に大臣が有力でなくてはならない上に、官僚政治の省内で政党大臣が成功するのは「余程むずかしいこと」であり、松田だからできたことだと平沼は評した。(10) これは、平沼が一九五二年に巣鴨プリズンで語った回想であり、松田の死から約四〇年が経っていた。松田に対する平沼の本心からの評価と見てよいだろう。

刑法改正は、一八八〇年に旧刑法の改正作業が始まって以来、司法省の念願であった。

しかし、審議過程が明らかでないという法曹たちからの批判を受けた。そこで、松田は法律取調委員会を設置することを決め、一九〇七年の刑法改正実現に大きく貢献した。(11) 法律取調委員会の設置が、もともと誰の発案によるのかは、はっきりとは分からない。それでも、刑法の改正が反対に遭う理由であった議論の透明性という問題を、松田は政党政治家という存在をもって克服したといえよう。(12)

松田は司法省において、無理のない範囲で政党政治家として存在感を発揮した。松田は司法官が過度に専門化するのではなく、世間の感覚とも適合する判断を下さなければならないと考えた。(13)

松田にとって法相は充実したポストであったが、阪谷芳郎蔵相と山県伊三郎逓相との対立が起こって両者が辞職したため、一九〇八年一月一四日、蔵相を松田が、逓相を原が兼任することとなった。その後、三月二五日に松田と原は兼任を解かれ、原は内相専任に戻ったが、松田は蔵相専任となった。松田は、蔵相としては、これまでの路線と大きな変化はないことを強調して、対立を収めようとする配慮がうかがわれる[14]。しかし、新刑法に向けた準備を進める途中での蔵相兼任、のち蔵相専任となることへの心残りがあった。

さらに蔵相には、松田にとって第一次大隈重信内閣での苦い思い出がある。松田は蔵相専任になることを固辞したため、伊藤が直接説得にあたった[15]。少し後に西園寺、原も松田の蔵相としての手腕を不適格と評価した[16]。松田は専門的な法律知識をもってじっくりと考えるような仕事には向いているが、大蔵省のようにすべての省の利害を調整して決断するような仕事は得意ではなかった。これは、憲政本党や桂との交渉でも決断力が弱く成功しなかったことと通じる。また、松田が原に圧倒されていくのも、こうした能力が欠けていたためでもある。

一九〇八年五月一五日に投票が行われた第一〇回総選挙の一カ月後、松田は政友会議員懇親会で演説し、立憲国家には議会に過半数を持つ政党が必要であるという考えを改めて示した。その上で議会創設以来約二〇年の間に八回の解散があったが円満に「憲法政治」が行われてきた、と一定程度評価している。そして、この年の春に開かれた伊藤主催の憲法紀念会で山県が賓客を代表し、憲政の基礎は強固で将来もますます「憲法政治」の発達を見るであろう、憲法政治は一人欧米人の専有物ではないと演説したことを引いて、松田は、大いに自らを戒めた。我国の「憲法政治」が無事円満に行われているが、なお一層円満に行われるためには、大政党しかも議院内に過半数を有する大政党が大いに力を尽くさなければならない。幸に今回の選挙で政友会は過半数の議席を得たので、それを祝すると同時にその責任の重大さを顧みて自ら深く戒めなければならないと考えた[17]。大蔵大臣としてはうまく対処できなかった松田であるが、党内に松田がいて原と連携していることは、政友会が大政党としてまとまっている上で重要な要素であった。松田がよく理解し、自ら重要であると考えていたのが、後で論じる松田の「党人派イメージ」であった。

2　原敬が党を掌握してもなお必要な松田正久の役割

原の主導する桂との情意投合

一九〇八年（明治四一）七月一四日に第二次桂内閣が成立すると、原は、八月二四日からアメリカとヨーロッパを漫遊した。原の洋行中には、桂内閣と政友会との交渉を主に松田が担当しているが[18]、党を掌握して桂と交渉することはできなかった[19]。松田は党の指導で原に大きく差をつけられ、外交論でも敵うことができなかった。たとえば、外交問題に大きく関わる韓国併合に関して、松田は、韓国統監を首相の直属として権限を縮小することに反対する発言をしている[20]。これは、内閣の下で韓国統治を行い、長期的に陸軍内の山県系の影響力を抑えようとする伊藤や原の韓国政策を理解できていない発言である。松田は、法律問題等と比べると、政党の政治・外交の動きの中で将来の展望を具体的に提示すること、とりわけ外交分野に明るくないことが分かる。

原がこの時期に米欧旅行に赴いたのは、国際認識を確かにし、政治家としての幅を広げるためであった[21]。しかし松田の海外経験は、一八七二年から七五年までのフランス・スイス留学一度きりで止まっていた。松田には金銭的なゆとりがなかったと言われるが、原に頼めば、政友会領袖として恥ずかしくない程度の旅行支度は整えてくれただろう。しかし、松田は少し潔癖すぎ、かつ自尊心が高すぎて、原に頭を下げて援助を願えるだけの心の余裕がなかったといえる。

たとえば、野田も原の後で外遊している。これは、政友会と桂との交渉の媒介者となっているので、「多少の重を置かしむる」というのでもないけれど、野田に信用させるために、原が井上に諮って三井家と古河家から資金を出させたのである[22]。

くわえて、松田が海外視察に出かけなかった理由として大きいのが、語学力の問題ではないだろうか。松田の演説からは、外国語の文献を読んで理解することはできたとうかがわれる。しかし、外国語会話の訓練を継続して受けておらず、現地に行ってフランス語を自由に使いこなすことはできなかったと思われる。松田が旅行すれば、必ず何人かの供が同行するが、彼らの前で、自身のフランス語能力が十分ではないと露呈するのが、松田には耐えられなかったことだろう。こうした消極性ゆえに、松田は国際環境の変化を実際に視て学ぶ機会を逸してしまった。

原は翌一九〇九年二月一八日に門司に着き、二〇日、東京に帰った。

松田が個別の具体的な政策で独自色を出せなくなっていったことは、次の「人権」という語にも表れている。一九〇九年一〇月二日に大分県で開かれた政友会九州大会は、甲号決議案の第一に、我党の主義綱領を遵守し、人権を尊重し、もって光輝ある国運の進歩に貢献することを期すことを掲げた。財政整理や税制整理は第三、第四項目とされ、鉄道速成もあくまで乙号稀有議案であった。この九州大会の主催地支部総理は元田肇で、長谷場純孝、さらに杉田定一も出張し、出席者の多い大会であったが、やはり注目されるのは松田の存在であった(23)。同じ月には四国中国連合会も開かれ、こちらには原が出席したが、決議案のどこにも人権問題は含まれていない(24)。すなわち人権問題はどの地方大会でも均しく取り上げられたのではなく、松田が出席した九州大会に見られる特色であった。

翌一九一〇年一月一八日に開かれた政友会関東大会での松田の演説題目も「人権擁護の輿論」であった。松田は、民権期にも言及しながら、いかに人権問題が重要であるかを論じた。そうして、他の問題についてもいささか卑見を持っているけれどもこれを述べるのにはすこぶる時間を要することと思うし、来賓も多いのでその中で他の問題についての言及もあると思うから私はこれに止めておく、と述べるほど、松田は人権問題のみに絞って演説した。

実際、続く原は「我党の実行主義」と題して、責任を重んじるものは世間の人気を博するため実際できもしない議論を唱えることはできない。それゆえ政友会は内外の種々の状況に鑑みて適当の決議をなし、天下の信望を繋ぐことを心掛けたいと述べ、長谷場も「我党の減租論」を述べた(25)。

人権問題を正面から論じているのは松田だけであり、松田が「人権」に非常に力を入れていることが分かる。政治参加が次第に広がる中で社会がより政治的に成熟することを目指して「人権」という概念を訴えたと考えられる。これは、松田は個別具体的な政策で独自色を打ち出せず、原が主導して決定される党の方針に同調するしかなくなったことで、人権問題という抽象的な主張を強く打ち出すようになったのである。近代的な政党をどのようにつくるかといったビジョンや、民間資本を重視した産業振興、国際協調的な外交観といった根本的な理念は変わらなかった。しかし、政党が自ら内閣を組織し、政党員が大臣として執務する時代が到来したにもかかわらず、抽象的な概念を具体化し、反対派と調整することに、松田はもう十分に対応できなくなってきていたのである。

軽挙妄動への戒め

そうはいっても、藩閥との関係で政党員が軽々な行動をとろうとすると、松田は毅然とこれを抑え込んだ。一九一一年四月一二日に金沢市で開かれた北信八州会に松田は出席し、「憲法政治の運用と政党」と題する演説をなし、自らの考える政党のあるべき姿を明らかにした。この演説の冒頭で、松田は、北信八州会大会決議文中にある「非立憲的行動を排除し憲法政治の実を挙る事」という文言を批判した。これは、北信八州会による桂内閣批判とみられるが、松田は、政友会が桂内閣と「協同一致の力を以て国運の発展を計り」、国家の運営に対して「責任を共にすると云ふことを盟約」しているという、時勢がこれほどまで進歩している時代に、「故《ことさ》らに非立憲的行動を排除する」という文言を掲げることは、不必要な行いであって惜しむべきものであると、北信八州会の態度を非難した。松田が「非立憲的行動を排除する」という文言に批判的である理由は、「決して政党なるものは徒《いたず》らに政権奪取を専らとして内閣を倒さねばならぬと云ふものではな」いという信念を持っているからである。「破壊主義を以て政権の争奪をするものではなく、何れの時も最も穏健なる主義政権を以て立つのである」からこそ、政友会も議会の過半数を占める大政党になることができた、と考えていた。ただし、重要なことは、政党は、「第一に精神の結合を専らに」しなければならない、という考えであった。なぜなら、「精神の結合なきは是れ烏合の衆であ」って、「如何に大政党といえども烏合の衆では事あれば必ず直ちに支離滅裂するから」である。[26]

こうした松田の政党に対する考え方は、自由民権期以来、漸進的な発展を志向してきたことや、自由党佐賀支部が分裂しても、その全国レベルでの政党への帰属を明確にして主義による合同へと再編成したことに通じるものであって、松田の一貫した政治構想が実現されつつあったといえる。

同時に、松田は、「政党は無意味に存するものではなく、又徒に理想的の議題を主張してお祭り騒ぎをするものではな」く、「必ず実行的方針を執」らなければならないとも考えていた。[27] だからこそ、強硬であって、軽挙ともとれる北信八州会の決議を批判したのだろう。

桂からの政権授受の時期でも閣僚の人選でも、原が主導権を握って新内閣の形成へと導いた。[28] 一九一一年六月六日、桂は特に政権授受の時期に関して松田を警戒し、原に対して松田には交渉内容を秘密にするように求めた。松田が「政党一方の人」だからという理由であった。[29] 閣僚の人選も、原がリードする形で西園寺と二人で決めており、松田は話し合いに参加することができなかった。それでも、内閣授受の日付を松田には明言しておかなければならないと主張し、松田が秘密を漏らすことはないと桂を説得したのは原であった。[30]

松田と原とは協力して党務に当たっている、と党員たちに思わせることも政友会の指導に必要であった。原は重要事項を自分が決定しても、最終的には松田の同意を得ている。

第二六議会の院内総務についても、松田が原一人で引き受けてほしいと言っても、原は、仕事は自分一人でも問題ないが、党内の事情は、二人が別々に立ち、その仕事を異《こと》にしては一致を期しがたいと主張して、結局松田と原の二人が院内総務に決まった(31)。

「党人派イメージ」の醸成

松田は、政友会最高幹部としての地位が確立すると、「党人派の代表」であるという「党人派イメージ」を意図的に維持するように努めていた。この一環として、自由党の創設者であったが、この時期には政治の表舞台に出てくることのほとんどなくなった板垣退助への配慮・顕彰を積極的に行っていく。政治の中枢を離れた後も、板垣には総裁専制廃止や総務委員制の廃止といった政友会の組織改革案を提示するなど(32)の、自らの存在を誇示するような態度が見られた。このような、板垣の描く政党像は、松田のそれと相容れなかった。それにもかかわらず、松田が外見上板垣を重んじたのは、自らが自由党の正統な継承者であることをアピールするためであったのだろう。

この動きは、日露戦後に第一次西園寺内閣ができた頃から見られるようになる。たとえば、一九〇六年三月に催された、板垣の古希を祝う宴であった。旧自由党系の人々が発起人となったこの古希の祝賀会で、松田も発起人の一人になった(33)。紅葉館で開催された祝賀会には、松田、林有造、河野広中、杉田定一、竹内綱、岡崎邦輔ら旧自由党系の人々、徳富猪一郎ら、合わせて七〇〇余名が出席した。ここには、原も出席した。発起人総代は、杉田定一が務めた。会の中で松田は、板垣が維新の大業に参画し、また立憲政体の創設に「尽瘁《じんすい》（自分の労苦を顧みることなく、全力を尽くす）」し、〔今も〕清貧に甘んじつつ立憲政体の為に「尽瘁」なさったのは我等が尊敬して仰ぎ慕うところであるとして、板垣の銅像建設を発議した。会は宴席へと進み、ここで乾杯の挨拶をしたのも松田であった(34)。また、板垣のために、いわゆる「年金」も創設した。こうした銅像建設や、宮中から板垣に下賜されていた資金の管理は、松田によってなされていた(35)。

これらの板垣への対応は、旧自由党系を代表する存在としての松田の地位を確固たるものにしていく。松田が党人派の人々を余りに軽んじれば、松田自身にとって不利益なだけでなく、党内の実権を掌握しつつあった原に反感を持つ党員が、元田ら他の党員を核に団結し、かつて自由党の土佐派が脱党したように政友会が分裂する危険性もあった。原に反感を持つ党員も含めて「党人派」としてゆるやかな結びつきを保ち、原への不満をうまく吐き出させつつも大政党として団結を維持することが松田の目標だったのである。

元田らとの関係では、党人派の内部でなんとか不満を解消しようと松田も尽力している[36]。

また、松田が「不得要領」と形容されるようになるのも、原が政友会を指導し、松田は同調するしかできなくなる一九〇三年頃以降である[37]。

「不得要領」とは、要領を得ないという意味で、何を言いたいのかはっきりしないというマイナスの評価で使われる。ただし、政治家として「不得要領」はマイナスの評価ではない。たとえば、原は、西園寺に対して、桂との交渉では「不得要領」な態度を取るように、と言っている[38]。

党員や政策に対する松田の「不得要領」な対応には、二つの意味があった。第一は、党内の原への不満をうまく逃し、それが松田と原という最高幹部への挑戦にならないようにするという松田の思惑があったといえる。第二は、松田の演説や談話について見てきた通り、松田が時代と共に個別具体的な政策に対応できなくなってきたことである。政治家として分からないとは答えられないために、曖昧にしか答えられない自分に対しても不満がたまっていたであろう。

松田正久と「九州会」

政友会の九州会（九州出身代議士）の中で松田に次いで有力だったのは、鹿児島の長谷場純孝、福岡の野田卯太郎、永江純一、大分の元田肇らであった。彼らの中で松田が政治的に最も頼りにしていたのは、長谷場であった。長谷場は九州の民権運動に長く関わっていて、初期議会では立憲自由党に参加した。自由党を脱党した後は一時進歩党系（旧改進党系が中心）であったが、政友会結成に参加して以降は有力幹部の一人であった。特に九州地方の選挙準備は、長谷場に任せていた。

一九〇二年八月一〇日に投票が行われた第七回総選挙では、政友会選挙状況取調委員長でもあった長谷場が六月中に九州入りしている。長谷場は九州各県の政友会候補の情勢を詳細に松田に報告し、候補者の調整が必要な選挙区については帰京後に松田と相談したい、としている。また、松田が応援に訪れるべき選挙区についても進言している(39)。松田が佐賀へ帰ったのは七月に入ってからであった(40)。長谷場に九州の選挙準備を任せられるおかげで、松田は政友会の全国的な選挙準備を進めることができた。松田は選挙情勢の視察を長谷場に任せているが、重要な候補者調整については、長谷場が最終的に松田の判断を仰いでいることが分かる。

野田と永江も九州改進党以来、福岡の民権運動で活躍してきた政治家である。彼らとの関係は、財界とのつながりの点から非常に重要であった。野田・永江ともに九州の実業家であり、麻生家など九州財界とのつながりを持っていたことに加えて、野田は元老の井上馨の下に出入し、三井財閥の益田孝とも親交があった。松田は決して豊かな選挙資金があったわけではないが(41)、野田らを通して九州の財閥や三井財閥とつながりを持っていたことは、大きな政治的資源であった(42)。

そうは言っても、やはり松田は資金的に豊かではなかった。松田の死後であるが、一九一六年四月に佐賀県で開催された政友会九州大会を前に、川原茂輔が麻生太吉に資金援助を願い出ている。麻生に宛てた川原の書翰によれば、「本県〔佐賀県〕の政友会は松田正久翁の薫陶の下にとかく金に縁のなき」上に、大隈政権下では「大隈の出生地に正反対の会合を為す事故尚更金に縁遠くな」っているので、九州大会開催のための費用を「秘密に寄附」してほしいと頼んでいる(43)。

長谷場、野田、永江とは異なり、松田を悩ませたのが元田であった。元田は初期議会では大成会など吏党系の議員であった。政友会では、一九〇一年に総務委員となった幹部の一人である。しかし、原と松田が指導する体制に対抗しようとした。

元田はまた政友会党人派の有力者でもあった。松田が「党人派イメージ」を重んじ、党人派の代表であることが松田にとって政友会での重要な意味を持った。

3　第二次西園寺内閣と恩赦問題

第二次西園寺内閣の成立

第二次桂内閣の辞職を受けて、一九一一年（明治四四）八月三〇日、第二次西園寺内閣が成立した。第一次西園寺内閣と同じく、西園寺に次いで形式的には政友会第二位の地位にある松田と、党務の実権を掌握する原が、それぞれ司法大臣と内務大臣に就任した。くわえて、党人派の有力者であって原・松田に協力的だった長谷場も、文部大臣として入閣を果たした。その他、外相には内田康哉《うちだこうさい》、蔵相には山本達雄《やまもとたつお》、陸相には石本新六《いしもとしんろく》、海相には斎藤《さいとう》実《まこと》、農商務相には牧野伸顕《まきののぶあき》、逓相には林董《はやしただす》が就いた。

松田は、第二次西園寺内閣を、第一次西園寺内閣と比較して、「確かに一歩を進めて居る」と評した。これは、内閣員に政友会員が四名となり、一次内閣に比べて一名増加したこと等を評価しているのであろう。しかし、松田は慎重である。この「一歩」を、「形式に於て僅かに一歩を進むるに過ぎないもの」と評して、次のように、政友会員に対してさらなる尽力を求めた[44]。

内容において二歩も三歩も進めるように行わなければならない。それには党員が協同一致して大いに発奮しなければならない。協同一致といっても何も総てに盲従にせよというのではない。意見のある所は大に開陳して最善の目的を最善の方法を以て遂行する方法を講ずればよいのである。

松田は最終的に党が一体性を持つことが重要なのだと言いたかった。形式においてのわずかな一歩とは、文字通り進歩を低く評価しているのではなく、まだまだわずかな進歩だと受け止めて気を抜いてはいけないという意味である。

第二次西園寺内閣目下の問題は、鉄道の広軌化問題と、後に第二次西園寺内閣総辞職の原因となる韓国における陸軍二個師団の増設問題への対応であった。ここにおいて松田は、鉄道問題に関しては、既存の鉄道の広軌化を全然執るべきでない愚策であると考え、全国に鉄道を延長することが急務であるから未だ鉄道の便のない地方が甚だ多いゆえ、鉄道と港湾とを連絡させる方針をもって大々的に延長し、かつ新線を敷設する必要があるとの考えを有していた。(45) この鉄道構想は、原が主導して形成した政友会全体としての方針でもあった。鉄道構想でも原の構想に同調して支持しているといえる。

二度目の司法大臣に就任した松田は、刑法改正関連の法整備はほぼ結了した段階で、次なる課題としては、刑事訴訟法改正を終えて民事訴訟法関連に進み、かつ、陪審制度の研究を進めることを挙げた。(46) これら一連の課題は、改正された刑法も含めて、法をどのように運用していくかという問題であった。

松田が司法行政に熱心であって、知識をもって臨んでいたことは世間にも知られていた。司法官会議や典獄会議において、秘書官の用意した原稿の最後に自らの意見を加えるのは、歴代法相の中でも松田だけであると言われていた。しかも、その松田が自身で付け加えた部分は「実に堂々たる議論」であると噂された。(47)

一二月二七日に始まった第二八議会は、「前途に横《よこた》はる大問題なきことなれば指したる波瀾の生ずべきなきが如」しという状況にあった。(48)政府は、次年度の予算は財政の整理時機であることから緊縮方針をとって「万事控へ勝の編成」(49)を計画した。この財政の緊縮方針は、大隈重信の主張とも一致していた。(50)第二八議会のもう一つの課題は、選挙法改正であった。新たな選挙区割りをめぐって、佐賀県でも川原茂輔《かわはらもすけ》（政友会）と、豊増竜次郎《とよますりゅうじろう》（立憲国民党）とが争った。(51)しかし、この時の選挙法改正は、貴族院の反対によって成立しなかった。貴族院が選挙法改正案を否決すると、一九一二年三月一五日、松田・原と元田肇は、両院協議会を待たずに、衆議院で貴族院の修正を否認することを決めた。この判断には、次の選挙が近づいていたことも影響した。(52)

三月二五日、第二八議会は、「予算案を始め其他重要な議案が夫れ《そ》〳〵《ぞれ》適当なる議決を得」(53)て終わった。

二九日に開かれた政友会総会で、選挙に向けた準備が本格的に始まった。この時の第一一回総選挙は、政友会の優勢が予想されていた。(54)選挙に臨んで、原内相は、地方長官らに対して、政党員か否かを問わず最も公正かつ最も厳正に法律規則を励行して取締をなすべきであるが、取締りとは要するにいたずらに罪人を作るのではなく選挙民に自由意志によって投票させるものであると訓示した。(55)松田もまた、司法官に対して、厳正公平の態度をもって総選挙に臨み、各人の部下を督励《とくれい》して公平無私の処置を取るようにさせて世人が司法官の行動を信頼するように訓示した。(56)原内相と松田法相との総選挙に対する姿勢と訓示には、公平な選挙取扱いを目指す両者に共通した考えが表れている。

五月一五日に行われた第一一回衆議院議員総選挙の結果、政友会は、総議席三八一議席中の二〇九議席を獲得して、議会の絶対多数を獲得した。(57)

明治天皇崩御と恩赦問題

第一一回衆議院議員総選挙で与党政友会が絶対多数を獲得し、次年度を目指して行政整理を進めつつあった一九一二年（明治四五）七月、明治天皇は病に倒れ、二九日（公式発表では三〇日）に崩御した(58)。天皇の崩御、皇太子の践祚《せんそ》にともなって内閣が対応しなければならなくなったのが、恩赦問題であった(59)。

大日本帝国憲法第一六条「天皇ハ大赦特赦減刑及復権ヲ命ス」の規定から、天皇崩御にともなう恩赦を行うか否かが問題になった。天皇の崩御は、憲法が制定されて以降初めてのことで、倣うべき前例がなかった。これに対して法相である松田は、恩赦を行うかどうかは天皇大権の問題ゆえ触れないが、恩赦が行われる場合でも、たとえば先年イギリスのエドワード七世崩御の際にもそのような大赦、特赦、減刑は行われなかったように、「実際上に於て効果の認むべきもの甚だ少し」と考えるものが多い、と慎重な姿勢を見せた(60)。一方で、恩赦の範囲は立法論で論ずるべき問題であった。この慎重な姿勢の背景には、前年の英照皇太后崩御の際、全在監囚に対して刑期四分の一の減刑が行われたところ、出獄直後に再犯を犯す者が出るなど犯罪統計上、一時二万件以上犯罪が増加した(61)、という批判があった。

一日の緊急閣議でも、大葬関連の政務と合わせて恩赦問題が挙げられたが、まずは司法省において議論されることとなった(62)。司法省では、岡野敬次郎法制局長官・小山温《おやまあつし》司法省刑事局長を中心に調査が進められた(63)。新聞では、連日大赦の発表時期に関する報道がなされたが、この問題が「刑事政策上頗る慎重なる攻究を要」し、実際に行われた時には「効果の顕著なることに力め《つと》」なければならない問題であるから、その範囲・程度の決定には、「海外の事例をも参酌《さんしゃく》し将来先例となり得べき手段と方法とを盡さ《つく》」なければならない(64)、という慎重な姿勢を松田は維持した。松田にも、「従来大赦減刑の例によれば其成績面白からず折角の恩典も善良なる効果を挙げ難か」ったことは、「決して叡慮に副《そ》ふ所以に非」ず(65)、との思いがあったからであった。特に議論が多かったのが、選挙違反に対する恩赦であった。平沼騏一郎次官・横田国臣大審院長と官邸で協議を行った。天皇の崩御にともなう恩赦には前例がなかったため、慎重に検討された(66)。

恩赦の発表を待つ間、「大赦浴恩運動」等も行われた。これは、選挙法違反者に大赦が行われることを求めて、一部議員が政友会・国民党の両党が政党の枠を越えて、首相と法相に建白書を提出しようとする運動であった(67)。

結局、松田と司法官僚の構想した、選挙違反の罪を対象に含まない案で恩赦が行われることになった。一般的に考えれば、政党政治家である松田は、身内の政党に甘い決定をしそうなものである。しかし、松田は自身が政党政治家だからこそ、政党の側に厳しい対応をしたのではないだろうか。これは、国会開設以来、常に変わらない松田の態度であった。

もう一つ注目を集めたのが、佐賀の乱で死刑になった江藤新平に対する大赦を求める運動であった。恩赦の成り行きは、一般の人々にも注目されており、「大赦浴恩運動」や、恩赦の範囲予想等が頻繁に報じられた(68)。恩赦によって免訴となる囚人の保護も社会問題として取り上げられている(69)。松田自身も、免訴となった囚人の保護を行う団体への期待と、社会全般に対する偏見の是正を語った(70)。

松田が恩赦問題で忙しくしていた八月一八日、姉のまき子が七一歳で亡くなった(71)。まき子は、一九〇二年以来、松田の私邸の敷地内に暮らした(72)。葬儀には、西園寺公望も参列した(73)。松田自身もまた、体調を崩しやすくなっていた。明治天皇の大葬の直前、気温の低い日が続いたために、松田は数日間自宅療養していた。九月一三日の大葬当日にはなんとか参列できたものの、手足のしびれに不自由していた(74)。松田は晩年、リューマチを患っていた(75)。この頃すでに、症状が悪化し始めていたと思われる。

体調がすぐれず、松田は次第に引退を考えるようになったと思われる。政友会を原が掌握しているのは明らかであり、自分は「党人派イメージ」を守ることでなんとか最高幹部の地位を維持している。松田のことを原は形式的に立ててはいるが、若い時から外国の知識を誇り自負心の強い松田にとって、居心地のいいわけがなかった。

第六章　「松田内閣」という幻

1　憲政擁護運動のはじまりと松田正久

二個師団増設問題と第二次西園寺内閣総辞職

西園寺内閣は大正二年度の予算編成で、緊縮主義を執る方針であり、各省では行政財政整理が行われた。陸軍省においても整理額はおよそ三〇〇万円になったが、陸軍省は同時に二個師団の増設を要求した。陸軍大臣上原勇作の強硬な態度に、松田は内閣総辞職も考えた。政友会内でも、増師に賛成する者はおらず、上原陸相への非難が高まった。

一九一二年（大正元）一一月三〇日午前、上原陸相は、熟慮考究の結果これ以上再考の余地はないことを、西園寺に伝えた。午後には臨時閣議が開かれた。西園寺からの招集の電話を受けて、一番に首相邸に到着したのは松田であった(1)。上原陸相以外が出席して行われた臨時閣議は夜八時まで続き、⑴増師案を否認すること、⑵増師案と整理案とは別問題とすること、を決め、翌一二月一日朝九時、西園寺から上原に対して前日の臨時閣議の決定が伝えられた。上原は、直ちに辞表を提出した(2)。

増師案をめぐる一連の政局は、西園寺内閣に対する長州派軍人の「奸策《かんさく》」であると世間に受け止められた。その結果、増師案を強硬に主張した陸軍および長州閥に対する非難が強まった。彼らを「非立憲的」と評して、政府に

「立憲的」な行動を求める声が、一般・実業界でも高まった(3)。

一二月三日の閣議で、第二次西園寺内閣は総辞職を内定し、五日西園寺が辞表を奉呈した。

松田は、この度の総辞職の「原因はまったく陸軍大臣の後任選定の困難」によるものであると言明し、第二次西園寺内閣が、前年八月に成立して以来、行財政整理のために制度整理局を設け、西園寺首相自らその総裁を務め、やっと成案を得て明年度の予算編成が実行をみるにあたって、不幸にもその大方針と矛盾する増師問題のために総辞職しなければならなくなったことは「寔《まこと》に遺憾至極の事」と述べた(4)。この場合の総辞職は、「立憲的行動を執る」ことを意味した。松田はこの総辞職を、多年政界に身を処してきたが今回の辞職ほど心地よい辞職はないと語った。立憲的行動を執ると決めた第二次西園寺内閣は、なんら心残りとする所なく辞職の御聴許までは普通の事務を執るだけだ(5)。

これまで藩閥に対して自制的であった松田の態度は、ここにきて大きく異なっていた。

また、後継内閣について記者に問われた松田は、次のような見解を示した。一二月二四日に召集される予定の第二九議会に、おそらく増師案が提出されるであろう。そうなれば、西園寺内閣が増師問題で衝突して瓦解したくらいのことには止まらず、衝突に衝突を重ねることとなり、天下の大騒動を惹き起こすやも測られない(6)。

この後の政情は、第三次桂内閣の成立によって、第一次憲政擁護運動が広がり、まさに松田の指摘した「天下の大騒動を惹き起す」結果となったのである。さらに松田は、この頃からはっきりと藩閥批判を主張するようになった。吾々は内閣瓦解の理由を天下に告白し、当初の大方針に則り、官に就いていても野に在っても同じく国家のために猛進するのはもちろんであって、もはや今日の段階まで立憲的政治が進歩している以上、いわゆる妥協政治などということは断じてしない。妥協政治のようなカビの生えたことはすでに時代遅れである(7)。

この談話には、今後の政友会は反藩閥を前面に出して行動するのだという、松田の決意が表れている。松田の藩閥批判は、後継内閣選定の難航に対しても同様である。松田は、後継内閣がなかなか決まらないのは元老の責任であるとして、時難を醸したものは自らその解決の衝に当たらなければならない、と二個師団増設問題の背後に元老がいると見て責任を追及した。[8]

二個師団増設問題が起こると、松田は、かなり強硬な態度を見せた。新聞に対してもきつい調子の談話が目立つ。松田は、反藩閥の意識を持っていたものの、政党が未発達の段階では、あまりに強硬に反藩閥に走るよりも、ある程度妥協しながら経験を積んでいくことの方が得策だと考えたが、第四次伊藤内閣、二度の西園寺内閣を経て自信をつけた結果、ここまで来てもなお藩閥、そして政党嫌いの山県は政党内閣を妨害するのかと、強く反感を抱いたのだろう。この松田の態度は、原よりも強硬であった。

松田は第二次西園寺内閣である程度満足感を覚えていたと思われる。自分自身が政党政治家として大臣を務められたこと、司法大臣として自分の自信が持てる分野で実績を残せたことで、松田はこのまま政党政治が発展してくれるならば、原に託して自分は引退してもよいと考え始めていたことだろう。そこに突然山県が政党内閣を妨害したと受け取ったため、一気に怒りが湧き上がったと思われる。二個師団増設問題に端を発した第一次護憲運動に、松田はこの後一時的に接近する。これまでの松田の行動様式とは異なる行動は、こうした怒りが原因だったのだろう。

すでに一二月一五日には、政友会関東倶楽部、東京支部、院外団の聯合懇親会が明治座で開かれ、尾崎と杉田らが「憲政の危機」を訴え、『中央新聞』がこの三団体懇親会を「対閥族宣戦」と紹介し、「閥族葬るべし」と訴えた。[9]

憲政擁護運動に対する警戒の表れ

一九一二年一二月二一日、第二次西園寺内閣が総辞職して、内大臣であった桂が第三次内閣を組織すると、政友会と国民党とは、「憲政擁護」のための「閥族打破」を掲げて提携することを決めた。両党提携の交渉には、政友会からは岡崎邦輔、杉田定一、江原素六、尾崎行雄が出席し、国民党からは犬養毅が出席し、憲政擁護大会の開催を決めた。憲政擁護運動の始まりである。

第三次桂内閣が成立する二日前の一二月一九日にはすでに、政友会・国民党・無所属各派の代議士や弁護士・新聞記者の発起によって、憲政擁護大会が開催されていた。会場となった歌舞伎座には、冷たい雨の中でも二五〇〇余名という大勢の人々が集まった。第一回憲政擁護大会は、「閥族の横暴跋扈」が今や極に達し、「憲政の危機目《もく》睫《しょう》に迫まる」中で、「断乎妥協を排して閥族政治を根絶し以て憲政を擁護」することを決議した(10)。この大会では板垣退助も壇上に上がった(11)。板垣は、すでに政治の表舞台を去っていたが、「憲政擁護」のスローガンのもと、かつての自由民権運動の象徴として現れたのである。

このような状況下で開かれた一二月二三日の政友会議員懇親会での松田の挨拶は、松田の信念をよく表している。憲政擁護運動が盛り上がり、党人派を代表するような政治家たちが様々な大会を開いては閥族打破に勢いづく聴衆に耳あたりの良い演説を繰り返している時に、松田は、「煽動」に乗せられてことをなすのはまったく不可であると述べた(12)。

世間が憲政擁護運動で盛り上がる中で冷静な行動を呼びかけることは、簡単なことではない。それでも松田は、軽挙妄動してはならないという姿勢を貫いたのである。『中央新聞』でさえ、この松田の発言を、そのように「愛嬌を蒔き」と紹介した(13)。懇親会に参加していた議員たちの中にも、一緒になって閥族打破に突き進もうとしない松田の態度を面白く思わない者たちもいただろう。

先に述べた通り、第二次西園寺内閣の後継をめぐって元老会議が行われていた一二月一〇日頃までは、松田は強く藩閥を批判した。しかし、それ以降には、松田は藩閥に対して批判的な発言を控えた。松田の態度が変わったのは、西園寺、原から元老や桂との交渉内容を聞き、運動が盛り上がりすぎることを警戒したからであろう。松田はすでに体調に不安を覚えており、原は交渉に追われ、松田と原の間でも密接に情報を共有できていなかった(14)。

一二月二四日、政友会九州会代議士は、芝公園三縁亭に会した。この日出席したのは、永江純一(福岡)、高田露(熊本)、川原茂輔(佐賀)、柚木慶二(鹿児島)、松田源治(大分)、横山寅一郎(長崎)、水間農夫(宮崎)、高嶺朝教(沖縄)という、九州会の各県を代表する議員八名であった(15)。九州会は、政友会の各地方団体の中でも、憲政擁護運動の急先鋒であった。また、代議士の中で特に熱心だったのが、尾崎行雄と元田肇であった(16)。

こうした憲政擁護運動の拡大に対して、桂は対抗策に出た。国民党内で、犬養らの「非官僚派」と大石正巳らの「官僚派」とが対立し、後者の大石正巳、河野広中、箕浦勝人、武富時敏、島田三郎、加藤政之助等が、脱党した。脱党者は、桂の新政党を組織することとなった。

一九一三年一月二一日に築地精養軒で開かれた、九州選出政友会代議士・代議員総会には、松田と元田も出席した(17)。九州会は、二月四日にも今度は芝公園三縁亭に晩餐会を開き、松田、元田、野田卯太郎、永江らを中心に結束を誓った(18)。

憲政擁護運動が盛り上がる中で、政友会の党人派が存在感を見せた。特に、板垣が再び注目されるようになったことである。板垣は、政友会が結成した時に、すでに政治の表舞台を去っていた。時に政治意見を新聞紙上等で公表することはあっても、実際上の影響力はなく、もっぱら社会事業に携わっていた。それでも、政友会党人派の象徴としての意味は保っていた。そのような板垣が、一九一三年の正月三が日に『中央新聞』で「時局に対する意見」を発表した(19)。旧自由党の有志らによって「自由旧盟会」も組織された(20)。

一月一九日に行われた西園寺総裁による政友会所属貴衆両院議員招待会でも、松田の態度は一貫していた。松田、原、総務委員の元田と尾崎、衆議院議長の大岡をはじめ三五〇余名が集い、築地精養軒の大食堂だけでは来会者が入りきらず、二つの会場に分かれなければならないほど盛況であった。第一室の主人が西園寺であり、第二室では松田が主人役を務めた。松田は宴半ばに次のように挨拶した。(21)

招待会に先立って行われた政友会大会での西園寺総裁の演説は、一見穏やかであるが、その意味するところを諸君は十分了解しているだろう。政友会がこれまで妥協や情意投合をしたのも時勢の必要に応じた手段であって、その間に国利民福を増進してきた。政友会は常に国家のために努力してきたのである。しかしながら、にわかに大正元年に入って「憲政の却歩したる観」がある。このために国論は沸騰し、憲政擁護の声が天下に満ち満ちている。この時にあたって、政友会はあくまで立憲の大義と我が党従来の方針にのっとり、協力と一致をもって憲政最終の美をつくすために勇往邁進し、今期議会では決議の趣旨を貫徹しなければならない。だから諸君の協力によって、今後驚天動地の活動をなし、憲政完美の大任を尽くして国論に副《そ》うことを望む。

右の挨拶は、一見すると運動の盛り上がりに乗って、強硬な態度をとるようあおっているようにも見える。しかしながら、この松田の挨拶に対する杉田の言葉から、松田の慎重な姿勢がよく分かる。

松田氏の言うように、政友会が憲政の進歩のために粉骨砕身するのはもちろんである。しかし、大会での西園寺総裁の演説は、いわゆる民意を採るの趣旨をもって、閥族打破は当然言外に含有していることは明らかである。

このように杉田は述べた。

すなわち、杉田は、西園寺の演説も松田の演説も閥族打破に直接言及しなかったことを不満に思ったのである。

松田は、政友会が一致協同する必要は訴えているが、あくまでも軽挙妄動しない、責任を持った行動を望んだのである。

ここまで松田は、藩閥批判はするものの憲政擁護運動とは距離を置いていた。しかし、松田か原にも是非憲政擁護大会に出席してもらいたい、との要請が犬養からあると、松田は出席だけで演説をしなければ妨げはないが原に相談してから決めるという対応をした(22)。藩閥に対抗するためには、一時的に国民党と連携することも選択肢の一つであると考えたのだろう。原は松田と協議し、松田の出席自体を引き止めることはしなかったが、松田や原が運動に参加することによってかつての民党合同のような機運を生むことを原は危惧していた(23)。

松田への期待

松田は、憲政擁護東京大会に加えて、大阪大会にも出席した(24)。しかしこの大阪大会への出席は、松田から言い出したものではなく、尾崎が強く出席を要請したためであった。松田は、持病のリューマチを理由に、演壇には立たないことを説明していた(25)。藩閥批判、桂内閣批判という観点で政党同士が協力することを当初はそれほど拒否しなかった松田であるが、民党合同の機運を絶対に抑えなければならないと考える原の影響を受けて、運動と距離を置き始めたのである。

結局松田は、原との約束通り本格的な演説をなすことはなかった。政友会から桂新党への脱党者は出さないことを述べた後、「横暴極まる閥族を打破し健全なる憲法政治を布かれん事を望む」との挨拶にとどめた。松田の大会における態度は抑制されたものではあったが、「松田長老」が「病躯を推して」出席したことは、二万人の聴衆を勇気づけるものであった(26)。

政党政治は一歩ずつ発展しており、原のもとでさらに進むはずであり、自分はその地ならしをしてきたのだと、松田は自身を納得させていたことだろう。そこに政変が起こり、怒りが強い藩閥批判へと向かった。これまでの松田らしからぬ行動であった。くわえて、実現の可能性がほぼないことを理解しながらも、「松田内閣」が叫ばれて自分に期待が集まることは、晩年の松田にとって快いものであったに違いない。しかし、常々自身が政友会員に説いてきた通り、松田が「軽挙妄動」に走ることはなかった。

一九一三年二月五日、政友会、国民党、同志会所属議員が内閣不信任案を提出すると、政府は五日間の停会を決めた。停会明けの議会でも、状況が好転する見込みがなかった桂は、事態を打開するために天皇の詔勅を利用することにし、西園寺に政友会慰撫の勅命が下された。しかし、政友会の態度が変わることはなく、むしろ、桂が議会を乗り切るために天皇の詔勅を利用したという批判が巻き起こり、運動は一気に激しさを増した。政府系の国民新聞社・都新聞社は焼打ちにあい、日露戦争講和時の日比谷焼打ち事件を思い起こさせるものであった。騒擾は東京のみにとどまらず、大阪にもすぐに飛び火して、御用新聞とみなされた、国民新聞・報知新聞・都新聞等の大阪支局や、桂新党に参加した大阪出身代議士宅が襲撃された。二月一一日、第三次桂内閣は総辞職を決めた。

翌一二日、内閣組織の大命は、海軍の大物山本権兵衛に下り、山本が政友会の協力を得て後継内閣を組織した。西園寺は、すでに体調を悪くし、原の台頭のせいもあって、政友会の指導にやる気をなくしていた。そこで、政友会を抑えることができず、詔勅を実行できなかったのを機に、政友会総裁辞退を決めた。

山本内閣と政友会との関係に関して、元田、尾崎、大岡、岡崎、野田をはじめ、政友会内の多くが、山本が政友会に入党しない限り、政友会は山本内閣に協力すべきでない、と「純政党内閣」論を主張した。これに対して、原と松田の最高幹部は、西園寺が山本を推薦したことを鑑みて、「純政党内閣」要求の抑圧にあたった。

「純政党内閣」を強硬に主張する団体の一つの北信八州会（杉田定一・伊藤大八ら）は、一二日に集会し、「立憲的政党内閣に非ざれば之を承認せず」との決議をなした。(27) 一方、一四日に会合した九州会は、山本伯は政友主義の下に施政の大方針を定め、我党員多数を以て内閣を組織する以上、山本伯の入党の有無をあえて問う必要はない、との姿勢で一致した[28]。政友会全体では山本に政友会入党を求める声が大きい上に、憲政擁護運動に対しては九州会も熱心であった。したがって、山本が政友会に入党しなくとも政友会が山本内閣に協力することを容認する方針を九州会が決定したのは、松田の主張が大きく影響したものと考えられる。山本内閣への態度に関しては、総務委員ら幹部との間でもなかなか意見が一致しない中で、松田は、まず九州派をまとめ、政友会全体を山本内閣支持でまとめるための足掛かりをつくったといえる。こうして、政友会内の八地方団体は、二月一五日までに、山本が入党しないことを了承することでまとまった。

「松田内閣」を推す尾崎たちに対しても、松田は自らその運動を止めさせた[29]。

山本は政友会代議士総会の決議を容れて、政友会の主義綱領を以て施政方針と為すことを宣言した。くわえて、内閣員は、総理および陸・海軍大臣を除き、親任式前に政友会に入党することとなった。一方、尾崎行雄・杉田定一・岡崎邦輔ら、あくまでも「純政党内閣」を主張した三八名のいわゆる「硬派」は、二一日に会合を開いた。この席には松田も出席しており、彼らは松田に対して脱党論を述べた[30]。この「硬派」が集う場に松田が出席したのは、彼らが会合すれば脱党論で盛り上がることが当然予想されたため、少しでも彼らをなだめる意味があったと思われる。後日、各地方団体も「硬派」に対して脱党を思いとどまるように説得にあたったが、結局、二月二三日をもって、尾崎・岡崎らは脱党した[31]。

松田は、山本が形式的には政友会に入党しなくとも、主義綱領に従うのであれば妥協したうえで、「政党主義の理想を実現」できるように努めるべきである[32]、と山本内閣組織に対応した。松田は、「純政党内閣」に固執する「硬派」に批判的だったからである。

議会において桂内閣不信任決議をなすまでは誠に空前の快心事と思ったが、急遽桂内閣の瓦解となり、次で山本伯が後継内閣を組織するという段階に入ってからは、種々なる行が竜頭蛇尾に終わってしまった。実に不愉快の奔走でこんなにつまらぬことはない。

このように松田は述べた。この発言から、松田が、増師案に始まる一連の陸軍・長州閥に対しては批判的であって、民衆運動に訴えても、現状を変革しなければならないと考えていたことが分かる。しかし、批判の対象であった桂内閣が総辞職すれば、次は今後の政治を如何にするのかを考えなければならない。山本に政友会入党を求めることにばかり固執し、今後の政治運営を構想できていない「硬派」に対して、松田は批判的であったといえる。

憲政擁護運動の盛り上がりの中で、新聞や犬養らの言説中では、政党内閣を求める声を象徴するものとして、政友会を代表する「松田内閣」を求める声も上がった。山本内閣成立に際しては、「権べ〔ママ〕いに種をまかせて行く末の世は大命を松田正久〔山本権兵衛に今回はまず組閣させて、将来的には自らに組閣の大命が降下することを待つ、松田正久であるよ〕」といった狂歌も新聞に掲載された(33)。

憲政擁護運動の中で、松田はどのように見られていたのであろうか。福沢諭吉に師事して、新聞記者となった後、三井財閥で活躍した高橋箒庵《そうあん》〔義雄〕は、憲政の進歩に期待を持って、運動の成り行きを注意深く見つめていた。そして、山本内閣と政友会の提携を、「政友会の憲政擁護、閥族打破を標榜して桂内閣を殪《たお》しながら、桂よりも尚ほ非立憲なる藩閥の山本権兵衛伯を総理大臣に推すが如きは政治上の詐欺的行為なり」と批判して、「政友会は西園寺総裁局に当る能はずとの事情あれば、松田正久氏を推し立てて邁往直進するが当然なり」と日記に記した(34)。自由党以来の党人派であって、憲政擁護大会に出席した、政友会最高幹部の松田の存在は、憲政擁護運動の結果として望まれる、本格的な政党内閣を象徴する人物であったと考えられる。

高橋は、松田と直接会話をしたことはなかった。しかし少し後であるが、一九一三年の夏、松田から高橋に対して、中林梧竹《なかばやしごちく》の「蘭亭帖」（王羲之の書の手本書）を持っているかとの電話による問い合わせがあって、所持していないと答えると、早速一部を寄贈された。梧竹は、明治の三筆の一人で、松田と同郷の小城出身であった。松田が、梧竹の弟子であって、「可なり能書」であると知った高橋は、「他に嗜好なく政事の他囲碁を好むのみと聞きしが、梧竹の世話を為す処より観れば胸中自から閑日月あり、政論一方の人に非ざりしならん」と、松田について記している。(35)

一連の運動において注目されるのは、常に、原と松田が連携しながら、憲政擁護運動への対応を決定している点である。(36)両者は、かなりの部分で、役割分担をして、お互いに協力し合っていたものと考えられる。ただし、両者を比較すると、松田の方が、反藩閥の姿勢を強く打ち出している。県会議長時代には、まだ議会政治が始まったばかりであったため、藩閥出身の県令と協調したこともあったが、政党政治が徐々に発達してきたこの時期において政党内閣を妨害されたことで、一気に怒りがこみ上げた、と考えられる。また、民党合同の機運への警戒心は、原の方が明らかに強かった。

2　病に倒れて

第一次山本内閣の成立

一九一三年（大正二年）二月、松田正久は、第一次山本内閣で三度目の法相の座に就き、第三〇議会で、裁判所構成法の改正を実現した。(37)また、司法官の淘汰にも取り組んだ。(38)裁判所構成法改正や司法官の淘汰を含めた制度改革・試験制度改正問題・文官任用令改正が主要な課題であった。(39)

外交問題としては、カリフォルニア州における外国人の土地所有を禁止する立法への対応が求められた。当該法案が、特に日本人移民を排斥する目的のものであるとして、排日問題と考えられた。松田は、日本人移民を保護するために法案成立を阻止しなければならないと主張した。ただし、交渉にあたるのは外交当局であるとして、世論の喚起等は望んでいない(40)。

松田は、第一次山本内閣で最高齢の大臣であった。先にも述べたように、明治天皇の大葬頃から、松田の体調不良が報じられるようになった。第二次西園寺内閣が総辞職し、憲政擁護運動が巻き起こる中で迎えた一九一三年の年頭も、すでに松田は熱海で療養していた(41)。それでも、法相就任以来、松田は、閣議をはじめ、任用令改正の審議会や、政友会の幹部会にも出席していた。

一九一三年六月までは、松田は、ほとんどの閣議に出席し、新聞記者に談話を求められれば、それに応じた。ところが、七月以降は大臣招待会を欠席することもあり(42)、新聞に談話が掲載されることもごく稀になった。九月末頃になると、松田が病気を理由に法相を辞職するとの説が頻繁に言われるようになった(43)。一〇月に開催された政友会九州大会への参加も見合わせた(44)。

松田の死

一九一三年秋頃になると、約一年前から体調を崩すことが多くなっていた松田の容体はさらに悪化し、新聞紙上にも松田の「重患」説が流れ、法相の辞職もささやかれるようになった(45)。一一月になると、松田は、原に対してもはっきりと辞職の意志を伝えた(46)。胃がんが進行して病床に就いた松田に対して授爵の話が持ち上がり、原、山本首相から、山県有朋枢密院議長らへの根回しがなされた。そうして、翌一九一四年一月一九日、松田は、爵位を与えられて男爵となった。政党員として、大臣を歴任したことにより爵位を授けられたのは、松田が初めてであった(47)。

この授爵は、松田自身の希望というよりも、妻静子の望みだったようである(48)。質素な生活を送る松田と違い、静子夫人は気が強く、華美な催しも好きであった。そのような静子夫人とも松田は最後まで共に過ごしたのである。私生活で少し志向の異なる妻との結婚生活を守ったのは、やや流されやすい松田の政治生活の縮図ではないだろうか。

授爵から一月半後の三月四日、松田は六八歳で亡くなった。シーメンス事件の勃発によって、再び憲政擁護運動が巻き起こっていた最中であった。

松田の死を受けて、原は、松田の後任人事や葬儀の準備に追われた。松田には、宮中よりも御下賜品・祭祀料等が下された。松田は真に死に時を得たりとある人が評したことを「実に其感も之ありたり」と、原は日記に記した(49)。「真に死に時を得た」とは、すでに政党政治家として新たな課題に取り組むことが難しくなり、老齢にも達していた松田に対して、第一次護憲運動で純粋な政党内閣の目標として「松田内閣」が言われたことを指していると思われる。近代的な政党を育成して政党政治の確立を目指すという信念を貫いたものの、実際に政党員が大臣としての職責にあたることになった時、松田は蔵相などの重要な大臣をこなすことができなかった。「松田内閣」は突如手の届きそうなところに表れて、すぐに消えていったが、実現できない幻であることを最もよく理解していたのは松田自身だっただろう。そして、無理をして「松田内閣」を組織しようとしても成功しないだろうし、万一組閣できたとしても短命に終わるだろうことは予想がつく。このように松田は考えたであろう。ここで失敗すれば本格的な政党内閣の実現はさらに遅れることとなる。松田が政党内閣の実現のために真摯に取り組んだことを理解していたからこそ、原は松田への授爵に尽力し、松田家の世話をしたといえる。

また、松田には実子がいなかったが、継嗣・遺産のこと等を、松田自身が遺言していたことを「生前に此等〔法相更迭の際には多少の恩賜金もあるべき様子なる事―筆者註〕のことを知り又其の処置をなしたるは誠に幸なりき」と、原は振り返る。「葬儀に付ては名義斗《ばか》りなりしも余葬儀委員長となり」[50]とも記している。さらに、葬儀当日が「好天気にて好都合」だった[51]と振り返っていることからも、松田と原とが基本的には良好な関係にあったと読み取れる。この後も、原敬、波多野敬直が松田家の面倒を見た。[52]また松田が九州で有した地盤も原に引き継がれることとなった。[53]

政友会よりの弔辞とは別に、西園寺がおくった弔辞は、次のようなものであった。[54]

君は病で亡くなった。ああ君は剛明な資質を以て力を憲政に致し、寛弘《かんこう》にして一般の声を容れ、政界での厚い人望は、その類を見ない。私は君と親交を結んだ。「実に明治の初年仏国留学の時に在り。帰朝の後、相謀りて事を共にしたること一再ならず。而して立憲政友会の成るや、倶に伊藤公を輔けて会務に参画す。予、公の後を承るや、君誠を推して予か欠を補ひ、予をして大過なからしめたる者、君を措て其れ誰そや。」〔実に明治初年にフランス留学の時であった。帰国してのち、共に考えを巡らせて何かをしたことは一度や二度ではない。そうして立憲政友会ができると、共に初代総裁伊藤博文公を助けて会の運営に参加した。私が伊藤公の後をついで二代総裁を引き受けると、君は誠意をもって私の欠点を補い、私に大きな過ちを犯させなかった、それは君を置いてほかにいない〕。そうして今急に君の訃に接した。どうして哀悼に勝《た》えないだろうか。思うに今、益々憲政を助け、以て国家の隆運を企図すべき時に当たり、至誠憂国の士である君のような者を喪う。真に国家の為に歎惜《たんせき》せざるを得ない。ここに永遠の別れに臨み旧を懐しく思い出してまるで今のように感じ、哀慟がやまない。恭く弔す。

弔辞という性格に留意する必要はあるが、右の文章からは、松田と西園寺との間に、留学からの帰国後も交流が続いていたことと、西園寺総裁を松田と原とで支えた体制において松田が信頼を勝ち得ていたことが読み取れる。

松田が「党人派の代表」として団結を守った政友会を与党として、原が初の本格的な政党内閣を組織したのは、松田の死から四年半後の一九一八年九月のことであった。

第Ⅱ部　松田正久と選挙区佐賀県

願正寺（佐賀県佐賀市呉服元町）
ここで演説会が行われた。佐賀県会も開かれた。

第七章　地域性の克服と時代状況に合致した政策の提示

1　政党の中央地方関係の変革

佐賀県と九州改進党

第Ⅰ部では、松田正久の党中央における政治構想・政治指導を考察した。これに対応し、第Ⅱ部では、それらが選挙区にどのような影響を与え、同時にどのような影響を受けたのかを検討したい。

まず、松田の出身地であり、選挙区であった佐賀県について、明治維新期から自由民権期までの政治状況を概観しておこう。

「薩長土肥」の一角に挙げられる佐賀藩であるが、佐賀藩が倒幕に動き始めたのは、鳥羽・伏見の戦が終わってからであった。早くから、大隈重信、副島種臣、江藤新平らが、藩の実権を握る前藩主の鍋島直正に対して討幕派への参加を求めていたが、藩として出兵したのは、関東鎮撫以降である。それでも、佐賀藩では、長崎警備との関係から鉄製砲の鋳造が盛んに行われていたため、この軍事力が期待された(1)。

大隈、江藤、副島、大木喬任らが維新政府の要職を占めたが、一八七三年（明治六）一〇月の征韓論政変で江藤と副島が下野し、江藤は一八七四年に起きた佐賀の乱の首謀者の一人として処刑された。大久保利通や木戸孝允に次ぐ若手の有力者として活躍した大隈も、一八八一年一〇月に明治一四年政変で下野した。

後述するように、佐賀県では、「薩長土肥」の一員として明治維新を成し遂げながらも、長州藩や薩摩藩のように新政府の中心になれなかったという思いが、根底に残っていたといえる。また、松田の出身地である小城は、佐賀藩に三つあった支藩の中で、最大の石高を有し、さらに佐賀藩初代藩主の鍋島勝茂の長男である元茂を初代とした。そのため、明治以降になっても、旧佐賀本藩地域の人々に対して対抗意識を持っていた(2)。

小城藩では、幕末維新期に、藩政改革推進派と、これに対抗する保守派とが激しく争っていた。改革推進派の支援によって、明治二年（一八六九）、松田は東京に出て、翌明治三年（一八七〇）一二月二五日、西周の家塾「育英舎」に入り、西のもとでフランス語や国際法（「万国公法」）を学んだ。その後、西の後ろ盾も得て、明治五年八月（一八七二年一〇月）、陸軍省からフランス留学に派遣され、約二年半の間、フランスとスイスで、松田は法律や経済学、議会制度の基礎を学んだ。

松田は、帰国すると郷里小城で「自明社」の結成運動に参加した。自明社は、旧小城藩の藩政改革推進派を中心に結成された、佐賀における初めての民権結社であった。

自明社の活動は、即時国会開設を求めるような急進的な自由民権運動とは一線を画していた（第Ⅰ部第一章第一節）。

自明社設立にも表れている通り、小城藩における藩政改革推進派と保守派との対立は、明治四年（一八七一）の廃藩置県後も、さらには一八七四年の佐賀の乱の展開過程でも受け継がれ、松田が与した藩政改革推進派は、あくまでも少数派であった(3)。すなわち、松田の基盤は、佐賀の中の一部である小城、さらにその中の少数派でしかなかった。このことが、のちに松田が選挙地盤の獲得に苦労した一因になる。

松田の活動の中心はもっぱら東京にあった。国会開設以前に松田が地元と関わったのは、創設時の長崎県会であった。県会が設置された一八七九年（明治一二）当時、旧佐賀藩領は長崎県に合併されていた。松田は、第一回長崎県会で初代議長に選ばれ、第三回長崎県会まで議会を指導した。松田は長崎県会議長として、藩閥出身の内海忠勝県令とも協調しながら、長崎県会を漸進的に進歩させようとした（第Ⅰ部第一章第二節）。

しかし、一八八二年一月、第四回県会の開催に先立って長崎県会議員および議長を辞任したあとは、地元佐賀・九州の民権運動に関わることはなかった。一八七七年九月の愛国社再興大会や一八七九年一二月の自由党準備会に出席はしたものの、正式に政党に入党することもなかった。松田は、翻訳によって外国の知識を吸収し普及する道を選んだのである（第Ⅰ部第二章第一節）。

松田が長崎県会を去った二カ月後の一八八二年三月、武富時敏《たけとみときとし》、江藤新作（佐賀の乱で処刑された江藤新平の子）、江副靖臣《えぞえやすおみ》、川原茂輔《かわはらもすけ》らが佐賀開進会を結成し[4]、また、九州地方の政党が集まって、九州改進党が結成された。この九州改進党にも、松田が参加することはなかった。一方、のちに佐賀県の地盤を争うことになる武富は、九州改進党の結成に参加し、九州の自由民権運動をリードした。武富が、松田の名前を知ってはいたものの初めて実際に会ったのは、第一回総選挙の少し前であったと回顧していることも、松田が九州改進党に関わっていなかったことを傍証している[5]。

一八八五年五月に九州改進党が解散したのち、長崎県から分離した佐賀県では、武富・江藤らを中心とした「郷党会」と、これに対立する江副靖臣・川原茂輔らを中心とした「同成会」とが結成された。松田は、一八八九年頃、第一回総選挙への「立候補」[6]を目指して、地元の佐賀郷党会に入党の働きかけを行った[7]。

旧九州改進党員は、解党後も、毎年春と秋に懇親会を開催しており、一八八八年秋には、熊本において懇親会が開かれる予定であった[8]。一〇月二八日に開催された会合から、旧九州改進党の再結成を目指す動きが強まっていった。その後、一八八九年二月、国会開設・第一回総選挙を前に、九州各県の民権派政党は、再び合同した。当初は

「九州同志会」または「九州連合同志会」と呼ばれたが、ここでは「九州同志会」に統一する。

九州同志会は、「改進主義」という党の方針を掲げてはいたものの[9]、九州という地域的要因による合同という面が強かった。それゆえ、内部には、後の自由党系、改進党系、さらには、吏党系までが混在していた。松田は九州改進党には参加せず[10]、第一回総選挙の間際に九州同志会に参加して立憲自由党創立に参加した。

このように、九州同志会は、あくまでも地域的な集団であって、完全なる自由党系とも改進党系とも分類できない団体、すなわち自由・改進両党への両属状態にあった。このことが、後に自由党九州派の分裂、佐賀県における武富勢力と松田勢力との決裂を引き起こす。

迎えた第一回総選挙で、佐賀県では、特に大きな競争もなく九州同志会の松田・武富・二位景暢《にいかげのぶ》、立憲改進党の天野為之《あまのためゆき》が当選した。また、九州全体でも九州同志会員を含む民党系が過半数を占めた。佐賀県第二区で当選した天野は、のちに早稲田大学第二代学長を務めた人物である。佐賀県の選挙には、大隈が一定の影響力を持っていた。ただし、大隈に対する佐賀の人々の感情は複雑であった。現代でこそ、「佐賀の七賢人」と言われる大隈であるが、明治時代初期においては、江藤・島義勇《しまよしたけ》らを処罰した政府側にあったとして、大隈に対する反感が強かったのである[11]。大隈が、佐賀県の政治・選挙に直接関わることはなく、帰郷することも稀であったのは、こうした県民感情も背景にあったのだろう。

第一議会の開院を前に、九州同志会は、大同倶楽部・愛国公党・再興自由党と共に、一八九〇年九月、立憲自由党を結成した。これにともなって九州同志会は解散し、これ以後「自由党九州派」または、「九州進歩党」と呼ばれる。初め、自由党九州派内で主導権を握っていたのは、鹿児島の河島醇《かわしまじゅん》と熊本の山田武甫《やまだたけとし》であって、九州地方での自由民権期以来の活動地盤を持たない松田は、九州派内の四、五番手程度に過ぎなかった。それでも松田は、留学とその後の翻訳業を通して身につけた政治・近代政党に関する豊富な専門知識を武器にして、実力者の星亨とも連携し、一八九二年六月までに党の最高幹部の一角を占め、九州派の代表になった（第Ⅰ部第二章第一節、第二節）。

先述の通り、自由党九州派は、公的には立憲自由党に属しながらも、立憲改進党とも近く、ほぼ両党に両属していた。なかでも、佐賀県は、大隈や武富の出身地であり、自由・改進両党への両属状態を保つことで、両党の合同に望みをつないでいた。

しかし、松田は、九州派を明確に自由党の地方団の一つに編成するために、所属があいまいな佐賀自由党を、明確に立憲自由党の地方支部となる「自由党佐賀県支部」として位置づけようとした。松田は、近代的な政党として、単なる地域的な集団ではない、実現可能な政策を立案できる、主義による団結へと再編成しようとしていたからである。

一八九一年三月二〇日に行われた立憲自由党の党組織改革は、立憲改進党との合同路線への決別を意味するものであり、これを主導したのが、星、そして松田であった（第Ⅰ部第二章第二節）。

この組織改革に、九州派では自由党からの分離独立まで主張された。もちろん武富は、この組織改革に反対であり、また、立憲自由党結成当時には九州派内で一番の有力者であった河島も、板垣の総理推戴に反対だった。河島は、星が自由党を主導し始めた状況の中で、一八九二年二月の第二回総選挙の前までに、自由党を脱党した[12]。この時の九州派分裂の危機は、調停者として、東北出身で有力者の一人である河野広中までが九州派の大会に派遣されたことで、一時的に回避された[13]。しかし、自由党の党本部が合同路線と決別したにもかかわらず、自由党九州派は自由・改進両党への両属状態を保つ、という矛盾をそのまま放置することは難しかった。

九州派は、不安定さを抱えたまま、一八九二年二月の第二回総選挙を迎えた。特に佐賀県では、高知県に次ぐ規模の選挙干渉を受けて、第一区に坂元規貞、牛島秀一郎、第二区に川原茂輔、第三区に五十村良行と、吏党系の人物が全勝し、松田も武富も落選した。九州全体でも、民党議員のうち選挙に勝ち残ったのは、河島、山田らのごくわずかであった。落選したものの、その後、松田は自由党幹部として積極的に遊説を行い、同年六月には、板垣を自由党総理として星・松田・河野を最高幹部とする体制が確立した[14]。

「佐賀自由党」の分裂

一八九三年、星が主導して自由党が改進党との対決姿勢を鮮明にすると、自由党九州派の分裂は決定的になってくる。この年、自由党は党勢拡大のために、北越遊説、甲信遊説をはじめとして、大規模な全国遊説を行い、この計画の中には、九州遊説計画が含まれていた。九州遊説には、最高幹部の星、松田、河野が派遣されたことから、党として力を入れていたことが分かる。

星が当時改進党に対する批判を強めていたため、武富ら自由党九州派内で自由・改進両党への両属状態を維持したいと望む人々は、この遊説を避けたいと考えた。また、同年五月四日の政社法改正を受けて、自由党が各県支部の設置を進めていたことも、そうした現状を維持したい九州派にとって好ましくない状況だった。武富らが、このような一連の自由党本部の方針に抵抗した理由は、改進党攻撃の筆頭に立つ星が率いる自由党の遊説を受け入れた上に、自らを自由党の支部と位置づけることが、自由党への帰属を明確にしてしまうことになるからであった。

星・松田らの遊説を前に、これまで地元で「郷党会」または「佐賀自由党」とあいまいに表現されていたものが、結局、「自由党佐賀支部」と位置づけられた[15]。一八九三年七月一日に創設された支部は、佐賀市松原町（佐賀城の側で、現在も佐賀市の中心部に位置する）に設置され、武富と野田常貞が幹事に就任した。その他、常議員には、田中英一、加藤十四郎、山邊生芳、徳川権七、米倉経夫、大塚仁一、竹下以善、酒井常次、飯田經治、西英太郎、二位景暢、黒木牧之助、永田佐次郎、永野静雄、井上孝継、山邊濱雄が就任し、事務員は指山源太郎が務めた（表7-1）[16]。

彼らの多くが、この後松田派と武富派とが分裂すると、武富と行動を共にする人物であることから[17]、一八九三年の自由党佐賀支部は、武富勢力が牛耳っていたといえる。

このように九州派内に自由・改進両党への両属状態を維持しようとした勢力があったのに対して、松田は、両属状態を克服して、自由党への帰属を明確にしようとした。これは、松田が、政党には主義による一体性が必要である、と考えたためであるといえる。松田は、この遊説の主意が、これまで「漠然」としていた自由党九州派の旗色を鮮明にすることにある、すなわち、両党両属状態であるために党内が一致団結できない問題を解消することを目的とした遊説であることを明確に主張している。また、松田は、全国レベルでの自由党内にもあった、民党合同を目指す動きに与しなかった。松田がこのように地方支部の帰属を明確にして一体性を持った政党を目指した理由は、「民党なる漠然たる名称はすでに消滅」する時期に達している、と考えたからである。[18][19]

他方、自由党本部や松田の意向に反し、武富派を中心とした自由党佐賀支部は、自由党総会での九州遊説の正式な決定に対して、一度は遊説謝絶を通知するなどの抵抗を見せた。武富・江藤新作らは佐賀支部内で何度も協議を重ね、結局は星一行の遊説を受け入れざるを得なかったものの、星一行に対する出迎えがほとんどないという状態だった。武富らの率いる佐賀支部内にも、一部には星らの演説会の開催を望む声があったが、武富・江藤は強く反対した。武富・江藤らは、この星一行の受け入れを不快に思っており、江藤は、これまで自由・改進の両党に両属状態であった佐賀県の自由党（民党とほぼ同義）を、自由党から切り離す好機ととらえた。武富も同様の考えを持っていたと推定される。[20][21][22]

また、星ら自由党の遊説を受け入れるか否かについては、大隈も関心を持っていた。それを示すように、「大隈伯の幕賓《ばくひん》」であって、「常に大隈伯の門下に在て現に伯家の家政を管掌《かんしょう》しつ、ある人」と見られていた秀島家良《ひでしまいえよし》が、東京から佐賀へやって来た。秀島は、佐賀および長崎において、星一行の遊説拒否を決めたことを、大隈に書き送っている。[23][24][25]

表7－1　自由党佐賀支部（分裂前）（1893年7月）

幹事	武富時敏	佐賀市大財，安政2年（1856）～1938年。佐賀の乱に参加し，九州改進党参加，1883年佐賀県議初当選，1890年総選挙初当選。第一次大隈内閣内閣書記官長，第二次大隈内閣蔵相。
	野田常貞	佐賀郡北川副村古賀，嘉永4年（1851）～1907年，佐賀藩士。明治5年東京遊学，尚風社，弁護士，肥筑日報創設，県議，1897年農工銀行頭取。
常議員	田中英一	三養基郡北茂安，弘化元年（1844）～1916年，窯陶業。1883年長崎県議初当選，佐賀県議，佐賀県陶磁業組合組合長。
	加藤十四郎	三養基郡三根町，元治元年（1864）～1939年。1887年慶応義塾卒，時事新報記者，三養基郡会議員，1892年佐賀県議初当選，渡米してシアトル市旭新聞社主筆，同市日本人会議長，九州毎日新聞社主筆，1924年総選挙初当選（立憲民政党）。
	山邊生芳	神崎郡千代田町，嘉永3年（1850）～1897年，神官。福岡県庁神道事務局，教導職，佐賀開進会の中心となる。1881年～没年まで県議。
	徳川権七	神埼郡脊振村，安政2年（1855）～1923年。1880年腹巻山戸長役場筆生，村会議員，郡会議員，1897年県議初当選，郡農会長，地方森林会議員，脊振村長
	米倉経夫	佐賀市水ヶ江，嘉永5年（1852）～1914年。1879年長崎県議初当選，1887年佐賀県議初当選，改進党。佐賀県代言人組合結成，佐賀開進会。
	大塚仁一	佐賀地方裁判所弁護士，佐賀市会議員。町制派（村岡致遠，米倉，野田，大塚）の一人として市制派（家永恭種，江副靖臣，副島勝忠，大塚鐵造）と対立。1888年佐賀県議初当選。
	竹下以善	佐賀郡兵庫村。1876年以来公共事業に尽くし，学校の設立，道路の改修などに尽力した。1892年県議初当選。
	酒井常次	佐賀郡，弁護士。
	飯田經治	小城郡小城，弘化元年（1844）～1918年。1884年県議初当選，小城町村連合会会長。
	西英太郎	小城郡多久村多久，元治元年（1864）～1930年。西雅広の長男に生まれ，郡会議員，1892年県議初当選を経て，1914年衆議院議員初当選。唐津鉄道株式会社取締役，県農工銀行頭取，高取鉱業株式会社取締役，肥前電気鉄道株式会社取締役，唐津製鋼所監査役。西肥日報社長，のち佐賀毎日新聞社長，民政党佐賀県支部長。
	二位景暢	杵島郡武雄，武雄鍋島領主の家臣。戊辰戦争大隊長，佐賀の乱では政府軍に与した中立党に属し，武雄勢第四小隊副司令，1880年杵島郡長，1890年衆議院議員初当選，祐徳馬車鉄道株式会社取締役。
	黒木牧之助	杵島郡南有明村，1882年長崎県議初当選。1918年，須古鍋島家の爵位獲得運動で，鍋島喜八郎（鍋島秀太郎・慶次郎のおじ）と共に大隈へ働きかけを行った（『白石町史』680～682頁）。
	永田佐次郎	藤津郡鹿島城内，嘉永3年（1850）～1928年。鹿島藩校弘文館に学び，藩命で大阪兵学寮に入学，学制が発布されると小学校や教員伝習所の創設に尽くした。佐賀の乱にも参加。小学校訓導，沖縄県中頭役所長，高津原村議，郡役書記，沖縄県設置により鍋島直彬が県令に任命されると同行して沖縄県勧業課長。1884年県議初当選，1898年衆議院議員初当選，1904年政界を離れ祐徳神社社司。

	永野静雄	藤津郡古枝村中尾，嘉永３年（1850）～1927年，鹿島藩士。一代家老の愛野右門の次男に生まれ，鹿島藩権大参事永野格一の養子となる。藩校弘文館に学び，藩命で鹿児島遊学。鹿島の経済金融面で活躍し，鹿島銀行設立に参加，のち頭取，1890年佐賀県議初当選，1904年衆議院議員初当選。長男常喜は佐賀の乱で戦死。
	井上孝継	東松浦郡唐津町，嘉永２年（1849）～1908年。憂国党旧唐津藩隊司令，1890年県議初当選，松浦郷党会。
	山邊濱雄	東松浦郡佐志村，弘化４年（1847）～1910年，神職。山邊歓敬の長男に生まれ，代々修験を職とした。学校教員，神官，学務委員，村長，郡村会議員，県郡村農会長，その間学校，神社を建築し，耕地整理，農水産物の改良に功績を挙げげた。松浦郷党会。
事務員	指山源太郎	佐賀市議。

出典：小城町史編集委員会『小城町史』（小城町長 中島六男，1974年），鹿島市史執筆委員会『鹿島の人物誌』（鹿島市，1987年），鹿島市史編纂委員会『鹿島市史』下巻（鹿島市，1974年），神崎町史編さん委員会『神崎町史』（神崎町役場，1972年），北茂安町史編纂委員会『北茂安町史』（北茂安町，2005年），深田豊一『九州名士列伝 上編』（博通社，1914年），西村芳雄監・佐賀女子短期大学歴史学研究会編『佐賀県・歴史人名辞典』（佐賀女子短期大学，1969年），佐賀県議会史編纂委員会編『佐賀県議会史』上巻・下巻（佐賀県議会事務局，1958年），佐賀県史編さん委員会『佐賀県史』上巻（佐賀県，1968年），佐賀県教育史編さん委員会編『佐賀県教育史』第二巻資料編（二）（佐賀県教育委員会，1990年），佐賀県警察史編さん委員会編『佐賀県警察史』上巻（佐賀県警察本部，1975年），堂屋敷竹次郎『佐賀県商工名鑑』（すいらい新聞社，1907年），佐賀新聞社・佐賀県大百科事典編集委員会『佐賀県大百科事典』（佐賀新聞社，1983年），佐賀市議会史編さん委員会『佐賀市議会史――百十六年のあゆみ』（佐賀市議会，2005年），佐賀市編『佐賀市史』下巻（佐賀市役所，1952年），佐賀市史編さん委員会『佐賀市史』第三巻・第四巻（佐賀市，1978年・1979年），佐賀近代史研究会編『佐賀新聞に見る佐賀近代史年表明治編』上（佐賀新聞社，1988年），福岡博『佐賀幕末明治五〇〇人 第二版』（佐賀新聞社，1998年），白石町史編さん委員会『白石町史』（白石町史編纂委員会，1974年），久保源六編『先覚者小伝』（肥前史談会，1929年），多久市史編纂委員会編『多久の歴史』（多久市役所，1964年），多久市史編さん委員会編『多久市史』第三巻近代編（多久市，2005年），石井良一『武雄史』（石井義彦，1956年），太良町誌編纂委員会編『太良町誌』上巻（太良町，1995年），鳥栖市役所編『鳥栖市史』（国書刊行会，1982年），田口教雄編『兵庫町史』（兵庫公民館，1975年），三日月町史編纂委員会編『三日月町史』上巻（三日月町史編纂事務局，1985年），三根町史編さん委員会編『三根町史』（三根町，1984年）。

この時、武富らが率いる佐賀支部とは違い、星らの遊説会を歓迎したのが、松田の故郷小城の有志者たちであった。小城の中でも、飯田（自由党佐賀支部常議員、県議）のように、佐賀支部の決定を遵守させようとする者もあったが、武富らの決定に反感を持つ小城郡の青壮年は、中島健（松田勢力と武富勢力とが分裂した後に再興された自由党佐賀支部で幹事に就任）を会頭とする、小城黄城会を結成して対抗した。(26)

同年一二月、衆議院議長を務める星の信任問題が起こった時、武富は星を批判して自由党を除名された。九州派のその他の有力者では、鹿児島の長谷場純孝も自由党を除名された一人だった。この事例をきっかけに、旧来の自由党系・改進党系の両者が参加している状態が解消された。自由党九州派は分裂し、自由党佐賀支部も実質的には消滅した。(27)こうして、松田の勢力と武富の勢力とが佐賀県で競い合う時代が始まったのである。

大隈重信・武富時敏連合勢力への挑戦

松田と武富とが初めて選挙戦で対決したのは、一八九四年（明治二七）三月一日、第二次伊藤内閣の下で行われた第三回総選挙だった。松田は、投票日の約半月前に帰郷し、途中福岡などへも足を運んで約二カ月間九州に滞在した。(28)選挙の結果は、第一区に武富、野田常貞（ともに革新党）(29)、第二区に中江豊造（自由党）、第三区に二位景暢（革新党）と、武富は議席を復活させることができたが、松田は武富の勢力に敗れた。この時点ではまだ、松田は、小城郡全体をもまとめきれていなかったからである。(30)

総選挙後、松田は、自由党佐賀支部を再興し、四月四日、新たな自由党佐賀支部（設置場所は未詳）の発会式を執り行った。この時発会式が開かれた小城桜岡公園には、今も松田の碑が残されている。

新たな佐賀支部の幹事には、土山文九郎と中島健が選出された。事務員には、相浦秀剛、徳島勇夫、中尾英二が、常議員には、香月則之、森永政憲、川添〔川副か〕俊生、松林勝太郎、眞崎辰五郎、田中忠太、中江豊造、宮崎林太郎、保利治郎太夫信真、立川只之が、そして代議員には、松田が就任した（表7－2）[31]。新たな入党者は、二五四名に上った[32]。

新しい支部の発会式を、松田の出身地であり松田勢力の本拠地といえる小城で開催したこと、松田の生涯の後援者となる中島らが幹事を務めていることなどからも、新支部が、明確に自由党の下部組織として再編成されたといえる。

支部の幹部たちの出身地および経歴を比較すると、武富勢力の傘下にあった旧佐賀支部（分裂前）では、佐賀市出身者が約二〇パーセント、佐賀郡出身者が約一六パーセントと比較的多いが、西松浦郡を除くその他の地域にも幅広く分散しており、経歴も士族出身者の他、弁護士・実業家も多い。これに対して、新しい佐賀支部（再興）では、小城郡出身者が六割近くを占め、士族出身者が九割近くと圧倒的に多い[33]。このことから、新たな佐賀支部が、まだ、佐賀県内の広範囲からの支持を得られていなかったと推定される。以下で述べるように、松田は、このような不利な条件から出発して、この後他の地域にも支持層も広げていき、佐賀県における自由党の基盤を固めていくのである。

総選挙後に自由党支部の再興準備を進めるかたわら、松田は、福岡の実業家である野田卯太郎の案内で、炭鉱視察に赴いた[34]。野田は、福岡の自由民権運動に参加し、のちに政友会幹事長や逓信大臣まで務める人物である。その上で、野田から紡績所ができるとの話を聞くと、商業者を率いて野田らを訪ねるよう、地元小城郡長らに告げた。その後、野田および永江純一に対して、この小城の人々に事業の重要性を「懇篤《こんとく》に御教示」してくれるよう依頼した[35]。松田自身も、実地で実業を学び、民間資本によって地元の経済が発展できるように導こうとした[36]。このことからも、松田が地域の経済振興が重要であると考えたことが分かる。

こうした松田の前に立ちはだかったのが、大隈を背景とした武富の勢力であった。自由党佐賀支部の分裂時の状

表7－2　自由党佐賀支部（再興）（1894年４月）

幹事	土山文九郎	小城郡晴気村，天保11年（1840）～1919年，小城藩士。1882年小城郡勧業土山重威29石５斗の中堅士族の子に生まれ，村政の父と慕われた。藩校興譲館に学び，戊辰戦争に出陣し（秋田），佐賀の乱では江藤の密使として鹿児島に早馬を飛ばし，小城本隊分司令として朝久山戦切り通し戦で戦った。1882年小城郡勧業会員，1884年畑田ヶ里戸長，1887年晴気村村長，町村制施行により春田村村長として，備荒貯蓄法制定，晴気農具組合設立，貯水池の開鑿，道路河川改修，植林事業などの功績がある。「土山奨学金」制度を創設して育英事業にも尽した。
	中島　健	小城本町，安政２年（1855）～1935年。小城藩医師・国学者の家系に生まれ，明治４年上京，松田と共に藩主鍋島直虎邸に住み国事に奔走，ドイツ語を加藤弘之に師事，フランス官費留学（政治学），ドイツへ渡り（軍政），帰国後６カ月間海軍省勤務，小城で乳牛業を営んだ。1894年郡会議員，小城町長。
事務員	相浦秀剛	小城郡。小城町長,1894年佐賀県議初当選。鍋島直虎に仕えた国学者・歌人である城島徳斉（宗嘉）の門人。
	徳島勇夫	小城藩士，小城鍋島家家扶。1918年株式会社小城銀行頭取。相浦と同じく城島徳斉（宗嘉）の門人。
	中尾英二	未詳
常議員	香月則之	小城郡，小城藩士。佐賀の乱に参加，1875年自明社惣代（除族処分を受け，県に提出した届には「平民」とある），1890年内国勧業大博覧会各部出品人惣代（小城郡）。
	森永政憲	小城郡芦刈村，慶応元年（1865）～1933年。副島清七の長男に生まれ，森永政塩の養子となる。慶應義塾，芦刈町長，漁業組合長，1899年県議初当選，自由党，政友会，1925年中立。
	川添［川副ヵ］俊生	小城郡多久，安政２年（1855）～1913年，士族。南里荘左衛門（旧多久領の士）の次男として生まれ，川副助之允（旧多久領の士）の養子となる。明治元年草場船山の塾に学び，その後小侍小学校教員，1880年長崎県議初当選，1894年佐賀県議初当選，1900年北多久村長。
	松林勝太郎	未詳
	眞崎辰五郎	佐賀郡春日村，安政５年（1858）～1924。1905年佐賀県議初当選。
	田中忠太	未詳
	中江豊造	東松浦郡，文久元年（1861）～1942年。佐賀県師範学校速成科卒，長崎県地租改正御用掛，小学校訓導，小学校長，1887年佐賀県議初当選，1894年衆議院議員初当選（自由党，のち同志政社）。
	宮崎林太郎	東松浦郡七山村。1888年七山小学校長兼訓導,1895年七山村会議員。
	保利治郎太夫信真	東松浦郡厳木村，安政３年（1856）～1896年。1876年長崎県地租改正掛雇，1879年東松浦郡中島公立小学校教員，1880年厳木村外九か村戸長役場筆生，厳木村助役，東松浦郡徴兵補欠参事員，西南戦争の際に政府から慰労の酒肴料下賜，1894年厳木村村長。1881年唐津公立病院新築費寄付をはじめ，貧民救済事業に尽くす。
	立川只之	三養基郡轟木村。1892年，轟木村村長。

出典：芦刈町史編さん委員会編『芦刈町史』（芦刈町，1974年），伊万里市市史編纂委員会編『伊万里市史　近世近代編』（伊万里市，2007年），相知町史編さん委員会編『相知町史』付巻（相知町，1978年），小城郡教育委員会編『小城郡誌』（名著出版，1973年），前掲，小城町史編集委員会『小城町史』，前掲，神崎町史編さん委員会『神崎町史』，前掲，北茂安町史編纂委員会『北茂安町史』，富谷益蔵『佐賀県官民肖像録』（増進社，1915年），前掲，佐賀県議会史編纂委員会編『佐賀県議会史』上巻・下巻，前掲，佐賀県教育史編さん委員会編『佐賀県教育史』第二巻資料編（二），前掲，佐賀県警察史編さん委員会編『佐賀県警察史』上巻，前掲，佐賀近代史研究会編『佐賀新聞に見る佐賀近代史年表明治編』上，土井芳彦編『高木瀬町史』（佐賀市立高木瀬公民館，1976年），前掲，多久市史編さん委員会編『多久市史』，前掲，鳥栖市役所編『鳥栖市史』，浜玉町史編集委員会編『浜玉町史下巻』（佐賀県浜玉町教育委員会，1994年），前掲，三日月町史編纂委員会編『三日月町史』上巻。

況からも分かる通り、佐賀県で松田と直接対立したのは、武富であった。ただし、その背後には大隈がおり、佐賀県の政治状況に関する報告を受け取っていた。大隈と武富とが連携していることによって、松田は武富の勢力を切り崩すことに苦戦したのである。

伊藤内閣が議会を解散したことで、前回の選挙から約五カ月後の一八九四年九月一日、第四回総選挙が実施された。松田も、投票日の約一カ月前には帰郷したものの[37]、再興されてまだ間もない自由党佐賀支部の勢力は、まだ武富勢力にはかなわなかった。この時期佐賀では土木行政をめぐっての大疑獄事件が勃発していたので[38]、自由党佐賀支部は、この選挙までに、地方紙『佐賀自由』を味方につけて、武富勢力に対するネガティブ・キャンペーンも行った。『佐賀自由』紙は、武富勢力を「賊民党」と呼んで、佐賀県の土木行政疑獄にも関連付けて「自ら言論の自由を説くも是れ虚誕《きょたん》〔でたらめ〕の言のみ実は言論の自由を圧制す是れ実に立憲政治下の大罪人」であって、武富勢力の言うところの民力休養は、「唯人民の歓欵《かんかん》〔よろこび〕を求めんとする手段のみ実は我県民の租税を衣食する寄生虫なり」と批判した[39]。

しかし、『佐賀自由』紙での武富勢力批判にもかかわらず、佐賀県第一区に武富・江藤新作、第二区に松尾寛三、第三区に二位景暢（すべて革新党）と、武富・革新党勢力の全勝に終わり、またしても、松田は議席を回復することはできなかった。それでも、松田と武富との得票差が五〇〇票弱であったことは、革新党勢力から見れば、松田勢力の得票が「意外に比較的多数」であって「汗顔《かんがん》之《の》至《いたり》」と言わせるだけのものであった。この選挙結果は、『佐賀自由』紙が批判的なキャンペーンを張ったためだけでなく、革新党勢力が松田・自由党勢力を、あまりに「侮り油断」していたためとみられる[40]。

武富は、松田と初めて会った時のことを、「虚名かは知らぬが、名は世間に聞こへて居」たので松田に会ったが、「ポーとして」いて「余り意見のある様にも見へ」ず、古臭い「無用の空論」を問うてくるので「滔々と弁じ付てやつた」と、後年回想している。[41] 松田が没して二年ほど経ったのちで、武富自身、第二次大隈内閣の蔵相を務めた後にまで、このように松田を低く評価していることからも、自由民権期以来佐賀県の政治を牽引してきたのは自身であったという松田に対するライバル意識が読み取れる。松田を強く意識していた武富に対して、松田は、武富ではなくむしろ大隈の政策・態度を批判している。[42]

この総選挙以降、武富・革新党勢力は、松田・自由党勢力の本拠地である小城を、重点的に自派に取り込もうと運動した。[43] それだけ、自由党佐賀支部を再興して、勢力拡張を進めてきた松田らは、佐賀県で徐々に成長していたといえる。小城郡の含まれる佐賀県第一区内には、佐賀郡も含まれていた。佐賀郡には、武富勢力が強力な地盤を持っていたため、この選挙区割りも、松田がなかなか議席を回復できない要因であったといえる。

くわえて、武富の強みは、大隈との連携にあった。この第四回総選挙で、大隈は、間接的にではあるが、武富勢力の候補者調整に影響を与えている。大隈の存在は、武富勢力の分裂を抑制し、松田が議席を回復できない原因となった。前の第三回総選挙において、武富勢力では、佐賀郡・小城郡などを含む中心部で定数二名の第一区候補者選定をめぐって内紛が起きていた。結局は、武富と野田常貞とに決まったのであるが、大隈の家政を預かっていると言われた秀島家良も、第一区の候補者に挙がっていた。第一区内の市部と郡部とが対立した結果、秀島は出馬を辞退していた。[44] このようないきさつのある秀島が、第四回総選挙で再び、第一区への立候補を希望したものの、第一区の候補者は武富と江藤とに決まった。そこで武富や江藤は、東松浦・西松浦という佐賀県の北西部であって定数一名の第二区の候補者となることを秀島に打診したのであるが、秀島には、第二区から出馬する意思はなかった。[45]

秀島は、先にも述べた通り大隈の佐賀における秘書のような役割を担っていた。たとえば、大隈に対して、江副が佐賀新聞社設立の資金を求めた時、大隈は秀島に相談するよう江副に指示した。[46] このように秀島は大隈に近しい人物であったため、武富は、大隈からも秀島を説得してくれるように求めた。[47] 武富は、革新党勢力の分裂を防ぐために、秀島を擁立しなかったけれども、第三回総選挙以来の経緯もあったため、候補者決定後にも、大隈に対して、秀島への慰諭を重ねて依頼している(48)。このように武富と江藤は、候補者選定過程を詳細に大隈へ報告しており、さらには秀島への説得も頼んでいる。大隈の存在は、武富勢力の分裂を防ぐ影響力を持っており、松田が武富勢力をなかなか切り崩すことができない一つの要因であったと見られる。

日清戦争後の政党をめぐる変化は、松田と武富にも変化をもたらした。一八九五年一一月二二日、自由党は第二次伊藤内閣との提携を発表した。松田は、この提携によって初めて政府の側に立ったことで、政権を担って政策を決定する困難を実感したようである(49)。また、武富の所属する立憲革新党は、改進党などの対外強硬派と合同し、一八九六年三月一日に進歩党を結成した。この一八九五年と九六年、伊藤内閣との提携や九州以外の地域への遊説の多忙のため、松田が佐賀へ帰ることはなかった。

この間、これまで間接的には佐賀県の選挙に影響力を持っていた大隈が、一八九六年四月下旬から五月中旬にかけて、約三〇年ぶりに帰郷し(50)、佐賀では、大隈への歓迎ムードが盛り上がって、大隈一行の様子が、連日新聞で報道された。ただし、「大隈伯を送る」と題した『佐賀自由』紙の社説でも、中学校での大隈の演説でも、佐賀の乱に関しては触れられていない(51)。このことからも、佐賀の乱は、未だ克服できていない問題であったと思われる。ここで、大隈と武富とが連合していることが有利に働く理由は、武富が佐賀の乱に参加していたことにあった(52)。さらに、江藤新平の子である新作も加わっている。このことは、大隈が、佐賀の乱を鎮圧する側にあったという自らの佐賀県における弱点を補うために好都合であったと考えられる。それゆえ、佐賀県における大隈は、佐賀の政治・選挙に直接介入するのではなく、武富や江藤を通じて間接的に影響力を行使していたといえる。

自由党と第二次伊藤内閣の提携によって板垣が内相として入閣してから五カ月足らずの一八九六年九月、第二次伊藤内閣は総辞職して、進歩党を与党とする第二次松方内閣が成立した。こうした中で、最高幹部の一人である河野らが脱党するなど、自由党は動揺した。これに対処しようとした松田は、陸奥宗光の自由党入党や、進歩党との提携が断絶した松方内閣と自由党との提携を試みたが、いずれの計画も実現しなかった。この計画の責任を取る形で、松田は、党の最高幹部である政務委員をいったん辞任した（第Ⅰ部第二章第四節）。

自由党の中央では、党の統制を維持するために苦労していた松田であったが、選挙区佐賀県では、次第に支持を獲得していった。

一八九七年九月から一〇月にかけて行われた九州遊説では、松田は約三年ぶりに帰県して、大きな歓迎を受けた。九月二三日、松田の一行が佐賀に到着すると、出発予定を一日遅らせなければならないほど多くの演説会の申し込みがなされた(53)。一行は、長崎、福岡、熊本、宮崎、大分と、ほぼ九州全体を遊説して回り、福岡の九州代議士総会に出席した後、再び佐賀県に戻った(54)。唐津で開かれた演説会では、松田が、自由党の日清戦後経営として、伊藤内閣との提携以来の自由党の位置・境遇を述べてから、松方内閣と進歩党とを批判すると、満場六〇〇人の聴衆が水を打ったように聞き入り、時々ただ拍手喝采の声が聞こえるのみであったという(55)。また、小城へ帰ると、地元の有志者が花火を打ち上げ、盛大に歓迎した(56)。

日清戦後には、松田は、地租増徴の必要性に言及していた。この時の松田の姿勢は、商工業のみ軽税率というわけにはいかない(57)、と留保をつけているように、民党が従来から主張してきた地租改正路線から完全に転換する主張ではないが、日露戦後の財政を考える際にも産業が発展する必要を説いたように、地租増徴によって財源を確保する必要性を感じていたと考えられる。商工業のみ軽い税率とはいかない、すなわち、地租だけに頼るのではなく商工業者に対しても税負担を求めなければならない、というのは、当時の有権者である地主層への配慮から出た発言であろう。

今回の遊説では、自由党の最高幹部である松田が、九州のほぼ全県を遊説して回ったことによって、九州の自由党勢力を力づける意味があったと考えられる。各地での歓迎の様子からも、松田が中央においてやや低迷していたとはいえども、やはり自由党の実力者として、各地方の自由党員・有志者に、期待を持って迎えられたことが分かる。選挙民へのアピールに加えて、松田は、佐賀では江副らと会合し、福岡では多田作兵衛と会見するなど[58]、九州の地元の有力者とも面会している。

一八九八年三月一五日の第五回総選挙では、松田自身は、党務が忙しいためになかなか帰郷できず[59]、小城に帰ったのは投票日の約二週間前であった[60]。それでも、地元の後援者たちは、すでに一月半ばから、松田のための選挙運動を開始していた[61]。すなわち、地元で松田の選挙を支える組織が整備されてきたといえる。この選挙で松田・自由党勢力は、佐賀新聞社の江副靖臣と選挙協力して、佐賀県第一区に江副と川原茂輔（第二回総選挙では吏党系で出馬し当選）を、第二区に松田を推した。結果は、第一区に武富と江藤（ともに進歩党）、第二区に松尾寛三（山下倶楽部、ただし武富に近い）、第三区に二位（進歩党）、となり、松田・自由党勢力の敗北に終わった。しかし、第二区における、松尾と松田の票差は、わずか一八票にすぎなかった[62]。松田の勢力は、着実に伸びつつあったといえる。

『佐賀新聞』（時期によって、『佐賀自由』または『佐賀』と名称の異なる時期がある）は、江副らによって一八八四年に発行された同成会系の地方紙で、一時的には社長が交代したり武富や野田常貞、米倉経夫らも佐賀新聞社監督委員を務めたりした時期があるが[63]、ほぼ一貫して江副の影響下にあった。江副はもともと武富と対立していたため、松田が武富らと対立するようになった一八九三年頃以降、『佐賀新聞』（当時は『佐賀自由』）は、松田に好意的な論調へと変化した[64]。ただし、松田と江副との交流はそれ以前からあった[65]。また、江副、同じく『佐賀新聞』発起人である石丸勝一《いしまるかついち》・家永恭種《いえながたかたね》《やすたね》は、佐賀の乱で征韓党に参加していたり、征韓論を抱いていたりした[66]。そのため、『佐賀新聞』の論調には、対外強硬派的な傾向も見られる。

江副は、外交面では松田とずれがあったものの、佐賀県での産業発展に尽くしていることから、松田と江副とは協力に至ったと考えられる。松田は、江副と同じく同成会の出身で、西松浦郡伊万里に基盤を持つ川原も自派に取り込んだ。

2　地租をめぐる政策転換と選挙区

憲政党の成立と佐賀県

一八九八年（明治三一）六月、自由党と進歩党とが合同して憲政党が結成された。憲政党が成立すると伊藤博文首相は辞表を提出し、後継に、大隈重信と板垣退助とが組閣することを推した。こうして、憲政党結成間もない六月三〇日に第一次大隈内閣が結成され、松田は、蔵相として入閣した。松田蔵相の最大の課題は、明治三二年度予算編成であった。旧自由党と旧進歩党の合同条件は、地租増徴反対にあった。そこで、地租増徴を行わず、間接税の増税によって予算を編成する、という制約のもと、松田蔵相は、酒税増税を中心とした予算案作成を目指した。

この隈板内閣の下で行われた第六回総選挙で、松田は議席の復活を果たした。佐賀県では、旧自由党と旧進歩党との調整が行われたが、候補者の選定は難航した(67)。第一区に武富、江藤（ともに旧進歩党）、第二区に松田（旧自由党）、第三区に永田佐次郎（のちに憲政本党）と決定したものの、旧進歩党系勢力は非常に不満であった。第二区の東松浦郡・西松浦郡の旧進歩党系勢力は、これをきっかけに、将来的に旧自由党勢力に圧倒されることを恐れたためである(68)。すなわち、この時期になると、武富・進歩党勢力は、松田・自由党勢力に対して絶対的に優位に立っていたわけではなく、松田らの勢力伸長に対してかなりの危機感を持つようになっていた。そして、東西松浦郡に対する旧進歩党系の不安はのちに現実のものとなる。

投票の結果は、憲政党の合意の通りに終わった。しかしこの結果は、単に松田と武富との間で合意が成ったために松田が当選できた、ということではない。もちろん、松田・武富間の合意も有効ではあったが、この時期、松田の勢力も十分に拡大していたといえる。憲政党が、結成後約四カ月で、新憲政党（旧自由党系）と旧進歩党系の憲政本党とに分裂した後、新憲政党（旧自由党系）が全国的に勢力を拡大してゆき、佐賀県でも、翌年に行われた県会議員選挙で、松田の勢力が勝利を収めた。

憲政党時代の松田が、地租増徴に反対した理由は、旧自由党と旧進歩党との合意によるものであった。これに加えて、非常の場合に備えるために、地租増徴の可能性を残しておくほうが良いと考えたためでもあった。したがって、地租に対してまったく反対の立場ではなかったのである（第Ⅰ部第三章）。

産業構造の転換と九州・佐賀地盤の獲得

一八九八年一二月二〇日に組織された新憲政党（旧自由党系）佐賀県支部は、佐賀市内に置かれ幹事一〇名、評議員三〇名の体制になることが決まった。まさに地租増徴問題が議論されている最中であったため、松田は佐賀で行われた支部組織会には出席せず、祝電のみであった。川原茂輔が取り仕切った支部組織会の段階で決定した幹事は、川原と、長谷川敬一郎、居石研二、木村保太郎、前田悦一、坂井慶吉郎、吉村喜平次の七人で、評議員は、大河内敬、青木興蔵〔興造か〕、宮崎林太郎、梅村則次、田尻武七、木下政治、橋本逸馬、山口小一、吉田信義、中原親長、江口岩太郎、石丸萬吉、兵働熊一、本野康一、光野熊蔵、山下寛太、眞崎市太郎、石丸勝一の一八人であった（表7－3）[69]。

自由党佐賀支部（分裂後、松田勢力）時代と比べると、第一に実業家層を取り込んだ。自由党時代には一四パーセント程度だった実業家が、四〇パーセント近くまで増えた。第二に、実業家と同時に地主層も取り込んだことで、彼らが全体の三〇パーセント近くを占めるようになった。第三に自由党時代には役員がまったくいなかった西松浦

表7－3　憲政党佐賀県支部（1898年12月）

幹事	長谷川敬一郎	東松浦郡唐津領久里村，弘化２年（1845）～1918年。「大庄屋」長谷川正平の長男，15歳で平野組の庄屋，累進して久里村庄屋を務め，1881年長崎県議初当選，佐賀県議に移る，1913年衆議院議員初当選。その間唐津石炭合併会社社長，郡町村組合議長，西海商業銀行（唐津町，東松浦郡内の農民を中心に営業）役員，唐津製塩社長。
	居石研二	東松浦郡相地村，嘉永５年（1852）～1921年。東松浦郡の実利派（他に，川原，長谷川ら），日清戦争期に平山炭坑を経営，「間ん門」炭山を三井に17万円で売却して（1897年４月）政界に進出，この年県議初当選，1899年自由党。
	川原茂輔	西松浦郡伊万里町大河内村岩谷，安政６年（1859）～1939年，豪農。川原茂兵衛（西松浦郡大河内村戸長）の長男，啓蒙舎の草場船山（多久，儒者）に教えを受け，船山に同道して京都で３年間学んだ。帰郷後大河内村戸長心得，学務委員，1884年県議初当選，1889年（松浦）同成会結成，1892年衆議院議員初当選（国民協会），1899年自由党，のちに衆議院議長。
	木村保太郎	杵島郡武雄。武雄町長，祐徳馬車鉄道株式会社（武雄～祐徳門院門前間）発起人の一人（他に永田佐次郎，井原喜代太郎，牟田万次郎，江口貞風，新宮清朗，二位景暢，山口小一）である有力者。
	前田悦一	藤津郡塩田村馬場下，嘉永元年（1848）～1916年。蓮池藩士。戊辰戦争に参加，小学校訓導，養蚕組会結成，明治17年志保田銀行（商人型，創立時の資本金２万４千円）設立，1885年県議初当選，同成会参加，塩田村村会議員，1904年祐徳馬車鉄道株式会社取締役，1911年塩田村村長。
	坂井慶吉郎	神埼郡西郷村字姉川，元治元年（1864）～1916年。吉村要七（第三代西郷村村長）の長男に生まれ，姻戚坂井慶蔵（佐賀城下落雁屋，与合頭）の後を継ぐ。代々衆人の崇敬篤き名門，明治15年東京法学院（現，中央大学）を卒業し，1895年西郷村村長（第五代，～1916年），1905年県議初当選。郡・町内の道路整備に尽した。※『神崎町史』に，「佐賀市兵庫町瓦町の貧農に生まれ，馬使いや奉公人などをし，苦労して成人した」とあるのは誤りであろう。
	吉村喜平次	1905年没。1882年杵島郡南有明校に教鞭をとり，沖縄に渡って旧制中学教師，万朝報記者，神戸新聞記者，佐賀新聞記者のち主筆，1901年佐賀市議初当選（三級）。
評議員	大河内敬	東松浦郡相知村，豪農。1913年相知村助役。
	青木興蔵［興造ヵ］	東松浦郡鎮西町，旧庄屋（諸浦村）。明治５年伊万里県鎮西町佐志村・唐房村副戸長，有浦村会議員，1880年東松浦郡連合町村会議員。
	宮崎林太郎	未詳
	梅村則次	東松浦郡双水村，1915年没，唐津藩士。1881年東松浦郡伊岐佐村外九か村戸長，のち久里村村長。
	田尻武七	西松浦郡西山代村，嘉永６年（1853）～1937年。酒造業。西山代村楠久山口家に生まれ，筑後鷹尾城主田尻鑑種の末裔田尻家を継ぐ。1883年九原村外九か村戸長，1889年の市町村制施行後は初代西山代村村長。同時に同村漁業会長も兼任した。伊万里～平戸間の道路改修，山林など村有基本財産の造成，教育施設充実，漁区の確定，民生の安定などに力を尽した。郡会議員，1899年県議初当選。同年自由党。
	木下政治	西松浦郡，文久２年（1862）～1901年，農業。1890年県議初当選，1896年西松浦郡大川村村長。
	橋本逸馬	西松浦郡，安政５年（1858）生。1896年西松浦郡大河内村村長。
	山口小一	杵島郡武雄町小楠，天保12年（1841）～1911年，士族。長崎県議，佐賀県議に移る，1887年佐賀県土木課副長，1904年祐徳馬車鉄道株式会社発起人の一人，杵島郡会議員，1904年衆議院議員初当選（政友会）。佐賀の乱では囚人護送の任を務めた。
	吉田信義	杵島郡武雄町，士族。佐賀新聞編輯員，1899年武雄町長。

	中原親長	杵島郡住吉村，士族。奥州出征，1879年武雄銀行取締，同年住吉村村会議員（一級〔地租５円以上〕），郡会議員（地租10円以上の村会議員による互選），1902年杵島郡住吉村村長。
	江口岩太郎	藤津郡久間村，慶応２年（1866）～1915年。藤津郡郡会議員，久間村農会議員，久間村会計検査立会人，藤津郡西部六ヶ村土木組合会議員。
	石丸萬吉	藤津郡，万延元年（1860）～1926年，士族。鹿島藩士山口登（鹿島鍋島子爵家家扶）の次男に生まれ，石丸家を継ぎ，鍋島子爵家家従として仕え，1885年県議初当選。佐賀新聞社経営に参加，佐賀市紺屋町で米穀商を営む。兄は，藩校鎔造館・鹿島義塾教師，佐賀県師範学校訓導，鹿島中学校校長，沖縄師範学校勤務の山口竹一郎。
	兵働熊一	藤津郡町田村美野，安政６年（1859）～1927年。明治初年共同出資により美野に窯業を始め，藤津郡町田村書記，1898年同村村長。晩年は朝鮮仁川に居住して日本人会会長。
	本野康一	佐賀郡久保田村，1898年佐賀郡会議員。
	光野熊蔵	佐賀郡久保田村。1895年久保田村助役，1897年佐賀郡会議員，1911年久保田村村長。
	山下寛太	佐賀新聞社社員（1889年頃），1892年『佐賀自由』編輯局員，『佐賀』記者，1904年頃佐世保新聞記者。
	眞崎市太郎	神埼郡，1882年的村小学校石井ヶ里分教場担任，神崎尋常高等小学校学務委員。1911年２月22日に行われた神崎の電話開始式では開式の辞を述べた。
	石丸勝一	佐賀城下道祖元町，嘉永４年（1851）～1922，士族。佐賀藩足軽石丸善助の次男に生まれ，草場船山の塾に学んだ。征韓論の思想を持ち，佐賀の乱に参加，萩の乱では無関係ながら投獄された。1876年に佐賀の法律研究団体「松風社」に参加，士族授産事業にも関わり，授産社幹事，活版会社尚友社，佐賀新聞社設立。1889年に市制が施行されると初代助役，第二代，第五代，第六代佐賀市市長。台湾鉄道会社嘱託。佐賀米穀取引所理事長，窓乃梅酒造株式会社監査役，博多窯業株式会社監査役，神埼実業銀行取締役など，晩年まで実業家として活躍した。

出典：伊万里市市史編纂委員会編『伊万里市史』（伊万里市，1963年），前掲，伊万里市市史編纂委員会編『伊万里市史　近世・近代編』，伊万里市市史編纂委員会編『伊万里市史　教育・人物編』（伊万里市，2003年），伊万里市市史編纂委員会編『伊万里市史　資料編』（伊万里市，2007年），伊万里市市史編纂委員会編『伊万里市史　続編』（伊万里市，1965年），相知町史編さん委員会編『相知町史』下巻（相知町，1977年），前掲，相知町史編さん委員会編『相知町史』付巻，前掲，小城町史編集委員会『小城町史』，前掲，神崎町史編さん委員会『神崎町史』，栗山賣四郎『神埼郡郷土誌』（名著出版，1974年），前掲，深田豊一『九州名士列伝　上編』，久保田町史編さん委員会『久保田町史』（久保田町，1971年），久保田町史編さん委員会『久保田町史』上巻（久保田町，2002年），久間尋常高等小学校編纂『久間村郷土誌』（平方郁文堂，1930年），玄海町史編纂委員会『玄海町史』下巻（佐賀県玄海町教育委員会，2000年），笠原廣編『在京佐賀の代表的人物』（喜文堂，1918年），前掲，富谷益蔵『佐賀県官民肖像録』，前掲，佐賀県議会史編纂委員会編『佐賀県議会史』上巻・下巻（佐賀県議会事務局，1958年），前掲，佐賀県教育史編さん委員会編『佐賀県教育史』第二巻資料編（二），前掲，佐賀県警察史編さん委員会編『佐賀県警察史』上巻，前掲，佐賀県史編さん委員会『佐賀県史』上巻，佐賀県史編さん委員会『佐賀県史』下巻（佐賀県，1967年），前掲，堂屋敷竹次郎『佐賀県商工名鑑』，前掲，佐賀新聞社・佐賀県大百科事典編集委員会『佐賀県大百科事典』，前掲，佐賀市議会史編さん委員会『佐賀市議会史——百十六年のあゆみ』（佐賀市議会，2005年），佐賀市編『佐賀市史』上巻（佐賀市役所，1945年），前掲，佐賀市編『佐賀市史』下巻，前掲，佐賀市史編さん委員会『佐賀市史』第四巻，串間聖剛「佐賀市長・石丸勝一と北川家資料について」（『佐賀大学地域学歴史文化研究センター研究紀要』第五号，2011年３月），三好不二雄・三好嘉子編『佐賀城下町竈帳』（九州大学出版会，1990年），前掲，佐賀近代史研究会編『佐賀新聞に見る佐賀近代史年表明治編』上，佐賀新聞百年史刊行委員会編『佐賀新聞百年史——世紀の歴史を未来へ』（佐賀新聞社，1984年），前掲，福岡博『佐賀幕末明治五〇〇人　第二版』，塩田町史編さん委員会編『塩田町史』下巻（佐賀県藤津郡塩田町，1984年），前掲，多久市史編さん委員会編『多久市史』第三巻近代編，前掲，石井良一『武雄史』，武雄市史編纂委員会編『武雄市史』中巻・下巻（武雄市，1973年），前掲，太良町誌編纂委員会編『太良町誌』上巻，新版鎮西町史編纂委員会編『新版鎮西町史』下巻（唐津市，2006年），西松浦郡役所編『西松浦郡誌』（名著出版，1972年），福岡博編『蓮池藩日誌』（ふるさと社，1981年），前掲，浜玉町史編集委員会編『浜玉町史下巻』，鶴田定治編『東松浦郡及唐津市先覚者小伝』（唐津小学校内東松浦郡及唐津市教育会，1932年），中島浩気『肥前陶磁史考』（青潮社，1985年），池田毅編『藤津郡人物小志』（祐徳文庫，1931年），山内町史編さん委員会編『山内町史』上巻・下巻（山内町，1977年）。

郡などへも浸透して、全体の中での小城出身者の割合が減った。すなわち、佐賀県では、全国レベルの憲政党と同様に、実業家層を取り込んでいった。その一方で、自由党時代（分裂後）には士族層が中心だったため、憲政党時代にかけて、地主層も取り込んでいったことも特徴的である。くわえて、地域的にも、松田の出身地である小城郡出身者が過半数を占めるという不均衡な状態から、ある程度県内全体に広がりを持った構成へと進歩したといえる。

このことは、自由党佐賀支部（分裂後）の発会式が小城で行われたのに対して、憲政党佐賀県支部では、佐賀市「中の小路倶楽部」で行われたことからもうかがわれる。中の小路は、佐賀城の北側に位置し、現在も地裁や百貨店のある佐賀市内の中心部である。憲政党佐賀県支部が、小城を中心とした佐賀県内の一部から、より広い範囲へと影響力を拡大した結果である。[70]

地租増徴を受け入れた憲政党は、選挙民にその必要を訴えるため、全国的な遊説を行い[71]、松田は、関西、中国、九州を遊説した[72]。九州には、松田に先立って板垣も遊説に訪れた。松田と板垣の遊説は別々に行われたが、両者ともに、工場・炭鉱会社・製鉄所を訪れるなど、実業家・産業発展に力点を置く特徴が見られた[73]。

遊説を終えて、七月二二日にいったん九州を離れた松田[74]は、県会議員選挙直前には再び佐賀へ戻った[75]。地租増徴問題は、この県議選の最大の争点となり[76]、憲政党・憲政本党ともに熱心に遊説を行った。岡山県での遊説で、松田は日本の国際的な地位の上昇と財政との関連を訴えた。

今日では日本のことが毎日外国の新聞に載っていて、イギリスの政治家は日本を相手にしなければ東洋問題を解決できないと言っている。このように日本の地位が向上したのは、海軍力の増強と立憲政治の進歩のおかげである。しかし、日本の歳出はフランスやロシアに比べれば少ない方であるから、歳入を増やして財政の均衡を図らなければならない[77]。

このように述べて松田は、国際的に日本の地位が向上していることと、地租増徴とを関連づけて、その必要性を認めるように促した。佐賀県でも同様の主張をしたものと思われる。

松田・板垣の九州遊説とほぼ入れ替わりに、憲政本党も九州遊説を行った。九州に派遣されたのは、河野広中であったが、大隈自身が遊説に来ないことに対する不満が、佐賀の人々の間にはあった[78]。武富は、憲政本党中にも地租増徴がやむを得ないのではないかとの声が上がっていて、憲政本党の主張する減租論が、一時「愚民を煽動する」都合のよい口実ではないかとの疑いが出ていることに危機感を覚えて、具体的な対案を提示する必要があるのではないかと大隈に建言した[79]。それだけ、憲政本党陣営にも焦りがあったといえる。

松田は、この年の県議選に備えて、九月中旬にも再度佐賀へ帰った[80]。この時の帰郷では、佐賀県内の西松浦郡郡部、小城、唐津、伊万里、武雄、唐津（二回目）と各地を回って歓迎を受けた[81]。

九月に行われた佐賀県議選で、新憲政党（旧自由党系）は、武富・憲政本党（旧進歩党）系勢力の牙城であった佐賀郡の地盤も崩して、勝利宣言を行った[82]。ここに、旧自由党系と旧進歩党系との勢力が、初めて逆転した。

一八九九年佐賀県会議員選挙は、ここまで常に優勢を保ってきた武富の勢力から、松田の勢力が地盤を獲得する転機となった。この県議選で個別の公共事業は争点にならず、松田も主張していない。松田勢力が地盤を獲得できた理由としては、松田が、戦略的な九州遊説を継続してきたことが挙げられる。くわえて、自由党系に近い、関清英[83]が知事に就任したことも、武富の勢力を崩す一因になったと松田は見ていた[84]。

ただし、やはり一番の勝因は、憲政党が全国を遊説して、地租の増徴は避けられない、と積極的にその必要を訴え、財政の現状を考慮すると、それが合理的で、商工業の振興という理念にも合致した政策であると、選挙区の人々に受け入れられたことだといえる。先に挙げた武富・憲政本党勢力の焦りも、憲政党の政策が浸透しつつあることを見て取った結果であるといえるし、何より、地主層を取り込んでいた松田・憲政党勢力が、郡部も含めて、佐賀県議選で勝利できたことが、選挙区の人々が地租増徴の必要性を理解したことを示している。

この県議選では、川原も当選している。松田の下に入ったことによって、国政から一時的に地方政治へと棲み分けることを決めたといえる。これ以後、佐賀における自由党系勢力は、政友会へと受け継がれ、その政友会が政友会と政友本党とに分裂するに至るまで、常に衆議院に二議席を維持した。政友会における、九州の選挙は、松田、もしくは、松田の意向を受けた長谷場純孝によって、候補者の調整等が行われた。(85)

県議選の後にも、松田は演説の中で、地租増徴の避けられないことを繰り返し訴えた。一〇月一二日、小城に新築された劇場で開かれた演説会で、「立憲政治なるものは決して乱暴を以て行はるべきものにあらす」と訴えた。これは、大隈も出席した非増租同盟会を批判したものであった。松田は、大隈・憲政本党に対して、政府にある時と野にある時とで増租に対する態度を変えている、と非難した。(86)

また、この転機となった一八九九年の県議選に関連してうかがえるのが、佐賀県における佐賀の乱の記憶である。憲政党側に立って、憲政本党を批判する内容を連日報じていた『佐賀』紙（『佐賀新聞』に連なる）は、武富・憲政本党勢力が、佐賀の乱に加担したことによって士族民分を取り上げられた「除族者」を煽動して板垣・憲政党一行の遊説を妨害していると非難した。ここにいう除族者とは、佐賀の乱に加担して士族身分を剝奪された者たちのことを指す。『佐賀』紙は、憲政本党勢力が、板垣に対する県民の感情を悪化させるために、板垣を佐賀の敵であるというが、真に佐賀の敵であるのは大隈の方で、「当時江藤氏以下を無理やりに殺したるは大隈伯なることは我が佐賀の先輩の皆知る所なり」と反論している。(87)『佐賀』紙の経営には、先にも述べた通り征韓党として佐賀の乱に参加した江副らが携わっていたことを考慮しても、佐賀の乱の残したわだかまりが、こうして表出することもあった。(88)佐賀の乱は、大隈にとっての弱点であると同時に、佐賀の乱の話題はしばしば対外強硬派の動きと重なるため、松田も意識的に避けていたのであろう。

第八章　選挙区に与えるものと選挙区から得るもの

1　政友会の創立と佐賀県

政友会の創立と松田の実業政策

一九〇〇年（明治三三）五月三一日、新憲政党（旧自由党系）は、第二次山県内閣との提携を断絶することを決め、六月一日には、伊藤博文による新党結成への参加に動き始めた。松田も、藩閥政府が衆議院の一つの政党と提携して政党運営を行う状況を変える時期に来ている、漸次完全な政党内閣を実現できるよう努めなければならないと感じていた。伊藤が新政党に期待した、商工業者の政治参加と政党改良という目標は、松田の目指すところでもあった（第Ⅰ部第四章第一節）。

九月一五日に伊藤を総裁とする新政党、立憲政友会（以下、政友会）の発会式が行われた。九州選出の代議士四四名のうち、直後の第一五議会開院中までに入党した代議士は二五名で、新憲政党（旧自由党系）以外からは、憲政本党をすでに脱党して無所属になっていた長谷場純孝や、国民協会系の帝国党に所属していた元田肇らも参加した。地方別にみて、九州選出代議士の二五名という数は、関東の二九名に次ぎ、中国地方と並んで二番目の多さだった[1]。自由党時代の地方団のように、地域性によって結合し、個別に行動する集団ではないが、政友会における各地方団体は、党の幹部の意思を伝達し、時に選挙区の利害を把握するために有効な規模の集団になっていく。

松田は、政友会の創立委員を務め、党の最高幹部である総務委員の一人に選出された。一三名の総務委員は、新憲政党（旧自由党系）をはじめ、伊藤系官僚、他政党出身者、貴族院議員と幅広く配慮して選ばれたが、鹿児島選出の長谷場も名を連ねた。長谷場は、第一回総選挙以降、連続当選を続けていた鹿児島県の有力な政治家で、九州同志会、立憲自由党では松田と共にいた。しかし、一八九三年に自由党九州派が分裂した際に自由党を脱党し、進歩党、憲政本党に所属していた。松田とは、一度は袂を分かったが、国際的な枠組みの中で日本がどう行動すべきかを考えられるなど(2)、外交観でも松田と長谷場は協調できた。この後、松田にとって長谷場は、九州地方の選挙戦の責任者を任せられる貴重な人物になっていく。

政友会では、これまでの地主層に加えて、実業家層の政治参加を積極的に促した。しかし、佐賀県における政友会への新規入会者は、全国の入会者と比較すると少ない。政友会会報『政友』に掲載された新入会者の一覧によれば、結成一年後の一九〇一年九月までに届け出られた人数が三名、結成二年後一九〇二年九月までの一年間にはいなかった。

これは、党報に掲載された入会者名簿には、憲政党（自由党系）から政友会に参加した人々を改めて列記していないため、憲政党時代に、すでに実業家層を多く取り込んでいた影響であると見ることができる。実際に、憲政党佐賀県支部と、政友会佐賀県支部との役員に占める実業家の割合を、経歴の分かる者に限って比較すると、憲政党時代には約三九パーセント、政友会では約三四パーセントと、それほど大きな変化は見られない。

地方団は、すでに力を失っていたものの、選挙区の利害と直結する地租問題や、外交問題で特に党本部に強硬な姿勢を要求する時には、幹部に抵抗した。政友会九州出身代議士会では、先に挙げた長谷場に加えて、元田も有力政治家であった。元田は九州同志会の出身ではないが、長谷場と同様に、第一回総選挙に当選して以来、連続当選していた。松田は、九州出身代議士会を、うまく操縦して、時間をかけて自分の基盤にしていかなければならなかった。

政友会創立後、松田はさらに中央で多忙を極めるようになった。政友会が結成されると山県首相が天皇に辞意を申し出たため、一〇月一九日に第四次伊藤内閣が成立し、松田は文相として入閣した。松田文相は、実業教育の振興や教育における民間資本の進出を訴えた。また、松田の文相時代に九州・東北二大学設立問題が起こっていたが、松田が、自身の出身地である九州への帝国大学設置を有利に運ぼうと積極的に動いた、という事実は今のところ確認されない。

こうした中で、渡辺国武蔵相が突然の事業中止・繰延の方針を打ち出したために閣内不一致に陥り、第四次伊藤内閣は、成立からわずか七カ月足らずで総辞職し、第一次桂太郎内閣が成立した（第Ⅰ部第四章第二節）。

政友会佐賀県支部の創設と第七回総選挙

第四次伊藤内閣が総辞職した後の伊藤総裁洋行の間、松田は総務委員長に就任した。この総務委員長は、伊藤洋行中の臨時ポストであったが、原が徐々に実権を握り始める中で、形式上は副総裁格の西園寺に次ぐ第二位として遇されるポストであった。

このように、政府・党内で重要な地位を占める中で、松田はなかなか九州に帰らなくなった。これは、帰るための時間的余裕がないこともあるが、帰らなくても当面は不都合がなかったからである。佐賀県・九州での地盤が安定し、自身の代わりに選挙区を任せられる人材もいたからであったと思われる。政友会が創立されてから、一九〇二年八月の第七回総選挙までの間、松田が佐賀へ帰ったのは一度だけだった。

それは、一九〇一年一一月、政友会佐賀県支部創立会および八幡製鉄所作業開始式に出席するために帰郷した時である(3)。二〇日に行われた発会式には、松田をはじめ、中央から龍野周一郎（長野県選出代議士、自由党以来の経歴を持つ）も参列し、長崎・宮崎・熊本・福岡の九州各県の政友会支部代表者も訪れた。龍野は、集まった人々に対して次のように述べた。松田は、伊藤総裁の留守中に政友会を引き受けていて、今や政友会の「副首領」である。松田は佐賀県人であって、反対党の憲政本党首領である大隈重信もまた、佐賀県人である。すなわち、現在の天下の政治は、佐賀県人によって左右されているのである、と(4)。

松田は、大政党政友会の有力者であり、政党政治家でありながら二度も入閣を果たした。そのような大物政治家を選出していることを、選挙区の人々は誇りに思っていただろう。

政友会佐賀県支部の創立委員惣代は川原茂輔が、会長は土山文九郎が務めた。評議員には、鹿毛良鼎、赤司七三郎、益田忠孝、永田暉明、坂井慶吉郎、常冨義徳、野中豊九郎、有田源一郎、木村保太郎、川崎伊吉、鶴田梅五郎、原田一次、正宝兼吉、野田兵一、江口胤光、千綿安孝、山口小一、富永源六、前田悦一、石丸萬吉、九布白兼武、綿屋利一〔利市とも〕、長谷川敬一郎、居石研二、原吾一郎、中村織之助、大庭景虎、大河内敬、梅村則次、松隈鋱造、宮崎進策、原英一郎、土山文九郎、石井次郎、森永政憲、天ケ瀬理八、牧瀬保次郎、三厨太一〔太市〕、川原、中尾敬太郎、中村千代松、古河昇次郎、前田新左衛門、中島源太郎が選出され、このうち石丸と有田は代議員も務めることとなった(5)（表8－1）。

政友会佐賀県支部役員の顔ぶれは、経歴としては士族出身者、地主出身者、また実業家がそれぞれ三、四割程度を占め、出身地も佐賀県内にほぼ均しく広がっている。ただし、ここで注目されるのが、佐賀市部および佐賀郡出身者が非常に少ない点である。佐賀市出身者は一名、佐賀郡出身者は〇名であった。これは、武富の勢力が佐賀市・佐賀郡で強かったことが影響している。他の地域では、突出して出身者の多い郡はないが、それぞれ二三パーセント程度を占める東松浦郡と杵島郡の出身者が、比較的多い傾向にある。

また、政友会佐賀県支部の発会式も、憲政党佐賀県支部の発会式の時と同様に、佐賀市内で開催された。この時の会場となった、新馬場劇場（佐賀市松原町新馬場）は、[6]佐賀藩城下の中心地であった。

佐賀支部発会式の後に開かれた演説会で、松田は、財政・経済政策について、日本の財政が、膨張していかなければならないことを説き、国民が何か事業を興そうとする気持ちを持つことを奨励した。[7]松田は、二日後の二二日に挙行された政友会長崎支部発会式でも、支部創設を祝って演説を行った。[8]

一人区となった多くの市部を除いて初めて大選挙区制が導入された第七回総選挙で、政友会として九州を巡回していたのは、政友会選挙状況取調委員長も務める長谷場だった。[9]松田が帰郷したのは、七月七日である。この時、有田源一郎、長谷川敬一郎、中江豊造らが松田の迎えに出向き、中には隣県福岡の二日市まで出向いた者もあった。[10]

政友会佐賀県支部は、この選挙で、郡部では松田と川原を候補者とした。[11]一方、憲政本党は、武富と神崎東蔵を、[12]また、革新倶楽部がもと佐賀県知事の関清英を推した。[13]それに加えて、工業組合や酒造組合も、自分たちの利益を代表できる独自の候補者を擁立することを模索していた。[14]佐賀市部では、政友会に近い江副靖臣と、憲政本党の江藤新作が争った。

投票の結果は、佐賀市部では江藤が、郡部では武富、神崎、松田、川原、関清英（無所属）が当選した。この選挙で、松田の勢力は、佐賀県で自由党系と改進党系が分裂して以来、初めて二議席を獲得した。この時以降、佐賀県での松田の勢力は、常に二議席以上を安定して獲得した。佐賀市部では、なお江藤が圧倒的な強さを有していたが、郡部での松田勢力の得票数は、武富勢力に接近してきた。[15]

松田は、選挙後も地元有力者の求めに応じて佐賀県内を回り、九月五日に佐賀を離れた。松田の上京の際には、数十人の人々が見送りに集まり、中には博多や門司までも、松田を見送った者もあった。[16]これは、松田の人気が高まり、熱心な支持者が増えていることを表している。しかし、まだこの段階では、松田の出迎えや見送りに集まったのは、松田に近しい地元の政友会関係者が中心であった。

表８－１　設立時の政友会佐賀県支部評議員（1901年11月）

鹿毛良鼎	三養基郡基山村園部，安政２年（1855）～1923年，医師。代々医業の家に生まれ，草場船山の門に入り，東明館に学んだ後，京都の医学校を卒業して医業を継ぐ。三養基郡医師会長を務め，1889年三養基郡基山町議会議員，1899年県議初当選，自由党入党。
赤司七三郎	三養基郡北茂安村，万延元年（1860）～1928年。1899年県議初当選，自由党入党，1913年肥筑軌道会社発起人（久留米～佐賀駅）。
益田忠孝	三養基郡北茂安村。三養基郡市武村外２ヶ村戸長，1887年基肄・養父・三根３郡郡役所書記，窯業経営，1903年佐賀新聞相談役。
永田暉明	神埼郡蓮池村，天保９年（1838）～1923年，蓮池藩士。蓮池県大参事，1878年西松浦郡長，神埼郡長，1888年県議初当選，1896年佐賀市長選出，蓮池史を編集。『蓮池日史略』『芙蓉旧話』，1904年芙蓉詩社創設。
坂井慶吉郎	表７－３に同じ。
常冨義徳	1889年佐賀新聞相談役。
野中豊九郎	神埼郡東脊振村，嘉永５年（1852）～1918年。1880年大曲村外三ヶ村連合時代の惣代および議員を務め，1889年東脊振村村会議員（１級），1896年東脊振村村長，1901年県議初当選
有田源一郎	杵島郡朝日村，嘉永６年（1853）～1914年，実業家。伊万里松浦党の末裔で，武雄の家臣となって河原姓を名乗り，天保の頃有田姓に改姓。甥は，衆議院議員となる一ノ瀬俊民（政友会）。1875年小学校主席訓導（教頭），1885年甘久共同会社設立（武雄銀行の前身），甘久村村会議員，1892年朝日村村会議員（町村制施行により甘久・中野両村が統合），1898年朝日村学務委員，武雄銀行頭取，1886年県議初当選，1903年佐賀新聞相談役。
木村保太郎	表７－３に同じ。
川崎伊吉	杵島郡錦江村。戸長，1889年錦江村村長。
鶴田梅五郎	杵島郡福富村福田，地主（約7町歩）。1901年県議初当選，1905年政友会。
原田一次	杵島郡福富村，弘化元年（1844）～1915年。農業。1884年大弘寺檀徒惣代として寺の復興に寄与。1909年県議初当選（政友会）。
正宝兼吉	杵島郡南有明村，農業。所得金高860円（1901年当時）だったが，政界進出によって大正時代にかけて斜陽化。1894年県議初当選。
野田兵一	杵島郡橘村。杵島郡橘村村長。
江口胤光	杵島郡大町村。1886年杵島郡宮野村外１ヶ村戸長，1890年杵島郡東部14ヶ村地租軽減請願委員，杵島郡大町村村長，大町村役場新築に50円寄付（1907年），大町村青年団長。
千綿安孝	杵島郡武雄町，文久２年（1862）～1905年，織物業。1901年県議初当選，自由党。
山口小一	表７－３に同じ。
富永源六	藤津郡西嬉野村，安政6年（1859）～1920年，陶業。祖父の業を継ぎ，各地製造業を視察して改良した「源六焼」は，内外各国博覧会共進会などで多数の賞牌を受賞した。1889年西嬉野村長，1890年地区消防長，1891年西嬉野村村会議員，1899年県議初当選，自由党，源六の窯は，職工および徒弟22人労働人夫24人で嬉野最大の窯焼業者。1911年源六焼株式会社社長。
前田悦一	表７－３に同じ。
石丸萬吉	表７－３に同じ。
九布白兼武	藤津郡南鹿島村，文久２年（1862）～1926年，士族。旧鹿島藩士（藩主直彬扈従役として江戸在勤のち弘文館大監察，佐賀の乱に参加して除族）の長男に生まれ，谷口藍田に学び東京遊学。佐賀中学校で教鞭をとり，1899年県議初当選，自由党，相知村六ノ坪鉱山鉱業人代表。

綿屋利一［利市とも］	藤津郡多良村，明治2年（1869）～1925年。代々商業を営む裕福な家に生まれ，1900年多良村助役，1901年県議初当選，自由党，藤津郡郡会議員，1917年多良村学務委員。
長谷川敬一郎	表7－3に同じ。
居石研二	表7－3に同じ。
原吾一郎	東松浦郡厳木村，安政4年（1857）～1912年。1889年厳木村収入役，1894年助役，1895年村長，厳木村発足以来村の行政の中枢にあり続け，新たな里道開発などの功績を収めた。唐津線の岩屋～莇原（多久）間開設にも尽力した。松浦郷党会会員（ほかに井上孝継，中江豊造ら），1899年県議初当選，自由党（県議会史には進歩党），厳木村村長。
中村織之助	東松浦郡浜崎村，庄屋。1873年浜崎・浜崎浦・砂子各村合併村長，1878年東松浦郡浜崎浦小頭（副戸長の下で旧村の行政を担当），浜崎村外合併村戸長，1889年浜崎村外三村村長。
大庭景虎	東松浦郡，医師。長男は，第八代呼子村長となる忠司。
大河内敬	表7－3に同じ。
梅村則次	表7－3に同じ。
松隈鉞造	東松浦郡，安政6年（1859）～1919年，庄屋。玉島村に生まれ，明治4年（1871）4月有浦松隈杢郎（旧庄屋）の後を継いで有浦村に移住，唐津志道館に入る。1875から1887年まで有浦小学校で教鞭をとり，1889年村長，6期24年間の間に殖産興業に尽力して有浦村を東松浦郡内優良村とする。1915年郡会議員，1917年相浦村学務委員。
宮崎進策	東松浦郡七山村。1901年七山村助役。
原英一郎	東松浦郡，旧湊村岡分庄屋。1879年長崎県議初当選，佐賀県議に移る，1887年県属となり勧業課農務係，1888年県私立勧業会会長。
土山文九郎	表7－2に同じ。
石井次郎	笹原，明治元年（1868）～1939年。梶原土介（旧多久の士，維新後は鉱業を起こす）の次男に生まれ，小城の竹下家の養子になるがその後石井家の家督を継ぐ。1885年東多久村別府小学校教師，1888年小城郡会議員，1893年南多久村立習成小学校准訓導，1899年佐賀県議初当選。1908年小城共済銀行取締，1909年南多久村長，農村の副業の導入に尽力し養蚕，果樹栽培の振興に尽した。多久部製糸生産販売組合，南多久村上田町に製糸工場，これを拡大して1916年小城郡製糸株式会社社長，多久金融株式会社，これを発展させ多久銀行頭取，1928年衆議院議員初当選，昭和期まで農村救済事業に取り組んだ。
森永政憲	表7－2に同じ。
天ケ瀬理八	小城郡三日月村，安政4年（1857）～1919年。明治22年三日月村村会議員（1級），1894年三日月村長，1899年佐賀県議初当選，自由党，1906年小城郡農会長，1909年政友会。
牧瀬保次郎	小城郡東多久村古賀，嘉永6年（1853）～1912年。1890年東多久村会議員（1級），1901年東多久村長，1907年小城郡会議員，1909年県議初当選，政友会。
三厨太一（太市）	小城郡南山村。南山村長，小城郡参事会員。
川原茂輔	表7－3に同じ。
中尾敬太郎	西松浦郡西山代村，安政5年（1858）～1935年，地主。1894年西山代村長，以後断続的に5回村長に就任，村有林の造成や小学校，役場の新築などに尽力した。郡会議員，西松浦郡漁業組合実施議員，伊万里銀行相談役。1905年県議初当選，政友会。

中村千代松	西松浦郡伊万里町，嘉永２年（1849）～1921年。中村堪二（安政６年の若殿様の伊万里滞留時に側目付の宿となっている）の子に生まれ，伊万里町会議員，西松浦郡会議員，新田村八谷搦戸長，県参事会員，1885年佐賀県会議員初当選，1893年伊万里町長として伊万里尋常小学校建設，伊万里鉄道敷設。1892年町立小学校建設に寄付。
古河昇次郎	西松浦郡大岳村，嘉永元年（1848）～1923年。西松浦郡大岳村会議員，1892年波多津村会議員，学務委員，1901年県議初当選，明治42年政友会，明治43年波多津村助役。
前田新左衛門	西松浦郡伊万里町大河内村，嘉永３年（1850）～1914年，旧藩士。酒造業前田家に生まれ，松浦同成会，1882年長崎県議初当選，1889年大河内村助役，大河内村会議員，学務委員，大河内村長，有田町外四ヶ村石場組合議員として窯業の発展に貢献，1899年西松浦郡会議員。
中島源太郎	旧元川久保団士族か。着到によれば石高物成75石，米18石３斗８升。

出典：表７－２と表７－３の出典を参照。くわえて，嬉野町史編さん執筆委員会編『嬉野町史』下巻（嬉野町，1979年），大町町史編纂委員会編『大町町史』上巻・下巻（大町町史編纂室，1987年），前掲，鹿島市史執筆委員会『鹿島の人物誌』（鹿島市，1987年），前掲，鹿島市史編纂委員会『鹿島市史』下巻，唐津市史編纂委員会『唐津市史』復刻版（唐津市，1991年，初出1962年），前掲，北茂安町史編纂委員会『北茂安町史』，厳木町史編纂委員会『厳木町史』上巻（佐賀県唐津市，2007年），前掲，西村芳雄監・佐賀女子短期大学歴史学研究会編『佐賀県・歴史人名辞典』（佐賀女子短期大学，1969年），酒井福松・村川嘉一編『佐賀県の事業と人物』（佐賀県の事業と人物社，1924年），前掲，佐賀市史編さん委員会『佐賀市史』第三巻，前掲，多久市史編纂委員会編『多久の歴史』，多久市史編さん委員会編『多久市史 人物編』（多久市，2008年），太良町誌編纂委員会編『太良町誌』中巻・下巻（太良町，1994年），前掲，鳥栖市役所編『鳥栖市史』，浜玉町史編集委員会編『浜玉町史』上巻（佐賀県浜玉町教育委員会，1989年），東脊振村史編さん委員会編『東脊振村史』（東脊振村教育委員会，1982年），福富町誌編さん委員会編『福富町誌』（福富町役場総務課，1970年），前掲，三日月町史編纂委員会編『三日月町史』上巻，前掲，三根町史編さん委員会編『三根町史』，木原武雄『基山町史』（基山町史編纂委員会，1971年），諸冨町史編纂委員会編『諸冨町史』（諸冨町，1984年），呼子町史編纂委員会編『呼子町史』（呼子町，1978年）。

佐賀を後にした松田は、東京へ戻る途中、神戸に立ち寄った。ここで選挙を振り返って、大選挙区制への移行の課題等を分析したうえで、新たな人物が出てきたこと、すなわち代議士の世代交代を評価している[17]。帰京後に、総選挙を振り返って記者に語った時には、松田は中立や無所属の議員の増加に懸念を示した。松田は、政党に所属し、自らの政策を明確にすることが重要であると考えていた。

松田・政友会の佐賀県における基盤はかなり安定してきたと見られるが、支部内は必ずしも一枚岩ではなかった。総選挙前年の佐賀市議会では、江副と川原とが激しく対立した。『佐賀県議会史』によれば、川原と、松田・江副との対立とあるが、実際には、松田の下で、同じ松田系の川原と江副とが対立していたのである。五年後ではあるが、長崎県佐世保市長選挙に関連して、松田は、川原と横山寅一郎長崎市長から候補者に関する働きかけを受けた際、両派を引受けることは将来不都合を生じる可能性があるから、佐賀県支部では「熟議を尽」してほしいと注意を与えている[18]。これは、結局川原の側を応援したのであった。

地元での自派内の対立と適当な距離を置きながら、必要な時には調停役を買って出ていた。こうして、松田は選挙区をまとめていた。

地租増徴問題と佐賀・九州

第七回総選挙以降、最大の懸案は、一八九九年に成立した地租増徴法案を継続するか否かという、いわゆる地租継続増徴問題であった。一八九九年、当時の第二次山県内閣と新憲政党（旧自由党系）との妥協によって成立した地租増徴法案は、一八九九年分から一九〇三年分まで五年間の時限立法であった。そこで、桂内閣は、一九〇二年一二月九日に始まった第一七議会に、海軍の軍備拡張のための地租継続増徴案を提出した。政友会と憲政本党とは共に、この地租増徴の継続に強く反対した。その結果、一九〇二年一二月二八日、桂首相は議会を解散した（第Ⅰ

部第四章第三節）。

この過程で、政友会の各地方団は次々に地租の継続増徴に反対する姿勢を表明し[19]、九州代議士会もまた同様の決議を行った。一〇月一五日に福岡市で開かれた九州代議士懇話会は、(1)財政行政の根本的整理を期すること、(2)地租増徴の継続は之を非認すること、を協議した。この時、佐賀県から出席したのは川原だけで、松田はいなかった[20]。九州代議士会には、他の九州出身代議士を率いて政友会を脱党すると主張する者もあったが、近畿・東海地方のように、総務委員への不満まで決議することはなかった[21]。

松田は、原に対して、地租継続増徴に反対である意向を伝えている。こうした松田の主張を、原は九州出身代議士たちの強硬な意見に影響を受けたものだと見たが、松田が原の意向を聞き入れずに強硬に動くことはなかった[22]。九州という地方としてのまとまりは、選挙区の意向を知るために一定程度有効でありつつ、幹部による統制はなされていたといえる。

桂内閣・地租継続増徴への反対の下に、政友会と憲政本党とは、協力して一九〇三年三月の第八回総選挙に臨んだ。この総選挙で、佐賀県では、松田も武富も帰郷して、候補者の調整を行った[23]。松田と武富との交渉で焦点になったのが、定数五人の郡部で、前職の松田、川原、武富、神崎の四代議士の他に、もう一人の候補者を誰にするのか、であった。武富は、出馬に意欲を見せた兼松《かねまつ》凞《ひろし》を排除しようとした[24]。元武雄領主の男爵鍋島茂昌まで関わってきた候補者選定は[25]、松田の帰県を待って行われたが、結局、松田と武富との交渉は決裂した。政友会佐賀県支部は兼松を援助し、武富は、兼松の対立候補として山口俊太郎を擁立した。また市部では、前回同様に江副と江藤との争いになった。

投票の結果は、市部で江藤（憲政本党）が、郡部で神崎、武富（以上、憲政本党）、川原、松田（以上、政友会）、兼松（無所属）が当選した。この選挙で注目されるのは、圧倒的な地盤を有していた江藤に、江副が九票差まで迫ったことである。

選挙後に小城で開かれた政友会佐賀県支部の幹事会で、第一に地租継続増徴問題については「第一七議会の精神を貫徹する」よう努めること、すなわち地租増徴に反対することが決められた。第二に、党勢拡張も議論された(26)。そして第三に、すでに政友会寄りの論調をとっていた『佐賀』紙を、政友会佐賀県支部の正式な機関紙として、『佐賀新聞』に名称を改めることが決定した(27)。

政友会佐賀県支部の体制は、この時期までにほぼ固まったといえる。松田は、帰郷中に武富と共に、地元の実業家の招待を受けて唐津を訪れた(28)。実業家の招待を受けた懇親会の席上で、武富は、実業家は政党とは縁故が薄いけれども、議会の問題は直接実業と関係があるので実業家諸君に希望しないということはできない。酒は国庫の重要財源ゆえ、酒どころの佐賀では醸造法を大いに研究してほしい、と述べた。次いで松田は、自由党はその初め実業家を眼中に置かなかったが、国会開設以後は「大に実業家と密接するの必要を感し、現に実業上に係る議会の問題は、先つ実業家に諮」っている、と述べてから、佐賀における実業の振興に論及した(29)。

武富と松田の演説を比較すると、武富は政党における実業家の存在をあまり評価していない上、酒造業を国庫の重要財源として例に挙げたのみであった。対照的に、松田は、政策を立案する上で実業家の意見を取り入れることが必要であると考えて自由党系が早くから実業家を重視してきた、と実業家の重要性をより積極的に評価した。松田・政友会佐賀県支部寄りの『佐賀』紙の記者がまとめた演説内容ではあるが、武富に批判的な文脈ではない。松田の方が実業界に対して、財源確保の手段としてだけではなく、より大きな価値を見出していたといえる。

第八回総選挙を終えて、全国的に見ても議会の形勢は大きく変わらなかったため、桂首相は、政友会総裁であり、かつ、元老でもある伊藤に調停を求め、政友会は結局、桂内閣との妥協を受け入れた。妥協受入れに反対して尾崎行雄らは政友会を脱党した。

本部の妥協受け入れに対して、九州代議士会は、五月二二日、二三日と会合をし、妥協の条件である公債募集を三〇〇万円程度に止めて他は行政整理を待つことを本部に希望することに、まとまった。ただし、多田作兵衛（福岡）、平田二郎（鹿児島）、中西新作（熊本）、小山雄太郎（熊本）ら反対意見を持つ者もあった(30)。しかし、『佐賀新聞』は社説で、国家に責任を有する政友会としては、妥協を受け入れることはやむを得なかった、と論じた(31)。松田ら政友会幹部の方針に従っている。

桂内閣や元老山県らの策略で、枢密院議長となり、伊藤は政友会総裁を辞職した。その後継者として、一九〇三年七月に西園寺公望が総裁に就任し、一二月六日、松田と原を総務委員とする党組織改革が行われた。ここに、松田と原の連携による党指導体制が強化された。この時期、松田の佐賀県の選挙地盤も大きく伸長した。先にも述べた通り、政友会結党以来二年以上もの間、佐賀県の政友会入党者は大変少なかったのであるが、一九〇三年六、七月に四〇名が新たに入会し、一一月には一三一名もの新入会者があった(32)。

一〇月三〇日、松田も出席して熊本市で開かれた九州代議士会では、(1)前議会の方針に依り行政財政を整理し、ますます立国の基礎を鞏固《きょうこ》にすること、(2)目下外交は帝国の権利を拡充し速にその遂行を期すこと、(3)この目的を達するために一致党勢の拡張を図ること、が決議された(33)。日露戦争の可能性が高まる中、日露交渉が進められていたため、外交には関心が集まっていたのであるが、九州代議士会とほぼ同時期の一一月八日に、西園寺、原らも出席して開催された近畿大会でも、「現時の外交事件に対しては国是のある所すでに明かなるにより、当局者をして速に時局を解決せしめ以て帝国の権利を伸暢《しんちょう》せんことを期す」との決議がなされたにすぎない(34)。これら二つの決議は、日露開戦論ではない。したがって、九州代議士会や政友会の他の地方大会の外交問題に関する決議は、むしろ当時の論説の中ではきわめて穏健な主張であったといえる(35)。

一二月一〇日に始まった第一九議会は、河野広中議長が起草した、桂内閣を弾劾する奉答文が衆議院で可決されたことを受けて解散された。翌一九〇四年三月に実施されることになった総選挙を控えて、松田は、大晦日に東京を発った。

一九〇四年一月三日に開かれた政友会佐賀県支部の評議員会では、⑴他党との交渉委員に土山文九郎、有田源一郎、川原の三名を当てること、⑵選挙委員長に土山文九郎を置くこと、⑶次の総選挙での候補者を郡部二名と定めること、が決定された(36)。その後、佐賀支部の候補者は、前代議士である松田・川原に決まり(37)、また山口小一は政友会を脱会し、革新派の候補者として立候補した(38)。日露開戦が差し迫る中で、九州では、第一に石炭の原産地として、第二に軍役の輸送や軍需品の供給輸出の衝として、経済の活性化への期待が高まっていた(39)。このように、佐賀県・九州には、対外強硬論に傾きやすい地域的特性があった。

松田は、政友会本部での要務のため、一九〇四年一月九日に佐賀駅を出発した。見送りには、石丸勝一市長をはじめ前代議士や県会議員、県の幹部ら数十名が集まり、政友会佐賀県支部常任幹事南里琢一《なんりたくいち》は、博多まで松田を見送った(40)。この時、佐賀県知事の香川輝が見送りに来なかったのは、一二月三一日に妻を亡くしていたためであると思われる(41)。

前回、一九〇二年八月の第七回総選挙に合わせて帰京した時に松田の出迎えや見送りに集まったのは、政友会関係者だけであった。それが、この時には、県の幹部も来ており、忌中でなければ香川知事も見送りに来ていたであろう。原が大物政治家として地元岩手県盛岡市の有力者に迎えられたように(42)、松田が佐賀県選出の一政治家ではなく、はっきりと佐賀県を代表する大物政治家として認められるようになっていたことを意味する。二度の入閣実績に加えて、「西園寺総裁に次ぐ政友会の最高幹部」と受け止められていたからである。

実質的には、すでに原が政友会の実権を握っていたが、松田が流行性感冒に罹って寝込んでしまった際には、そのために何事も事が運ばなかったように、松田と原は細かい打ち合わせをしながら党務にあたっていた。松田と原との間で意思疎通がとれていることが、政友会を指導する上で重要だったのである（第Ⅰ部第五章第二節）。

一九〇四年三月一日の第九回総選挙の投票日を前に、九州地方でも遊説が行われ、その担当には長谷場があてられた[43]。松田は、九州の政友会候補者応援のため、二月一五日に東京を出発した。翌一六日に大阪梅田で、松田は、大阪入りしていた原と会って最終的な選挙事務の打合せを行っている[44]。

日露戦争下で行われた第九回総選挙で、松田は初めてのトップ当選を果たした。市部では江藤（憲政本党）が、郡部では松田（政友会）、山口小一（無所属）、川原（政友会）、神崎、武富時敏（以上、憲政本党）が当選した。

三月一〇日、松田は川原と共に上京した[45]。帰京した松田は、第一二代衆議院議長に選ばれ、日露戦争下の議場を指揮した。これ以降、佐賀県では、ある程度まとまった単位で政友会への入会者を獲得するようになっていった[46]。

2　松田の内政・外交論と選挙区・佐賀県

日露戦後の佐賀県での勢力伸長と鉄道要求への対応

一九〇五年（明治三八）三月、日露戦争は奉天会戦と日本海海戦で日本側が勝利すると、この戦争をどのように終わらせるのかという、講和問題に関心は移っていった。桂太郎首相は、政友会との間で政権授受の約束を結び、講和問題の円満な解決を図った。情意投合の交渉は、桂と原敬とが主導して結ばれ、講和問題に関しても、原が元老の井上馨の了解を得た。一九〇五年八月、原は、桂・井上との合意内容を松田正久に告げ、党員が「激発」しないように抑えることを話し合った。松田は、原とまったく同じ意見であった[47]。しかし、講和の内容が報道されると、九月五日の日比谷焼打ち事件など、講和反対運動が全国的に広がった。佐賀県においても、九月八日には、新聞記者らによる講和反対集会が開かれ、政友会佐賀県支部の機関紙『佐賀新聞』から江副靖臣も出席した。

政友会佐賀県支部は、(1)講和条約が大に国民の意志と背反していること、それゆえ、(2)そのような「屈譲条約」に対して政友会本部が「速に相当の処置」を取るよう望む、ことを決議した。政友会佐賀県支部の機関紙である『佐賀新聞』は九月七日の社説に、佐賀県支部の決議を挙げて、「本部の行動に就ては吾人聊《いささ》か慊焉《けんえん》（不満足）の情なきを得ず。然れども本部の行動彼が如くなるが故に支部も亦随つて彼の如くならざるべからずと云ふを得ず」という主張を掲載した(48)。

すなわち佐賀県支部の決議は、講和条約に反対する意思は示しているものの、政友会本部に「相当の処置」を希望するにとどめている。その一方、『佐賀新聞』社説は、本部の姿勢をやや不満に感じている、と抑制的にではあるが批判している。その上で、本部が講和条約反対を唱えないからといって、支部もそれに従う必要はない、と論じているのである。

本部の方針に反してでも講和条約反対運動を行うべきであるというこの論調には、佐賀新聞社社長であった江副靖臣の意向が反映されている(49)。講和反対運動が佐賀県にも波及する中で、政友会佐賀県支部は、松田の意向を受けてかなり抑制した態度を取っていた。

松田と原は、引き続き対策を協議していたが、政友会本部や西園寺公望総裁の対応を「手緩しとか軟弱とか」主張する煽動にかられた九州出身の三名の代議士が上京して、幹部を批判した(50)。このように九州代議士会では、長谷場純孝や福岡選出の多田作兵衛が政府の責任を問うべきであるとの強硬な態度を見せた。これに対して松田は、多数党である政友会は慎重でなければならない、とあくまでも自重を求めた(51)。

九州代議士会内では、松田が強硬説に動かなかったことはもどかしかったと思われる。直接に説得するようなことはなくとも、松田の慎重な姿勢が、強硬派に対する抑制になっていただろう。

佐賀県下でも、講和に反対する運動を主導したのは、反対党の憲政本党であった。一〇月一日、「非講和佐賀県民大会」が開催され、代議士の神崎東蔵、県議の中村公道、中野権六、野口勘三郎（いずれも憲政本党）が、講和反対と桂内閣の辞職を求める演説を行った。この大会では、内閣が引責辞任すること、講和条約を無効にすること、こうした県民の意思を天皇に奏上すること、などが決議された(52)。先に挙げた政友会佐賀県支部の決議が穏健であったことが分かる。

一九〇六年一月七日、日露戦争の講和問題を終えた第一次桂内閣は総辞職し、第一次西園寺内閣が成立した。松田は法相に、原は内相に就任した。松田が大臣に就任したことは、選挙区の人々にとって大物政治家を選出しているという自負につながり、佐賀県でさらに支持を拡大する要因になった(53)。

一九〇八年五月の第一〇回総選挙前後、当時蔵相を務めていた(54)松田が佐賀へ帰ることはなかった。しかし、選挙の結果、市部で豊増竜次郎（戊申倶楽部）、郡部で松田、有田源一郎、川原（以上、政友会）、武富、神崎（以上、憲政本党）というように、この時初めて、松田・政友会勢力は、佐賀県で三議席を獲得した。第一回総選挙が実施されてから約二〇年が経過して、自由民権期以来の反藩閥意識の強い有権者だけでなく、より若い世代で実業振興に関心を寄せる新たな有権者が多くなる中で、政友会の主張が九州にも浸透していったことが、この結果に表れているものと思われる。

全国レベルでも、政友会はこの選挙で過半数を獲得して、安定した大政党へと進歩していった。松田は、憲法政治が行われている国家においては、過半数を有する政党が必要である、という信念を持っていた（第Ⅰ部第五章第一節）。

九月一〇日に鹿児島で行われた九州代議士会は、財政整理による緊縮財政によって偏に消極的になって国家に必要な産業の発展を妨げることのないようにする、などの決議がなされた。この九州代議士会では、乙号議案として、(1)吉松駅より分岐し宮崎延岡を経て大分に接続する鉄道、(2)八代より分岐し水俣米ノ津西海岸を経て鹿児島に接続する鉄道、(3)熊本より大分に至る横断線、(4)吉塚より分岐し唐津伊万里田平を経て佐世保に接続する鉄道、の速成が協議された[55]。これらの鉄道速成要求は、「決議案」ではないものの、九州でも産業振興のために鉄道を求める声があったことが分かる。この九州代議士会に佐賀から出席したのは、代議士の川原と有田源一郎、常任幹事の南里琢一であって、松田の出席はなかった。

乙号議案の鉄道速成要求のうち、(1)の吉松—宮崎—大分間と、(3)の熊本—大分間の鉄道とは、第二三議会（一九〇六年一二月二八日～一九〇七年三月二七日）に提出された、一九〇八年度以降に見込まれる建設改良計画に含まれていた。特に、(1)は、四大幹線（北陸・山陰・四国・九州）の速成を求める運動に呼応して、初年度から着手する見込みが示されていたにもかかわらず、将来計画が財政難のために初年度から頓挫してしまった。日露戦後恐慌が深刻化する中で、鉄道建設改良事業費等をめぐる紛糾が起こり、阪谷芳郎蔵相と山県伊三郎逓相とは更迭され、後任は、それぞれ松田法相と原内相とが兼任した。一九〇八年に原逓相のもとで再編成された計画では、建設費・改良費が当初の四分の一近くに圧縮され、その結果、吉松—宮崎—大分間の計画は削除されて建設の遅延が決まった。こうして、宮崎県を中心にこの路線の速成を要求する運動が開始された[56]。

また、佐賀県も関わる(4)の吉塚—佐世保間の鉄道は、この年の三月に、博多商業会議所が、生産業・通商貿易上に欠くことのできない鉄道であるから「急設して貰いたい」と、衆議院に請願した路線であった[57]。このように、ここに挙げられた鉄道速成要求は、福岡・宮崎など鉄道が建設される地元の産業界などから強く期待されていた路線であった。ただし、これはあくまでも「乙号議案」であって、第一に重視された決議ではなかった。また、松田も特にこの運動に関わっていない。この時の個別の地方利益的な鉄道要求は、松田によってある程度抑えられていたと推定される。

原も、政友会の九州・東北の「二団体は比較的行動宜し」と、評価していた[58]。

一九〇九年一〇月二日、この年の九州大会は、大分で開催された。前年は大会に出席しなかった松田であったが、今回は長谷場純孝、杉田定一らと共に大分へ向かった(59)。九州各県や元田肇が率いる大分支部員約二〇〇名に加えて、東北・関東・中国地方からの参加者もあった。政友会九州大会は、(1)政友会の綱領を遵守し、「人権」を尊重することを以て、光輝ある国運の進歩に貢献すること、(2)責任ある党として、国家の進運を計ると同時に、民意の貫徹に勤めること、(3)積極的な財政整理と積極的な国力発展計画とを両立すること、(4)公平な財政整理が必要であること、を決議(甲号)した(60)。また、鉄道速成に関して、前年と同じ経路で鉄道延長に努めることも決議(乙号)された(61)。

松田が欠席した前年の九州大会と、松田が出席した今回の九州大会の決議を比較すると、二つの特徴が分かる。最初に、その大会が最も重視したといえる決議文の冒頭に、「人権」の尊重が掲げられていることである。「人権」は、自由民権期に松田が参加した自明社の社議にも、同じく記されていた語であった。九州大会三日目に行われた演説会でも、自由党から政友会に至る歴史と自らとの関係を述べた後、まず、人権を尊重することを説いた(62)。

第二に、鉄道要求が、あくまでも乙号決議であったことである。前年の九州大会の議案を踏襲したものであって、鉄道速成要求にある程度抑制的に対応したものとみられる。

九州大会を終えた松田は、湯治をして、患っていたリューマチを癒し、麻生太吉の別荘にも滞在した(63)。松田が、しばらく大分の温泉地にとどまった後に佐賀へ帰県しようとしていた時、前政友会総裁で、韓国統監の伊藤博文が、一〇月二六日にハルビンで暗殺された。松田は、川原、政友会佐賀県支部常任幹事の南里琢一と合流して、関門海峡を通過する伊藤の遺骸を見送った。鳥栖まで迎えに来た代議士の有田源一郎、佐賀県支部幹部の石丸、江副らに迎えられて一〇月三〇日の夜に佐賀駅に到着したが、一一月一日朝には、急いで東京に戻ることになった(64)。急遽、短期間の佐賀滞在となったが、佐賀県下の政友会同志大会に出席し、四時間弱ではあったものの、小城へも帰って先祖の墓参りや兄横尾経久との面会も果たした(65)。この時の演説で、松田は、「依頼心」を批判し、政党には独立心がなければならないと説いた(66)。また、松田は、地租を減少させることよりも、産業を発展させることの必要性を訴えていた(67)。

一二月一〇日に開かれた政友会佐賀県支部総会は、川原、有田らによって取り仕切られ、松田は参加しなかった。この決議案中に、九州大会で示された鉄道速成要求の中で佐賀県に関わる(4)吉塚—佐世保間の鉄道要求は含まれていない(68)。このような事例から推定すると、松田は、地方支部が個別の鉄道を協議することには慎重で、鉄道要求運動が高まり過ぎないように配慮していた、と見ることができる(69)。

佐賀の乱の残像と佐賀県における対外強硬論

一九一〇年八月二九日、韓国併合が行われると、佐賀県では、佐賀の乱で処刑された江藤新平の復権運動が盛り上がった(70)。韓国併合が行われたのであるから、征韓論を唱えて下野し、佐賀の乱で処刑された江藤の名誉が回復されるべきである、というのが、江藤復権運動の論理であった。

『佐賀新聞』では、運動を後押しする社説に加えて、江藤と佐賀の乱を振り返る伝記小説も連載された(71)。しかし、松田がこの運動について特に語ることはなかった。

江藤の復権を求める運動はその後も続けられて、桂や西園寺のレベルにも伝わった。しかし、江藤に恩賞を求める動きに、原、西園寺、桂は反対であった。この建議を持ち出したのは川原らであって、原から見ても、松田は「同県〔佐賀県〕の関係上多少周旋《しゅうせん》らしき事なしたるが如し、是れは已むを得ざる次第」という程度にしか関わっておらず、むしろ尾崎行雄らが加担していたようである(72)。松田はこうした運動にほぼ無関係であったといえる。それは、松田が国際協調的な外交観を持っていたからであった。

松田は、対韓問題が、「彼の西南戦役は勿論日清日露の戦役」の原因となってきたことに触れた。ここで、佐賀県の出身であり、現に佐賀県では韓国併合がなされたのとほぼ同時に佐賀の乱の再評価を求める運動が起こったにもかかわらず、松田が佐賀の乱に言及しなかったことは、松田が目下の外交問題である韓国併合と当時の佐賀県に残る、対外強硬論に傾きやすい土壌とを結び付けたくなかったことを傍証している。

交通機関を整備して韓国の産業を発展させることが必要である、という松田の対韓政策は、帝国主義の時代である当時において穏健な構想であって、「侵略主義を慎み合併に依りて通商貿易の発展を期」待しなければならないのはもちろん、「大陸に向つて漸次其の驥足《きそく》を進めんとするが如きは益《ますます》黄禍論を助長せしむる所以にして策の得たる者にあらざれば大に注意を要す」というように[73]、列強との協調を重んじ、日本が「侵略主義」とみなされることをはっきりと戒めた。

時に佐賀県に表れる、こうした対外強硬論に向かいやすい傾向と松田は距離を置いていたのである。松田が佐賀県で行った演説は、主題には内政を置いていても、国際的な枠組みの中で語られていた。その上で、韓国併合など、対外強硬論が強まりやすい時期には、外交では抑制的な態度も必要であることを訴えて、選挙区の人々に自制を求めた。

時期が遡るが、一八九四年の第四回総選挙を前にした武富勢力は、「川原茂輔を対外硬派の一人と認め」（傍点―筆者）て自派の候補者にするかどうかを検討していた[74]。これはすなわち、当時の佐賀県においては、対外強硬論者の方が、選挙区で人気を得やすい土壌があったと考えられる。それに対して、松田が、一時の人気を得るために外交に関して強硬な発言をしなかったことも、松田が支持層を急速には広げられなかった原因になっていたと思われる。しかし、松田は安易な発言はせず、着実に地盤を固めたのである。

しかし、江藤の復権運動は、のちのちまで松田を悩ませた。少し先の話になるが、一九一二年七月二九日（公式発表では三〇日）、明治天皇が崩御し、元号は大正と改まった。天皇の崩御を受けて、司法大臣である松田は、恩赦問題に取り組むことになった。この時、再び佐賀県で起こったのが、一八七四年の佐賀の乱の首謀者として処刑された江藤新平の復権運動であった。一九一〇年の韓国併合時以来高まっていた江藤の復権運動など、佐賀の乱の再評価を求める声は、恩赦問題の中で再び大きくなった。

一九一一年三月には、川原や、加波山《かばさん》事件（一八八四年）などの自由党激化事件で逮捕された小久保喜七、的野《まとの》半介《はんすけ》らが、『江藤新平卿表彰に就て東京市民諸君に告ぐ』という冊子を作成して、江藤の復権を主張した(75)。明治天皇崩御にともなう恩赦を江藤へも求める運動は、先の冊子作成に関わった的野らが動いた(76)だけではなく、板垣退助も松田法相に働きかけた(77)。

こうした運動に対して、司法省は、江藤への赦免はすでに済んでいるとして、必要であれば証明書を出すと平沼騏一郎次官が対応した(78)。一九一〇年の時と同じように、松田が、同じ佐賀県出身者として、こうした江藤復権運動に携わった形跡は認められない。松田は、恩赦が「陛下の御仁徳」を示すものであるゆえ、法相として責任重大である、と恩赦問題に取り組んでいた(79)。恩赦問題は、選挙区の希望を容れるような問題ではなかったのである。

大物政治家松田正久への期待

一九一一年八月、桂首相は辞表を奉呈し、第二次西園寺内閣が成立した。松田は、第一次西園寺内閣に引き続いて二度目となる、司法大臣に就任した。九州出身代議士では、他に長谷場が文部大臣に就任して初入閣を果たした。この第二次西園寺内閣の閣僚の人選は、原と西園寺との間で行われており、政友会の実権は原に握られていた。ただし、閣僚の人選などの重要な交渉は内密に行われているため、松田の周囲には、こうしたポスト獲得を松田に期待する者たちも集まっていたと思われる（第Ⅰ部第五章第三節）。

桂首相の辞職時期が定まると、松田も原も、しばらくの間東京を離れていることを申し合わせた。これには、余計な入閣運動を避ける意味合いもあった(80)。こうして、一九一一年八月、松田は約二年ぶりに佐賀県へ帰った。そしてこれが、松田にとって最後の佐賀への帰郷となったのである。

帰郷した松田の歓迎会には、政派を超えて憲政本党の代議士も参加した。この席上松田は、佐賀県に何か事業を興さなければならないと、低迷する選挙区に訴えた。この松田の演説は、選挙区の人々に、松田が何かしてくれるかもしれないとの期待を抱かせるものであったといえる。

松田が帰県すると、連日、政談演説会が予定されていた(81)。この年の九州遊説で、松田はまず福岡を遊説してまわってから、佐賀へ帰った。松田、江藤哲蔵（もと熊本県選出代議士）、南里琢一ら一行は、鳥栖駅で有田源一郎の出迎えを受け、佐賀駅に着いた。佐賀駅には、佐賀県内務部長、地裁検事局長、警察部長、市助役らや、川原、県会議員をはじめ政友会佐賀県支部の関係者や事業家など、数百名が松田らを出迎え、数十両の車を連ねて、投宿先の旅館を目指した(82)。松田が、佐賀県内の様々な地域へ足を運ぶ際にも、県や各郡の役人が同行している。また、今回は妻静子も共に佐賀へ来ており、静子は、遊説に回る松田と別れて、先に小城へ向かった(83)。

演説会では、松田の登壇前に、「前文部大臣、司法大臣、大蔵大臣たる松田正久氏の一行を迎へて天下の経綸を拝聴する事を得たるは吾人の光栄なり」と紹介されている。また、官民合同で開催された、松田の歓迎会には、県内の主立った人々に加えて、政友会員ではない代議士豊増竜次郎も出席している。こうした歓迎に対して、松田は、政党・政派を問わず歓迎してくれたことが一層の喜びであると述べ、佐賀県に何か事業を興すことが必要であること、また、公共事業に力を注ぐことは佐賀県のためでなく国家のためになることを、個別の公共事業を地方への利益誘導と結びつけることなく語った(84)。

演説会と歓迎会との様子からは、選挙区の人々が、大物の政治家を選出できることを誇りに思うと同時に、松田に対して佐賀県の発展への貢献を期待していること、松田もまた、そうした選挙区の人々の期待を理解しながらも、国家の利益を考えることが重要であると考えていたこと、が分かる。なおこの松田の帰省の際、佐賀県知事の西村陸奥夫が出迎えや歓迎会に姿を見せていないのは、病気のためとみられる(85)。

佐賀への帰郷と合わせて訪れた福岡市明治座での『憲政の進歩』と題する演説には、松田が、地元九州の人々の政治的な考え方を進歩させたいという、強い思いが表れている。「吾々〔松田一行〕が此度九州の各地に漫遊を試み此炎暑を厭は」ないのは、「徒に我田引水の説を為し、堅白同異《けんぱくどうい》〔詭弁〕の弁を弄《ろう》して世人を籠絡《ろうらく》せんと企てるのではな」く、「我国は内外事情に於て容易ならざる時代」である今日、いささかであっても政友会が目指すところのものを「九州人士の腹に入」れたい、すなわち理解してもらいたい、と考えたからであった。それゆえ、松田は、第一議会の頃からの憲政の進歩の過程を振り返りつつ、「外交の困難なる事も知らなければなら」ないことを説いた。中国に対して強硬な態度に出ることは、中国だけでなく、アメリカなど列強の日本に対する警戒も強くしてしまい、日本には「戦争をする考はなく、金はなくして只だ外国人には日本は戦を好む国の様に誤解」されて「実に日本国の不利益」であると主張した(86)。

九州には、炭鉱や製鉄所といった、軍需産業と関係の深い企業も多く、対外強硬論に傾きやすい土地柄であることも、松田が、外交での慎重さがいかに必要であるかを説いた理由であると考えられる。また、経済面では、「有益なる事業に向つて国民が奮発」し、「生産物の増加を計り、之を海外市場に輸出販売し、我が国へ金貨を取入れるより外ないので」、「交通の便に俟《ま》つ〔期待する〕必要がある」と考えた(87)。

たとえば、一九一一年一月に『佐賀新聞』は社説で、昔日の佐賀は「繁栄の色充ち充ち」ていたにもかかわらず、近代の佐賀は「全般に通観して衰頽《すいたい》の実あるは争」うことができない、と嘆いている(88)。また、さらに一年後にも、佐賀県では行商や出稼ぎ、さらには移民が多いことを佐賀の「進歩心」と関連づけて論じる言説もあったが、その結果「空蝉《うつせみ》の殻都〔まるでセミの抜け殻のように人々がいなくなってしまった町〕となる危険がある」とも指摘するように(89)、佐賀県では十分に産業が発展していなかったのだろう。

在京の人物が『佐賀新聞』に寄せた寄稿によれば、すでに「現内閣の立役者」は原であることを前提にしながら、「松田正久氏と武富時敏氏とは共に天下の名士で佐賀の誇りとす可き方であるから今回の総選挙でも決して落選せしめてはならぬ」と述べている(90)。

一九一一年八月三〇日、第二次西園寺内閣が成立し、松田は三度目の法相に就任したのであるが、この頃になると松田は、時に入閣に消極的な姿勢を見せるようになる(91)。次第に自身の健康に不安を覚え始めたことも影響したものと思われる(92)。

一九〇八年五月以来、総選挙は行われていなかった。解散がなくても、四年に一度は総選挙が実施されるので、一九一二年には総選挙が行われることになっていた。現職の司法大臣であった松田は、この選挙で選挙区に戻っていない。代わりに、川原は一九一二年三月中旬(93)や、総選挙直前の四月下旬に佐賀へ帰って、県内を回っている(94)。政友会佐賀県支部は、これまでと同様に、前代議士の松田と川原とを候補者とした(95)。

松田にとって最後の総選挙となった、この第一一回総選挙の結果は、市部で初めて江副が当選し、郡部で武富時敏(国民)(96)、川原(政友)、狩野雄一(国民)、八坂甚八(中央倶楽部)、松田(政友)が当選した。政友会は、六名中実質的には三名が当選し、この選挙から沖縄が入ったことで全五八議席となった九州全体では、政友会が三七議席、立憲国民党が八議席、その他が一三議席を獲得して、政友会の勢力が、九州全体でも大きく伸長したといえる。

この総選挙で、市部に圧倒的な地盤を有していた武富勢力を破って、江副が初当選を果たした。政友会佐賀県支部の機関紙であって、江副が社長を務めた『佐賀新聞』では、選挙前に、武富勢力の豊増竜次郎に対する大々的なネガティブ・キャンペーンを行って(97)、江副を応援した。それと同時に、『佐賀新聞』は、選挙で新たな人物を選出し、政治に、いわゆる新陳代謝を促す必要を説き[98]、江副は無党派である[99]、と支持を訴えた。江副と政友会佐賀県支部との関係をみると、江副が政友会佐賀県支部の一員であるのは、選挙での自身の当選のための手段の一つであった面が強いと見られる。

選挙より先、一九一一年一二月二七日に始まった第二八議会に対して、松田は、行財政整理の優先を語っている。翌年度の予算は、財政整理時機にあるため緊縮方針を執らざるを得ないので、新たな事業を求める声が高まると予想されるが、現在の財政状態ではどうしようもないので、いずれ行政財政の根本整理をした上で改めて緩急順序を計って諸種の計画を立てる外ない、と主張した。また、辛亥革命について、日本の中国に対する態度は始終一貫して厳正中立であるのはもちろんであるが、禍乱が長引いては日本のためにも欧米列強のためにも多大な不利益が免れない一日も早く平和の克復を望まなければならない。そのため、先に英米独露仏等の各国と共に我国もまた講和の成立を希望する旨を忠告した、と国際協調を重んじる姿勢をとっている[100]。

翌一九一二年六月、政友会九州出身代議士会は、長崎での大会に関する決定を行った。ただし、この会に出席したのは長谷場らで、松田は出席していない[101]。九州会についても、この時期には、長谷場以下、幹事の永江純一、松田源治らに任せて、松田自身の関与はかなり少なくなっていったと見られる。

授爵にともなう補欠選と松田没後の選挙区佐賀県

明治天皇崩御以降の多忙と、六七歳という高齢、さらには姉まき子の死なども加わって、松田は徐々に体調を崩して寝込むまでになっていった。

九月恩赦令が行われ、恩赦問題が一段落した松田が次に直面したのが、二個師団増設問題であった。上原勇作陸相は、陸軍の二個師団増設を強硬に主張し、その結果、第二次西園寺内閣は総辞職した。後継には、内大臣の桂が、第三次内閣を組織した。しかし、桂・山県閥への批判が高まり、憲政擁護運動が起こった。

この時、松田は藩閥を厳しく批判した。山県系官僚閥が倒閣運動の背後にあると見たからであって、そうした「非立憲的」な行為を許してはならないと考えたからである。しかし、全国レベルでの政治情勢を考えずに選挙区の利害や対外強硬論的な理由から安易に藩閥批判に走ることには、松田は批判的だった（第Ⅰ部第六章第一節）。

増師問題に対して、政友会佐賀県支部も、師団問題は制度整理を破壊するものであるので絶対に否認し、憲法政治を擁護することを決議した。しかし、九州代議士会は、東京でたびたび会合を開いているが、憲政擁護大会開催の話が持ち上がっているのは長崎県程度であった。

結局、第三次桂内閣が六二日で総辞職すると、一九一三年二月二〇日、政友会を与党とする第一次山本内閣が成立した。松田は、三度法相に就任した。九州出身代議士では、元田肇が逓信相として入閣した。

憲政擁護運動の中で、桂による「新党」構想が明らかにされた。国民党の武富は、この桂新党に参加し、加藤高明総裁の下に立憲同志会が結成されて後、同志会党人派の有力者の一人となった。

一九一三年秋頃になると、約一年前から体調を崩すことが多くなっていた松田の容体はさらに悪化し、新聞紙上にも松田の「重患」説が流れ、法相の辞職もささやかれるようになった。一一月になると、松田は、原に対してもはっきりと辞職の意志を伝えた。胃がんが進行して病床に就いた松田に対して授爵の話が持ち上がり、原、山本首相から、山県有朋枢密院議長らへの根回しがなされた。そうして、一九一四年一月一九日、松田は、男爵の爵位を与えられた。政党員として大臣を歴任し、爵位を授けられたのは初めてであった（第Ⅰ部第六章第二節）。

松田が授爵にともなって衆議院議員の資格を失ったため、佐賀県郡部では、補欠選挙が行われることとなった。この補欠選で、政友会佐賀県支部内では、支部幹事の南里と佐賀市長の野口とが、後任候補に浮上し、最終的には、松田の信頼が最も厚い人物として、南里を推薦することが幹部会の満場一致で決まった[102]。川原・長谷川両代議士も同志会の狩野代議士も帰県して自党候補者の応援にあたった[103]。また、県議中の中立派も、政友会・南里の応援を決めた[104]。政友会佐賀県支部の候補者となった南里と、同志会佐賀県支部の候補者である西英太郎との争いとなった。川原は、神崎東蔵の補欠選挙の例も引き合いに出して、この補欠選での妥協を申し込んだが[105]、投票の結果は、約七五〇票の差で南里が敗れた。これは、郡部全体で約三パーセントの差にあたる[106]。

補欠選が行われた当時は、まさに海軍をめぐる大疑獄事件であるシーメンス事件が追及され、山本内閣に対する批判が高まっていた時期であった。佐賀の乱から約四〇年が経ち、反大隈の記憶も薄らいでいた。くわえて、前年一一月に鍋島閑叟《かんそう》（直正。幕末維新期の肥前国佐賀藩主で、「佐賀の七賢人」に挙げられる）の銅像除幕式と鍋島家の資金による佐賀図書館落成式のために大隈も帰郷し[107]、旧藩主鍋島家と大隈の影響力が強まっていた。このことが、武富勢力の結束を強めて、松田勢力の惜敗につながったと思われる[108]。

シーメンス事件を発端として、第二次護憲運動が巻き起こっていた最中の一九一四年三月四日、松田は胃がんのために亡くなった。松田は、自由党佐賀県支部を一から作り直し、憲政党、政友会の地方支部として幹部組織を拡充し、遊説を通して政策を訴えて、佐賀県の選挙地盤を築いた。その地盤は、この約一〇年後に政友会が政友会と政友本党とに分裂して、川原らが政友本党の側に組するまで、二議席以上を確保し続けた。

結章　政治家の責任と外交に対する姿勢

本書が明らかにしたこと

松田正久は、自由民権期から大正政変という、近代日本で政党政治が端緒につき、そして次第に発展していく時代に、常にその発展の中心にいた政治家である。第一回総選挙で故郷佐賀県から選出され、立憲自由党の結成に参加して党内での地位を固め、「自由党九州派」の代表とみなされるようになった。「初の政党内閣」である第一次大隈重信内閣では、大蔵大臣として入閣した。立憲政友会では、自由党以来の政党政治家である「党人派」の代表であり、原敬と連携して桂園体制期を支えた。第四次伊藤博文内閣、第一次、第二次西園寺公望内閣、第一次山本権兵衛内閣で、文部大臣、三度の司法大臣、大蔵大臣を務め、その経歴から政党政治家として初めて男爵に叙せられた。松田の政党政治家としての経歴は、まさに近代日本で政党政治が発展した過程である。

本書では、国立国会図書館憲政資料室や九州歴史資料館等が所蔵する一次史料に加え、『衆議院議事録』、党報や雑誌に掲載された松田の論説、全国紙、地方紙等に掲載された松田の発言や動向を利用した。これらに史料批判を加えて事実を確定し、松田の政治構想と政治指導を青年期から現職の司法大臣として没するまで一貫して分析した。さらに、そうした松田が選挙区ではどのような行動をとったのかも分析することによって、本書は次の六点を明らかにした。

第一は、松田が生涯にわたって、漸進的な政党政治の確立を理念としたことである。松田は、政権を担当できる近代的な政党を育成することを目指した。松田が理想としたのは、大政党としての責任を持ち、一体性の高い全国政党であった。そこでは、政党政治家が軽挙妄動せず、責任のある行動を取ることが求められた。

結成間もない時期の立憲自由党は、地域性が強く、党の指導体制も強固ではなかった。特に、松田の出身地・選挙区であった九州地方の立憲自由党所属代議士（自由党九州派）の中には、立憲改進党との合同を望む者も多く、地域的なつながりという側面が強かった。松田は、党の中央組織としては板垣退助を党総理に置き、民党合同路線と決別する改革を星亨と共に推し進め、自由党九州派としては、たとえ一時的に勢力が半減しても、主義による結合を目指して地方組織を再編した。松田は、九州の代表として自由党の最高幹部の一角を占めたことによって、自由党が全国政党であることを示した。

松田は、国会開設以前の長崎県会時代から、藩閥政府の中の改革志向を評価していた。長崎県会議長時代には、藩閥出身の県令とも協調すべきところは協調しながら、県会を指導した。初期議会でも、自分たちも含めた民権派政党が、藩閥政府が実施した政策だからといってその内容を見極めずに批判し、藩閥政府批判が自己目的化していることに対して、より厳しい目を向けていた。松田は、留学や翻訳を通して西欧の政治を学び、日本の国民が広く、政治に関心を持つべきだと考えた。だからこそ、政治家が模範となる行動を取るべきだと考えたのである。

政治家が責任ある行動を取らなければならないという松田の思いは、政友会時代にさらに強くなる。それは、政友会が政権を担当し、大政党として国政に与える影響力が大きくなったからこそ、党内のたとえ陣笠であっても、所属する議員、党員が、世論に与える影響が大きいからである。

松田は、個人としても、自らの能力をわきまえて行動した。政治家として、失敗すれば特に大きな問題になる外交に関しては慎重な態度を取った。大臣としても、第一次大隈内閣の蔵相として、地租増徴という大きな決断に踏み切れなかったことを受け止め、それ以降は自身の自信が持てる司法大臣を三度務めた。

このように、松田は政党政治の確立という理念を持って、政治家としての責任を常に追い求めた政党政治家であった。

第二は、松田が、第一で述べた漸進的な政党政治の発展という目標を実現させるために、政党内においても、官僚との関係においても、他者と連携できたことである。松田は、原敬や星のように自らよりも決断力や実行力に勝る政治家と連携することもいとわなかった。くわえて、松田は、長谷場純孝のような信頼できる人物に、選挙活動や中堅幹部の指導を任せ、すべてを自分で解決しようとはしなかった。これは、政党の最高幹部として有能であったことを示している。

長崎県会時代には、松田とその他の県議たちとの間に大きな知識の差があったため、松田は県会を十分に指導し得た。立憲自由党の結成時にも、松田は自身の政治知識に自信を持って臨んだが、自由民権運動に携ってきた政治家たちや壮士もいる中では、まだ地位も確立できておらず、一人で党を指導することは到底難しかった。

そのような時、松田は、理念を共有でき、かつ、強力なリーダーシップを持つ星と連携することで、自由党の改革を進めた。星との関係は、政友会でも続いたが、星がいる限り、自由党以来の政党政治家たち（党人派）の代表は星であった。ところが、星が暗殺され、以降、松田は党人派の代表とみなされた。

しかし、間もなく原が政友会で頭角を現し、党内の実権を握った。形式的には原が松田を立て、松田が原に同調する形で連携したことによって、政友会は大政党としてのまとまりを維持できたのである。

これは、政党政治家としての経歴が長く、年長でもある、松田を立てた原の度量の大きさでもある。松田は、原に同調しながら連携することで、中堅幹部クラスの反発によって党が分裂するようなことがないよう努めた。これもまた、松田が党内での自分の立場をわきまえて行動したからである。

また大臣時代には、官僚の専門性を生かそうとした。「初の政党内閣」であった第一次大隈内閣の蔵相時代には、大蔵官僚の助言を尊重し、特に添田寿一次官の信頼を獲得した。政党出身者として、初めに気負いすぎて官僚を拒絶しなかったことで、官僚の政党政治家に対する警戒心を徐々に和らげていった。第一次大隈内閣、第四次伊藤内閣、第一次、第二次西園寺内閣、第一次山本内閣と実績を積みながら、政党に対する官僚の信頼を獲得していったことは、政党政治の発展に大きく貢献したといえる。

第一次大隈内閣で蔵相を務めた時には、松田は十分な専門知識を持たなかったために、官僚をコントロールすることができなかった。このことは、松田の政治家人生の中では挫折経験となったが、政党政治家が大臣になるためにはどのような準備が必要であるかを考える上では、重要な教訓となったのである。

第三は、松田の外交観と、外交を論じる際の姿勢である。松田は、国際情勢の中で日本がどのように行動すべきかを考え、日本の国力と列強の動向を考え、その中で協調外交を志向した。また、東アジアでは、通商による連携を重んじ、対韓問題でも、韓国の国民に進歩の可能性を見ている。しかし、外交政策を具体的に提示できるほどの知識を身に付ける機会を得られなかったため、具体的に外交問題を語る自信がなかった。そのため、決して軽々に発言するのではなく、あくまでも国際協調の枠組みを語るにとどめることが多かった。

これは、特に政友会の最高幹部として、政治家が外交問題で失敗することは致命的な問題であることをよく理解していたからであると思われる。また、選挙区との関係でも、佐賀県は地理的な条件や歴史的な理由から、ややもすれば対外強硬論に流れやすい傾向にあった。そうした理由もあって、松田は外交を積極的には語らなかった。

松田は国際関係に強い関心を持っていた。国会開設以前には、なんとか欧州の実地で学びたいということを同郷の大隈重信に願い出ている。欧米の書籍等から得た情報に基づいて、日本の現状や課題を語る姿勢は、生涯一貫していた。国際情勢に関心を持ちながらも、確信が持てないのであれば、外交上の危険を冒しかねない発言は控えたのである。

第四は、松田が産業振興や教育の普及にあたって、民間資本を積極的に活用することを目指したことである。また、教育では、実業教育を重んじた。

文相時代の教育政策に加え、遊説の際に商工業の視察にも出向いている。実業の重視、そのための教育は、自由党時代から松田が持ち続けており、憲政党、政友会時代にも訴え続けた政策であった。ただし、個別の地方利益を誘導するものではない。たとえば、東北・九州二帝大問題でも、松田は選挙区に近い九州帝大の側に肩入れしていたことは確認されない。

産業振興には、そこに携るための教育の普及が必要であり、また、商工業者自身も政治に関心を持つ必要があった。このように、松田が社会の進歩の程度に合った政策を考えられたのは、積極的に全国遊説を行って各地方の状況を見ながら、選挙区の佐賀県・九州には何度も遊説で足を運んだことによって一つの地方の時期による変化も感じ取っていたからである。

第五は、松田の選挙地盤である佐賀県の状況を、九州全体の状況も考慮しながら初めて明らかにしたことである。地域性の強かった自由党九州派の中でも、佐賀の自由党勢力は所属があいまいで、むしろ改進党に近かった。そこで、松田は自由党の明確な地方支部である「自由党佐賀支部」を置き、党中央としても改進党との合同路線から決別した。その結果、自由党佐賀支部は分裂し、松田は、大隈の影響を受ける武富との選挙競争を続けた。一八九四年三月の第三回総選挙、同年九月の第四回総選挙、一八九八年三月の第五回総選挙では武富勢力に敗れた。同年八月の第六回総選挙で松田が議席を回復できたのは、憲政党内閣の下で松田と武富が選挙協力した影響もあった。

転機となったのが翌一八九九年九月の佐賀県議選で、この時松田勢力は、これまで優勢を保ってきた武富勢力に初めて勝利し、一九〇二年八月の第七回総選挙以降は、松田の存命中、定数四人の佐賀県郡部で二議席以上を維持した。これは、遊説を通して合理的で実現可能な政策を訴え続け、地主層にも商工業者層にも支持を広げ、かつ、出身地の小城から佐賀全体へと基盤を確立していったからであった。政友会時代には、党の幹部であり大臣を複数回経験している大物政治家として、地元の人々は松田を歓迎した。松田は、あくまでも個別の地方利益を選挙で持ち出すことはなかった。

第六は、松田の限界である。松田は、政党政治に関する知識を持っており、立憲自由党での地位を確立した。しかし、原や星ほどの大物政治家としての決断力は持っていなかった。

長崎県会や立憲自由党時代には、専門的な知識を持っていたことで、リーダーシップを発揮できた。しかし、政友会時代になると、次第に、外交でも内政でも個別具体的な政策で独自色を出せなくなっていたことも、松田の弱さであった。これは、一八九〇年の国会開設時にはすでに四五歳、一八九八年に第一次大隈内閣で初めて大臣に就任した時には五三歳と、当時としては高齢になっていた状況も影響している。松田は、政党政治を漸進的に確立するという段階で活躍したが、政党政治が運用されていく段階には対応することが難しくなっていた。

松田は、明治という新たな時代に、西欧の法律・政治制度を学びながら、近代日本に議会制度と、その先に政党政治を確立しようとした。留学と翻訳業を通して身につけた政党や政治に関する知識をもとに、初代長崎県会議長を務め、立憲自由党の創立に際しては、政党が主義による一体性を持ち、少数の幹部による統制が取れた組織へと発展させることを目指した。この間、松田は自由民権期には、正式に政党に入党することはなかった。

松田とその他の議員との間に圧倒的な知識の差があった長崎県会時代とは異なり、また、地元九州の自由民権運動から政治家としての経歴を始めたわけでもなかったので、立憲自由党では、松田は九州選出代議士（自由党九州派）の中でも、二、三、四番手程度であった。そこから、一八九二年六月までに、自由党の最高幹部の一人になり、自由党九州派の代表ともみなされるようになった。それは、松田が党組織改革で同じ方向を見、かつ、自身よりも強い指導力を持つ星と連携できたからである。

松田は、星と共に党組織改革を進め、地域性によって結合していた自由党九州派を主義によって再編成し、政党の地域性を克服しようとした。この改革によって自由党九州派は分裂し、松田が選挙を勝ち抜くのに十分な選挙基盤を再び獲得できるまでには長期間を要した。それでも、松田は自らの考える政党のあるべき姿として、改革を断行した。この改革の過程で、政党というものを深く考え、漸進的な政治参加の拡大などにも思いを致すようになったのだろう。

しかし、ここまで共に改革を推し進めてきた星が、反発を受けて自由党を去り、自由党自身が時代に応じた新たな政策を提示できなくなった時、松田は単独で状況を変えることができなかった。だからこそ、そもそもは民党合同路線に反対の立場であったにもかかわらず、自由党と進歩党との合同を支持したのである。

そうして成立した憲政党時代、「初の政党内閣」である第一次大隈内閣で、松田は蔵相として入閣を果たした。松田は、初めての政党政治家出身の蔵相として、大蔵官僚の意見を尊重しながら、政党内閣として実績を積もうとした。しかし、これまで本格的に財政に携わった経験がなかったために、党是である地租増徴反対、という方針を転換することができなかった。松田が官僚をないがしろにしなかったことは、官僚の側に政党・政党政治家に対する警戒心を和らげさせた。これは、政党政治の発展に貢献するものであったが、松田にとっては大きな挫折であった。以降、松田は、将来の総理大臣を狙えるような内相などの重要閣僚に就こうとするようなことはなかった。

松田は、民間資本による産業振興や、そのための教育を重視していた。このことは、政友会時代により発展していく。政友会では、星が暗殺された後、松田が自由党以来の政党政治家（党人派）の代表になる。しかし、松田自身が伊藤系官僚と対立することはなく、原とも連携した。原が政友会の実権を握るようになって以降も、松田が原に同調する形で、松田と原は連携して党運営にあたった。

松田は、次第に個別の政策で独自色を出せなくなっても、大政党政友会所属の議員として責任のある行動をするよう訴え、自身もまた政党政治家としての責任を全うした。政友会でも、少数幹部制を取りながら、長く議席を持つ党人派議員を中堅幹部に就け、コントロールしていった。自由党時代の地方団とは異なり、政友会の地方団体は、地方の意向をまとめるためのものではなく、党本部の意向を効率的に伝達し、党として一致した行動を取れるようにする働きの方がより強く望まれたのである。

このように松田は、政党政治家として実績を積み、大臣も歴任した。そのため、第一次護憲運動では、「純粋な」政党内閣として、政党政治家の間からも実業界からも「松田内閣」を望む声があがった。しかし、松田自身は、「松田内閣」がスローガンにはなり得ても、実際に組閣し、ある程度政権を維持できるとは思えないことをよく理解していた。松田は、政党政治家は責任を持った行動をしなければならない、すなわち軽挙妄動してはならない、という信念を最期まで貫いた。

松田正久と政党政治の発展

松田は、政党政治に関する知識を身に付けて政党を改革し、生涯を通して政治家の責任を考え続けて自らも実践した。近代日本で立憲政治と政党政治が混乱の少ない形で発展していくには、既成勢力である藩閥官僚と政党とが対決しながらも、政党側が政策立案と実行能力を持ち、また相互の信頼を築き、両者が共通の目標を形成していくことが求められた。そうした中で、自由党以来の政党政治家を繋ぎ止め、政友会を大政党へと導いた松田の功績は大きい。

松田の政治家人生を見てみると、原や星ほど強いリーダーシップを発揮できなかったことや、第一次大隈内閣で蔵相を務めた際の挫折など、ナンバー1の政治家にはなれなかった弱さがある。そのような中でも、松田が自らの失敗を反省し、無理な行動を取らなかったことが重要である。松田は、社会の進歩・成熟の程度に応じた漸進的な改革を望み、周囲の政党政治家に軽挙妄動しないという責任ある行動を求め、自身も責任ある行動を貫いた。

これまでの政友会研究は、原や伊藤に焦点をあてていた。しかし、これまで述べてきたように、松田は政党政治に関する自身の知識によって、自由党を主義による一体性のある全国政党へと改革することに貢献し、その自由党以来の経歴を持つ党人派を政友会へと継承した。政友会が創立期に分裂しなかったのは、松田が原と連携していたゆえである。

政友会を創立したのは藩閥の伊藤であり、政友会では原に代表される官僚出身者が、政策立案に力を発揮した。そこにおいて、党人派の代表と見られた松田を通して政党政治の発展を見ることとは、自由民権期の政党が政友会にどのように受け継がれたのかを明らかにすることになる。はじめは地域政党であったところから全国政党へと成長するためには、政党政治に関する専門的な知識を持った指導者が必要であった。松田が、実際には地方の自由民権運動に積極的に関わらなかったにもかかわらず、政友会で党人派の代表として生き残れたことは、大変示唆的である。こうして政党政治が発展していく過程で、政党政治家には、大臣として官僚をコントロールできる知識や実務経験が求められるようになっていった。

注

序章　近代日本における政党政治の発展と政治家の責任

（1）升味準之輔『日本政党史論』第二巻（東京大学出版会、一九六五年）六五～六六、八八～九〇、一八一、二二二～二二三、二七八～二八七、三九六～四六八頁、第三巻（同、一九六七年）四、六～一六、八八、一〇二頁、三谷太一郎『増補日本政党政治の形成――原敬の政治指導の展開』（東京大学出版会、一九九五年、初版は一九六七年刊行）九～一八、九二～一〇八、二〇七頁、有泉貞夫『星亨』（朝日評伝選、一九八三年）一三七～二七一頁、伊藤之雄『立憲国家の確立と伊藤博文――内政と外交 一八八九～一八九八』（吉川弘文館、一九九九年）九～一九、六〇～六四、九二～九七、一一三～一一七、一二〇～一二二、一三八、二一八～二二八、二四二～二五六頁、同『立憲国家と日露戦争――外交と内政 一八九八～一九〇五』（木鐸社、二〇〇〇年）六〇～六二、二八九～三三二頁、同氏の原敬論の完成版として、同『原敬 外交と政治の理想』（上）・（下）（講談社選書メチエ、二〇一四年）などがある。

（2）『原敬日記』中の松田評価は、厳しいものである（たとえば『原敬日記』一九〇八年一二月一五日、一九一〇年二月五日等）。しかし、原敬の周囲の人物に対する評価は、初期政友会の伊藤博文や桂園時代の西園寺公望等に対しても見られるように（たとえば一九〇一年一〇月一八日、一九一〇年二月五日等）、厳しいものがあった。したがって、原の松田への批判を割り引いて考える必要がある。松田と原の政治構想は大枠で共通しており、政友会の最高幹部として両者は役割を分担して、協力関係にあったことを論証するために、本書では政友会時代の松田の政治構想を明らかにする。

（3）岡義武「『平民宰相』原敬」『近代日本の政治家』（岩波現代文庫、二〇〇一年〔初出は文藝春秋社、一九七九年、新版、岩波書店、一九七九年〕）。

（4）前掲、升味準之輔『日本政党史論』第二巻。
（5）「原と松田との二頭支配」によって政友会の党勢を拡張した。ただし、政友会内の「自由民権運動の伝統の風化によ」り凋落した土佐派に代わって旧自由党系を代表した松田は、「妥協」しなければならない対象であって、「原のイメージによる『政党政治』の確立」を「妨げ」る存在であったと評価する（前掲、三谷太一郎『増補　日本政党政治の形成』九一～九七頁）。
（6）前掲、伊藤之雄『立憲国家の確立と伊藤博文』、同『立憲国家と日露戦争』、同『原敬』（上）・（下）。
（7）近年、松田を中心に論じようとする、土屋直子「松田正久に関する一考察――『不得要領』の実像」（『立教史学』第二号、二〇一〇年）が出た。松田の現実主義・原敬との連携を、仮説的に主張しているが、笹川多門『松田正久稿』にその大部分を依っているように、史料的に不十分であり、研究史も掌握しきれていない。
（8）笹川多門『松田正久稿』（江村会、一九三八年）。小城市立歴史資料館と中島家には、笹川氏が松田の妻静子氏・中島健氏とやり取りをした手紙が残されている。
（9）前掲、笹川多門『松田正久稿』四頁。
（10）帝国議会の議事録はすべて「帝国議会会議録　検索システム」（http://teikokugikai-i.ndl.go.jp/）を使用する。
（11）水野公寿「九州改進党覚え書」（『近代熊本』第一一集、一九七〇年）、杉谷昭「佐賀開進会の成立過程」（『九州文化史研究所紀要』第二一号、一九七六年三月）、新藤東洋男『自由民権運動と九州地方――九州改進党の史的研究』（古雅書店、一九八二年）、堤啓次郎「士族反乱後の自由民権結社運動」（西南学院大学『国際文化論集』第一四巻第二号、二〇〇〇年二月）などがある。
（12）佐賀県議会史編纂委員会編『佐賀県議会史』上（佐賀県議会事務局、一九五八年）。
（13）たとえば、『相知町史』では、松田を高く評価しようとするあまり、松田が第三次伊藤内閣の蔵相に就任した、政友会で「松田財政を確立した」などの誤りがあったり、一八九二年以前に松田が武富らと対立した同成会派であったという誤った解釈がなされていたりする（相知町史編さん委員会編『相知町史』（相知町、一九七七年）一七七～一七八頁）。
（14）本書の第Ⅰ部の第一章から第三章までは、拙稿「松田正久と政党政治の形成――自由党・憲政党のリーダーへの道　一八六九～一八九九」（『法学論叢』第一七七巻第三号・第六号・一七八巻三号、二〇一五年六月・九月・一二月）を、第一部の第四章から第六章までは、同「松田正久と政党政治の発展――政友会党人派の代表として　一九〇〇～一九一四」（『法学論叢』一七九巻一～三号、二〇一六年四～六月）を、第二部は、同「政友会領袖松田正久と選挙区佐賀県――原敬との比較の視点から」（伊藤之雄編『原敬と政党政治の確立』〔千倉書房、二〇一四年〕第七章、五四七～六一八頁）を大幅に加筆修正したものである。

第一章　国会開設に向けて

（1）内大臣府・明治天皇御手許書類「大石正巳・尾崎行雄・松田正久・大東義徹・林有造／明治三一年」、宮内省公文書館所蔵。松田の生年については、弘化二年、三年、四年とする説があり、笹川多門『松田正久稿』（江村会、一九三八年）が弘化二年としていることから、弘化二年説が有力である（たとえば、『国史大辞典』）。本書では、前記の第一次大隈重信内閣の時に天皇に奉呈された履歴書に基づいて弘化三年（一八四六）生まれとする。

（2）前掲、笹川多門『松田正久稿』に、松田の幼名を「又之輔」「大之進」と記しているが、桜井虎太郎「長崎・佐賀・福岡・大分・三潴・白川ノ六県派出捜索書」（「三条家文書」五八～一二五、国立国会図書館憲政資料室所蔵）から「大之助」だったと推定する。

（3）『佐賀新聞』一九一四年三月一九日の松田正久追悼記事によれば、松田は一一歳の時、『松田正久稿』によれば、安政四年、一三歳の時、松田家の養子となった。

（4）前掲、笹川多門『松田正久稿』四二～四八頁。

（5）前掲、笹川多門『松田正久稿』四三頁、『東京日日新聞』一九一二年八月二〇日。

（6）前掲、笹川多門『松田正久稿』四二頁。

（7）前掲、笹川多門『松田正久稿』五一頁。

（8）前掲、笹川多門『松田正久稿』五一～五三頁。

（9）結局、松田をはじめとして改革推進派が有力者として残ったため、改革推進派を「正義派」、保守派を「俗論派」と表現することがある（たとえば、飯塚一幸「佐賀の乱の再検討――周辺の視点から」〔『九州史学』第一四九号、二〇〇八年二月〕）。

(10) 藤野保『佐賀藩』（吉川弘文館、二〇一〇年）五二～五四、六二、六五～六六頁、「明治八年八月一五日　佐賀・長崎・福岡・白川の四県派出捜索書　桜井虎太郎」（前掲、「三条家文書」）、堤啓次郎「士族反乱後の自由民権結社運動」（西南学院大学『国際文化論集』第一四巻第二号、二〇〇〇年二月）二四八頁、前掲、飯塚一幸「佐賀の乱の再検討――周辺の視点から」一四～一五頁。

(11) 前掲、笹川多門『松田正久稿』四七頁。

(12) 原奎一郎『原敬日記』（福村出版、一九八一年）一九一七年六月二五日等。

(13) はじめは当分の休校とされたが、そのまま廃止された。

(14) 前掲、笹川多門『松田正久稿』五三頁。なお、笹川多門『松田正久稿』では「藤野立馬」と「塙景太郎」と記されているが、前者は「藤野海南」を後者は「塙忠詔」を指すと思われるので（内藤鳴雪『鳴雪自叙伝』〔岡村書店、一九二二年〕、講談社『日本人名大辞典』）、本書ではより一般的に知られた名前で記述した。

(15) 「育英舎則」（大久保利謙編『西周全集』第二巻〔宗高書房、一九六二年〕五一四頁）中に、「同年（明治三年）十二月廿五日　松田又之助〔正久〕」とある。したがって、笹川多門『松田正久稿』五三頁に「明治四年の二月」とあるのは誤り。

(16) 大久保利謙「解説」（同氏編『西周全集』第一巻〔日本評論社、一九四五年〕一七～五一頁）。

(17) 前掲、笹川多門『松田正久稿』五三頁。

(18) 内閣作成「文部省参事官松田正久新叙を請ふの件」（『官吏進退　明治二十三年官吏進退十二　叙位三』〔一八九〇年、国立公文書館デジタルアーカイブ所蔵〕）。

(19) 前掲、笹川多門『松田正久稿』五五頁。

(20) 育英舎では松田と学友で、のちに西の女婿となった永見裕も、兵部省、ついで陸軍省に出仕した（前掲、大久保利謙「解説」）。西は見込みのある塾生を陸軍省に紹介していたのである。

(21) 太政官作成「陸軍省七等出仕松田正久被免の件」（『諸官進退状　壬申八月　第九』〔一八七二年、国立公文書館デジタルアーカイブ所蔵〕）。
(22) 成島柳北「航西日乗」明治五年九月一三日（一八七二年一〇月一五日）（井田進也校注『幕末維新パリ見聞録――成島柳北「航西日乗」・栗本鋤雲「暁窓追録」』〔岩波文庫、二〇〇九年〕）。
(23) 前掲、成島柳北「航西日乗」明治五年九月一三日、一〇月二八日、三〇日（一八七二年一〇月一五日、一一月二八日、三〇日）。明治五年一一月一五日（一八七二年一二月一五日）の記述から、松田も同様の行程でパリへ移動したと考える。
(24) 〔長崎県佐賀〕支庁第一課『管下布達　明治九年五月以後后』（『佐賀県明治行政資料』三―七六、佐賀県立図書館所蔵）。
(25) 前掲、笹川多門『松田正久稿』六二頁。
(26) のちに元老院議官・貴族院勅選議員となる渡正元が当時フランスに留学しており、一八七三年八月九日に「盧山」（ローザンヌ）で松田に会っている（田中隆二・齋藤義朗翻刻『渡正元　漫遊日誌　第四輯』〔広島市立大学、二〇〇一年〕）。
(27) 前掲、笹川多門『松田正久稿』六三頁。
(28) 前掲、笹川多門『松田正久稿』六四頁。
(29) 伊藤之雄『元老西園寺公望――古希からの挑戦』（文春新書、二〇〇七年）三七頁。
(30) 前掲、伊藤之雄『元老西園寺公望』三四～三七頁。
(31) 『佐賀新聞』一九一四年四月三日。
(32) 前掲、〔長崎県佐賀〕支庁第一課『管下布達　明治九年五月以後后』。帰国が早まったのは、留学生の中に品行の悪い者がいたため、一部を除くフランス留学生が帰国させられたためという（前掲、笹川多門『松田正久稿』六五～六六頁）。
(33) 前掲、堤啓次郎「士族反乱後の自由民権結社運動」二五四～二六八頁。
(34) 『佐賀新聞』一九〇九年一〇月四日。
(35) 『佐賀新聞』一九〇九年一二月二一日。
(36) 前掲、内閣作成「文部省参事官松田正久新叙を請ふの件」。

(37) 一八八四年五月の党員名簿にも松田の名はない（佐藤誠朗・原口敬明・永井秀夫編『自由黨員名簿』〔明治史料研究連絡会、一九五五年〕）。また、松田は国会期成同盟にも参加していない（「国会ヲ開設スル允可ヲ上願スル書」〔「河野広中関係文書」書類の部一六八、国立国会図書館形成資料室所蔵〕）。

(38) 一八七九～八二年に出版された。最近二〇一〇～一一年に日本立法資料全集の別巻として、信山社から復刻版が出版された。

(39) M. Pierre Larousse, *Grand dictionnaire universel du XIXe siècle*, t.2, Paris, Librairie classique Larousse et Boyer, 1867, pp. 351-352 : *Dictionnaire biographique du mouvement ouvrier* français, t.1, s. l. d. de Jean Maitron, Paris, Éditions ouvrières, 1964, pp.165-166.

(40) 深瀬忠一・樋口陽一・吉田克己編『人権宣言と日本――フランス革命２００年記念』（勁草書房、一九九〇年）四八～五三頁。

(41) ミギェー著、河津祐之訳『仏国革命史』第一冊～第三冊（加納久宣、一八七六～七八年、国立国会図書館近代デジタルライブラリー所蔵）。河津もまたフランス留学の経験があり、帰国後には小野梓らの嚶鳴社に参加した民権派の法務官僚である（安岡昭男「啓蒙学者官僚河津祐之と訳業」〔『日本古書通信』第六八巻一〇号、二〇〇三年一〇月、四～七頁〕）。

(42) 古屋哲夫「帝国議会の成立――成立過程と制度の概要」（内田健三・金原左門・古屋哲夫編『日本議会史録』一〔第一法規出版、一九九一年〕）一六～一七頁。

(43) 『西海新聞』一八七九年二月一九日。

(44) 『西海新聞』一八七九年二月八日。議場は光永寺内に決まった（『西海新聞』一八七九年一月二六日）。

(45) 『西海新聞』一八七九年二月一二日。

(46) 『長崎県議会史』一（長崎県議会事務局、一九六三年）には、三月一七日とある。

(47) 『西海新聞』一八七九年三月一八日（号外）。

(48) 前掲、『長崎県議会史』一、三五三～三五四頁。

(49) 『西海新聞』一八七九年八月一八日（号外）。『松田正久稿』によれば、県会視察に長崎を訪れていた北垣国道（のち、京都府知事など）が以前から松田のことを聞き知っていたので、長崎県令内海忠勝への推薦があったという。
(50)『西海新聞』一八七九年三月二〇日。
(51)内海県令は、長州出身で、英語に秀で、岩倉使節団に参加した。伊藤博文の下でキャリアを積んだのち、神奈川県知事、大阪府知事、京都府知事など重要な府県の知事を歴任して、貴族院議員となり、第一次桂内閣には内相として入閣した。公私にわたって伊藤から深く信頼された人物であった（高橋文雄『内海忠勝』〔内海忠勝顕彰会、一九六六年〕）。
(52)伊藤之雄「若き原敬の動向と国家観・自由民権観――郵便報知新聞記者の明治十四年政変」（『法学論叢』第一七〇巻第四・五・六号、二〇一二年三月）。
(53)『西海新聞』一八七九年三月二六日。
(54)『西海新聞』一八七九年五月二〇日。
(55)『西海新聞』一八八一年五月一八日。
(56)『明治十三年 長崎県会日誌』（長崎歴史文化博物館所蔵）第一号。
(57)前掲、『明治十三年 長崎県会日誌』第五号。
(58)『西海新聞』一八八〇年七月一日。
(59)『西海新聞』一八八〇年八月二四日。
(60)『西海新聞』一八八一年四月二〇日、五月二〇日、二五日。
(61)『西海新聞』一八八一年六月八日。
(62)『明治十四年 長崎県臨時会日誌』（長崎歴史文化博物館所蔵）。
(63)前掲、『明治十四年 長崎県臨時会日誌』。
(64)『明治十四年 長崎県会日誌』（長崎歴史文化博物館所蔵）。
(65)『朝野新聞』一八八〇年一一月五日（東京大学法学部明治新聞雑誌文庫編『朝野新聞 縮刷版』〔ぺりかん社、一九八二年〕）。
(66)板垣退助監修『自由党史』上（五車楼、一九一〇年）四五七頁。

(67)『東洋自由新聞』については地元でも知られていた(『西海新聞』一八八一年三月一四日)。ただし、はっきりと松田の筆によると分かる記事は見られない(西田長寿編『東洋自由新聞』〔復刻版〕〔東京大学出版会、一九六四年〕)。
(68)『西海新聞』一八八一年一〇月二三日。
(69)『西海新聞』一八八二年三月八日(広告)。
(70)長崎県庶務課「庶務課調査係事務簿 県会ノ部 明治十五年一月〜三月」(長崎歴史文化博物館所蔵)に収められている松田の辞職届には、「正久儀平生東京府下に於て需要を有し因て常に本県通常県会並に臨時会の招集に応じ兼ね候事情有之候に付致辞職候此段及御届候也」と記されている。
(71)西周「日記」(大久保利謙編『西周全集』第三巻〔宗高書房、一九六六年〕)一八八五年一二月五日。一八八五年の時点で、松田が再び留学する意思を持っていたことが分かる。
(72)「憲法草案」(前掲、大久保利謙編『西周全集』第二巻)一九七〜二三七頁。
(73)「九 網羅議院ノ説」(前掲、大久保利謙編『西周全集』第二巻)二四二〜二四五頁、元は演説だったものを一八七五年二月『明六雑誌』に発表した。
(74)前掲、西周「日記」一八八五年一二月五日。
(75)前掲、西周「日記」一八八二年七月二日、一五日、一八八四年五月二日。
(76)松田は、長崎県会議長に就任する一八七九年になっても、陸軍省から、留学から帰国する際に借りたお金を返すよう督促されていた(長崎県庶務課「九、十、十二官省往復」〔『佐賀県明治行政資料』、佐賀県立図書館所蔵〕)。
(77)たとえば、「東京師範学校ニテ道徳学ノ一科ヲ置ク大意ヲ論ス」(明治一四年一一月、前掲、大久保利謙編『西周全集』第二巻)五一六〜五二一頁。
(78)平野義太郎『馬城大井憲太郎傳』(大井馬城傳編纂部、一九三八年)一七頁。
(79)前掲、内閣作成「文部省参事官松田正久新叙を請ふの件」、『大阪朝日新聞』一八八七年七月一五日。
(80)横田健一・薗田香融「関西法律学校の創業とその歴史的背景(一)〜(三)」(『関西大学文学論集』四(一)〜(三)、一九五四年六月〜一九五五年四月)。

(81)『大阪朝日新聞』一八八八年一月一八日、山下玄洋『中学造士館の研究』（斯文堂、一九九七年）一三〇頁。
(82) 前掲、山下玄洋『中学造士館の研究』五五〜五六頁。また、「鹿児島高等中学造士館一覧　自明治廿三年至明治廿四年」（第七高等学校造士館『第七高等学校造士館一覧』明治二三〜二九、三四〜四四年、国立国会図書館デジタル化資料）中の「第二章　沿革略」においても、松田正久の存在が大きかったことが分かる。
(83) 前掲、「鹿児島高等中学造士館一覧　自明治廿三年至明治廿四年」。
(84) 大隈重信宛松田正久書翰一八八八年九月二三日（早稲田大学大学史資料センター編『大隈重信関係文書』第一一巻（みすず書房、二〇一五年））。
(85) 前掲、西周「日記」一八八四年一〇月二〇日、二七日、八五年一一月一二日。
(86) 前掲、西周「日記」一八八五年二月一五日。
(87) 前掲、西周「日記」一八八五年一一月一二日。
(88) 前掲、西周「日記」一八八五年一二月五日。

第二章　立憲自由党結成と政党の地域性克服

(1) そもそも、一八八〇年の集会条例、一八九〇年の集会及政社法によると、官立、公立、私立学校の教員、生徒は政社に加入することができない（集会条例第七条、集会及政社法第二五条）。また、一八八四年五月の「自由党党員名簿」にも松田の名はない（前掲、佐藤誠朗・原口敬明・永井秀夫編『自由黨員名簿』）。
(2)『佐賀新聞』一八八九年一月一〇日（『公論新報』（東京）からの転載）。
(3) 渋谷作助『武富時敏』（武富時敏刊行会、一九三四年）一二二〜一二三頁に引用されている、武富の自伝部分。
(4) 内閣作成「文部省参事官松田正久新叙を請ふの件」（『官吏進退　明治二十三年官吏進退十二　叙位三』（一八九〇年、国立公文書館デジタルアーカイブ所蔵））、『佐賀新聞』一八九〇年三月一三日。
(5) 前掲、水野公寿「九州改進党覚え書」、前掲、新藤東洋男『自由民権運動と九州地方――九州改進党の史的研究』七四〜八五頁。

(6) 前掲、新藤東洋男『自由民権運動と九州地方――九州改進党の史的研究』八五〜八七頁。
(7) 第一議会開院式当日に立憲自由党の院内会派である弥生倶楽部と立憲改進党の院内会派である議員集会所に所属していた議員数による(衆議院・参議院編『議会制度百年史(院内会派編衆議院の部)』〔大蔵省印刷局、一九九〇年〕)。
(8) 山県有朋総理大臣宛田中光顕警視総監の探聞(以下、「探聞(田中光顕警視総監)」)、一八九〇年八月二六日(「中山寛六郎文書」、東京大学大学院法学政治学研究科附属近代日本法政史料センター所蔵マイクロフィルム)。
(9) 前掲、伊藤之雄『立憲国家の確立と伊藤博文』一七〜二五頁。
(10) 「探聞(田中光顕警視総監)」一八九〇年八月二六日。
(11) 「探聞(田中光顕警視総監)」一八九〇年八月二六日。
(12) 「探聞(田中光顕警視総監)」一八九〇年八月二六日。
(13) 「探聞(田中光顕警視総監)」一八九〇年八月二六日。
(14) 「探聞(田中光顕警視総監)」一八九〇年八月二六日。
(15) 前掲、伊藤之雄『立憲国家の確立と伊藤博文』三四頁。
(16) 『東京朝日新聞』一八九〇年一一月二五日、二六日。
(17) 『東京朝日新聞』一八九〇年一一月一五日。
(18) 『佐賀新聞』一八九〇年一一月二九日。
(19) 前掲、伊藤之雄『立憲国家の確立と伊藤博文』四四〜四五頁。
(20) 『東京日日新聞』一八九一年一月二一日。
(21) 河野磐州傳編纂会編『河野磐州傳 下』〔第四版〕(同所、一九二五年)一五二頁、村瀬信一「第一議会と自由党――「土佐派の裏切り」考」(『史學雜誌』九五(二)一九八六年二月)。
(22) 松田正久「議院の解散に就て」(『自由平等経綸』第一号、一八九一年三月一日)。
(23) 松田正久「政府宜しく猛省する所あるべし」(『自由平等経綸』第二号、一八九一年三月一五日)。
(24) 前掲、衆議院・参議院編『議会制度百年史(院内会派編衆議院の部)』。九州出身議員のほとんどが、選挙当選時点では九州同志会所属であったが、九州同志会は第一議会の開院前に解散・合同して自由党を結成するため、ここでは自由党としてカウントする。
(25) 「探聞（田中光顕警視総監）」一八九〇年一月一七日（前掲、「中山寛六郎文書」）。
(26) 前掲、伊藤之雄『立憲国家の確立と伊藤博文』一二〇～一二一頁。
(27) 『佐賀新聞』一八九一年五月一〇日。
(28) 前掲、伊藤之雄『立憲国家の確立と伊藤博文』一二〇頁。
(29) たとえば、『佐賀新聞』一八八九年一月一八日。
(30) 「探聞（田中光顕警視総監）」一八九一年一月一七日。
(31) 井上馨宛古沢滋書翰二六〇―一（「井上馨関係文書」、国立国会図書館憲政資料室所蔵）。
(32) 井上馨宛末松謙澄書翰五二六―二（前掲、「井上馨関係文書」）。
(33) 「探聞（田中光顕警視総監）」一八九一年一月一七日。
(34) 「探聞（田中光顕警視総監）」一八九一年一月一六日。
(35) 『東京日日新聞』一八九一年三月八日。
(36) 有泉貞夫『星亨』（朝日新聞社、一九八三年）一五七頁。
(37) 前掲、伊藤之雄『立憲国家の確立と伊藤博文――内政と外交　一八八九～一八九八』六〇～六三頁。
(38) 『東京日日新聞』一八九一年三月二一日（号外）。
(39) 伊藤之雄「第一議会期の立憲自由党」（『名古屋大学文学部研究論集（史学）』一一〇号、一九九一年三月）四九～五〇頁。
(40) 内閣総理大臣山県有朋宛園田安賢警視副総監探聞（以下、「探聞（園田安賢警視副総監）」）、一八九一年三月二四日（前掲、「中山寛六郎文書」）、『東京日日新聞』一八九一年三月二四日。「探聞（園田安賢警視副総監）」では星は一六日に総理推戴を知らされたとあり、『東京日日新聞』では松田が星と計画を練った上で山田と河野に話したとあるが、松田が星と連携しながら総理推戴を積極的に進めたと考えるのが自然であろう。

(41)『佐賀新聞』一八九一年三月一九日。
(42)『東京日日新聞』一八九一年三月二六日（附録）。
(43)『東京日日新聞』一八九一年三月二九日。
(44)『東京日日新聞』一八九一年三月二九日。
(45)『佐賀新聞』一八九一年三月一九日。
(46)「探聞（園田安賢警視副総監）」一八九一年四月一日。
(47)前掲、伊藤之雄『立憲国家の確立と伊藤博文――内政と外交　一八八九～一八九八』六〇～六四頁。
(48)『東京朝日新聞』一八九一年三月二〇日。
(49)『佐賀新聞』一八九一年六月七日。
(50)河野弘善『河島醇傳――日本勧業銀行初代総裁』（河島醇伝刊行会、一九八一年）一三三頁。
(51)『自由党々報』第九号（一八九二年三月二五日）。
(52)山田武甫は、当時六〇歳、さらに一八九三年には亡くなっている。
(53)『東京朝日新聞』一八九一年五月二日、『佐賀新聞』一八九一年五月九日。
(54)『佐賀新聞』一八九一年五月一〇日。
(55)『佐賀新聞』一八九一年九月一三日。
(56)星亨「政府及薩長元老株の猛省を希ふ」（『自由党々報』第一号、一八九一年一〇月二五日）。
(57)『東京日日新聞』一八九一年一一月二一日。
(58)『佐賀新聞』一八九一年一一月二九日。
(59)「衆議院第二回予算委員会議事速記録第五号」。
(60)『佐賀新聞』一八九一年一二月一九日。
(61)『佐賀新聞』一八九一年一二月二六日（附録）。
(62)『自由党々報』第六号（一八九二年一月一〇日）、前掲、『自由党々報』第九号。

(63)『自由党々報』第三号（一八九一年一一月二五日）。
(64)前掲、『自由党々報』第三号。
(65)前掲、『自由党々報』第三号。
(66)前掲、『自由党々報』第六号。
(67)『東京朝日新聞』一八九二年二月一六日、この時期の『佐賀新聞』は吏党系候補者に買収されていたため、郷党会側の暴動という見方を掲載している。
(68)『佐賀県警察史』上巻（佐賀県警察本部、一九七五年）七一九頁。
(69)『東京朝日新聞』一八九二年八月二八日、九月九日、九月二四日、九月三〇日、一〇月二日、一八九三年一月五日など。
(70)八月頃から、武富はしばらく代議士総会に出席しておらず（『自由党々報』第一七号・第一八号、それぞれ一八九二年七月二五日・八月一〇日）、出席者名が記載されている代議士総会のうち、再び武富が出席したことが確認されるのは、一八九三年一月二三日（『自由党々報』第二九号、一八九三年一月二五日）であった。
(71)『自由党々報』第二八号（一八九三年一月一〇日）、第三〇号（一八九三年二月一〇日）。
(72)前掲、『自由党々報』第六号。
(73)『自由党々報』第三六号（一八九三年五月一〇日）。
(74)松田正久「現内閣の新議会に対する責任」（前掲、『自由党々報』第九号）。
(75)『自由党々報』第一〇号（一八九二年四月一〇日）。
(76)『自由党々報』第一一号（一八九二年四月二七日）。
(77)『自由党々報』第一九号（一八九二年八月二五日）。
(78)『自由党々報』第二〇号（一八九二年九月一〇日）。
(79)『東京日日新聞』一八九二年九月六日。
(80)前掲、『自由党々報』第二〇号。
(81)「第四議会自由党代議士報告書」（『自由党々報』第三二号、一八九三年三月一八日）。

(82)『自由党々報』第二五号（一八九二年一一月二五日）。
(83)一八九三年三月三日の代議士総会における板垣総理演説（前掲、『自由党々報』第三二号）。
(84)「探聞（田中光顕警視総監）」一八九一年四月四日（前掲、「中山寛六郎文書」）。
(85)前掲、『自由党々報』第三二号。
(86)『自由党々報』第三五号（一八九三年四月二五日）、前掲、第三六号等。
(87)「甲信・遠豆漫遊要録」（「龍野周一郎文書」一六三、国立国会図書館憲政資料室所蔵）。
(88)前掲、『自由党々報』第三六号。
(89)前掲、『自由党々報』第三六号。
(90)『自由党々報』第三七号（一八九三年五月二五日）、第三八号（一八九三年六月一〇日）。
(91)村瀬信一氏は、自由党九州遊説を自由党の民党合同路線からの決別との関係から論じ、特に松田と星が九州遊説に積極的であったことを指摘している（村瀬信一「明治二六年九月の自由党九州遊説」〔『日本歴史』第六四五号、二〇〇二年二月〕）。ただし、松田の自由民権期の経歴について、笹川多門『松田正久稿』に依って松田が九州改進党組織に参加した等と紹介しているが、松田がこうした民権運動と距離を置いていたことは、本書で述べたとおりである。
(92)『自由党々報』第四〇号（一八九三年七月一〇日）。
(93)『自由党々報』第四一号（一八九三年七月二五日）
(94)『自由党々報』第四五号（一八九三年九月二五日）。
(95)有泉貞夫『星亨』（朝日新聞社、一九八三年）一七六〜一八四頁。
(96)『自由党々報』第四六号（一八九三年一〇月一〇日）。
(97)大隈重信宛江藤新作書翰一九四―六（『大隈重信関係文書』二〔みすず書房、二〇〇五年〕）。
(98)ただし、同志会結成に参加する長谷場純孝（鹿児島）は参加しているため、改進党寄りのグループが揃って自由党大会を欠席したわけではない（『自由党々報』第四九号、一八九三年一一月二五日）。
(99)『佐賀自由』一八九三年一二月五日。『佐賀新聞』は一八九二年一二月一二日から、名称を『佐賀自由』と改めた。

(100) 長谷場は、自由党を脱党した議員たちと同志倶楽部を結成し、一八九四年五月に同盟倶楽部と合同して立憲革新党を結成した。武富も立憲革新党に参加した。第三回総選挙では、立憲革新党が佐賀県（定数四）で三議席、鹿児島県（定数七）で四議席を獲得し、第四回総選挙では、佐賀県で四議席と全勝し、鹿児島県でも前回同様の議席を獲得した。立憲革新党は、一八九六年三月に立憲改進党などと合同して進歩党を結成する。
(101) 前掲、『自由党々報』第四九号。
(102) 『自由党々報』第五〇号（一八九三年一二月一〇日）。
(103) 『自由党々報』第五一号（一八九三年一二月二五日）。
(104) 前掲、『自由党々報』第五一号。
(105) 『自由党々報』第五二号（一八九四年一月一七日）。
(106) 『自由党々報』第六二号（一八九四年六月一五日）。
(107) 『自由党々報』第八二号（一八九五年四月一〇日）。
(108) 『自由党々報』第九八号（一八九五年一二月一〇日）。
(109) 『自由党々報』第八六号（一八九五年六月一二日）。
(110) （党論）「政治家之責任」（前掲、『自由党々報』第八六号）。
(111) 『自由党々報』第八九号（一八九五年七月二五日）。
(112) 『自由党々報』第九〇号（一八九五年八月一〇日）。当時の外相は、のちに松田が自由党総理に推そうと計画した陸奥宗光であった。過激な世論に対する認識や、外交には相応の兵力が必要であるという理解など、松田と陸奥の外交観はかなり一致していた（陸奥宗光『蹇蹇録』〈岩波文庫、一九八三年〉三六三～三七〇頁）。
(113) 前掲、『自由党々報』第九〇号。
(114) 前掲、伊藤之雄『立憲国家の確立と伊藤博文』一七七～一八五頁。
(115) （党論）「政党内閣」『自由党々報』第九七号、一八九五年一一月二五日）。
(116) 『東京日日新聞』一八九五年一二月一七日。

(117)『自由党々報』第九九号(一八九五年一二月二五日)。
(118)前掲、『自由党々報』第九九号。
(119)伊藤博文宛伊東巳代治書翰(一八九五年)一一月六日、九日、一三日(伊藤博文関係文書研究会編『伊藤博文関係文書』第二巻〔塙書房、一九七四年〕)。
(120)伊藤博文宛渡辺国武書翰(一八九五年)一二月五日(伊藤博文関係文書研究会編『伊藤博文関係文書』第八巻〔塙書房、一九八〇年〕)。
(121)『佐賀自由』一八九六年一二月一六日。
(122)「松田正久氏の感慨」『佐賀自由』一八九七年九月一四日。
(123)伊藤博文宛西園寺公望書翰、一八九五年四月二三日(『伊藤博文関係文書』第五巻〔塙書房、一九七七年〕)、野村靖宛古沢滋書翰、一八九五年七月二八日(『伊藤博文関係文書』第七巻〔塙書房、一九七九年〕)。
(124)野田卯太郎「日記」(「野田大塊文書」、九州歴史資料館所蔵)。
(125)前掲、伊藤之雄『立憲国家の確立と伊藤博文』(吉川弘文館、一九九九年)二一八~二二二頁。
(126)『東京日日新聞』一八九七年二月一九日。
(127)前掲、河野磐州傳編纂会編『河野磐州傳 下』〔第四版〕四五六頁、『自由党々報』第一二八号(一八九七年三月一日)。
(128)前掲、『自由党々報』第一二八号。
(129)伊藤氏は、土佐派支配の崩壊の中での松田による陸奥宗光入党問題工作を指摘した(前掲、伊藤之雄『立憲国家の確立と伊藤博文』二二二~二二八頁)。
(130)岡崎邦輔宛陸奥宗光書翰一八九七年三月八日、九日(伊藤隆・酒田正敏『岡崎邦輔関係文書・解説と小伝』〔自由民主党和歌山県支部連合会、一九八五年〕一三三頁)。
(131)『東京日日新聞』一八九七年二月二六日。
(132)岡崎邦輔宛陸奥宗光書翰一八九七年三月八日、一三日(前掲、伊藤隆・酒田正敏『岡崎邦輔関係文書・解説と小伝』一三三~一三四頁)。中島の自由党入党を「将来万事之都合」と考えていることも、陸奥自身が入党の機会をうかがっていることを傍証する。中島は相応の待遇で入党できるよう林に内々に交渉しており、陸奥自身の入党は伏せて計画は進められていたと思われる。

(133) 岡崎邦輔宛陸奥宗光書翰一八九七年三月一三日（前掲、伊藤隆・酒田正敏『岡崎邦輔関係文書・解説と小伝』一三四〜一三五頁）、伊藤之雄『伊藤博文——近代日本を創った男』（講談社、二〇〇九年）三八二〜三八四頁。

(134)『東京日日新聞』一八九七年三月二八日。

第三章　政党内閣の実現と挫折

(1)『佐賀自由』一八九七年九月二二日。

(2)『東京日日新聞』一八九七年九月二五日。

(3) 坂野潤治『明治憲法体制の確立——富国強兵と民力休養』（東京大学出版会、一九七一年）一五四〜一五五頁。

(4)『東京日日新聞』一八九七年一一月二〇日。

(5)『東京日日新聞』一八九七年一一月二五日、一二月一七日、政務委員の慰労会や自由懇親会で堂々とした挨拶を行っている。

(6) 小田急電鉄株式会社編『利光鶴松翁手記（伝記叢書二八〇）』（大空社、一九九七年、初出は一九五七年）一九七〜一九八頁。

(7) 前掲、伊藤之雄『立憲国家の確立と伊藤博文』二二九〜二三一頁。

(8)『東京日日新聞』一八九八年三月二〇日。

(9)『東京日日新聞』一八九八年四月三日、一〇日。

(10)『東京日日新聞』一八九八年六月一一日。

(11)『東京日日新聞』一八九八年五月六日。

(12)『東京日日新聞』一八九八年五月七日。

(13)『東京朝日新聞』一八九八年四月一七日。

(14)『読売新聞』一九一〇年八月二四日。
(15)『東京日日新聞』一八九八年六月一四日。
(16)会合は、他に進歩党の楠本邸等で開かれている(『東京日日新聞』一八九八年六月一五日)ことから、自由・進歩両党の領袖邸で持ち回りで開かれていたといえる。
(17)『東京日日新聞』一八九八年六月一六日。
(18)『佐賀自由』一八九八年六月二五日。
(19)『東京日日新聞』一八九八年六月二三日。
(20)『東京日日新聞』一八九八年六月二五日。
(21)『佐賀自由』一八九八年七月五日。
(22)『佐賀自由』一八九八年七月五日。
(23)奈良岡聰智「政務次官設置の政治過程——加藤高明とイギリスモデルの官制改革構想」(一)~(六)(『議会政治研究』〔六五〕~〔七二〕、二〇〇三年三月~二〇〇四年九月)、清水唯一朗「政党内閣の成立と政官関係の変容——隈板内閣~第四次伊藤内閣」(『史學雜誌』一一四〔二〕、二〇〇五年二月)。
(24)『佐賀自由』一八九八年七月五日。
(25)清水唯一朗「政治主導と官僚主導——その歴史的組成と構造変化」(『レヴァイアサン』四八号、二〇一一年四月)。
(26)『東京日日新聞』一八九八年七月二四日。
(27)『佐賀自由』一八九八年七月二七日。
(28)『東京日日新聞』一八九八年七月二六日。
(29)広瀬順晧編『憲政史編纂会旧蔵　政治談話速記録第八巻　男爵若槻礼次郎談話速記』(ゆまに書房、一九九九年)四七~四八頁。
(30)『東京日日新聞』一八九八年八月五日。
(31)『東京日日新聞』一八九八年八月二五日など。

(32)『東京日日新聞』一八九八年九月一六日、一七日。
(33)『東京日日新聞』一八九八年九月一八日。
(34)『東京日日新聞』一八九八年八月二四日。
(35) この時の外債募集については、藤井信幸「第一次大隈内閣と日清「戦後経営」――外資導入問題を中心に」（早稲田大学史編集所編『大隈重信とその時代』〔早稲田大学出版部、一九八九年〕八七～一一四頁）が詳しい。
(36) 松田正久宛大隈重信書翰一八九八年九月五日（「松尾家文書」、国立国会図書館憲政資料室所蔵）。
(37) 大蔵省総務局文書課編『大蔵省年報　明治三一年度』（大蔵省、一九〇〇年、国立国会図書館デジタル化資料）。
(38) これは、松田が第二次山県内閣の地租増徴案に賛成したことを第一四議会で尾崎に攻撃された際の反論であるが、尾崎も当時の閣議メンバーであってこの松田の発言を否定していないことから、この松田の説明に間違いはないと推定できる（『衆議院議事速記録』）。
(39) 前掲、伊藤之雄『立憲国家と日露戦争――外交と内政　一八九八～一九〇五』四二～四三頁。
(40)『佐賀自由』一八九九年一月七日。
(41)『佐賀自由』一八九八年一二月二九日。
(42) 松田ら、自由党による日本銀行批判について、前田亮介『全国政治の始動――帝国議会開設後の明治国家』（東京大学出版会、二〇一六年）一九八～二〇五頁。
(43) 岩崎家傳記刊行会編『岩崎家傳記三　岩崎彌之助傳』上（東京大学出版会、一九七一年）三三七～三四三頁。
(44)『東京日日新聞』一八九八年九月二三日。
(45)『東京日日新聞』一八九八年一〇月一日。
(46) 立憲改進党系の『東洋経済新報』でも、金利引き下げに長く反対していたが、物価の下落を認めざるを得ない状況に変わっていった。
(47)『東京日日新聞』一八九八年一〇月八日。
(48) 地租増徴による実業界救済を主張する伊東巳代治や一部実業家を抑制するために、金利引き下げを強行したという情報をつかんでいた(五百旗頭薫『大隈重信と政党政治　複数政党制の起源明治十四年〜大正三年』(東京大学出版会、二〇〇三年)二七〇頁)。
(49)『東京日日新聞』一八九八年一〇月九日。
(50)『東京日日新聞』一八九八年七月一三日。
(51)『東京日日新聞』一八九八年八月九日。
(52)『東京日日新聞』一八九八年八月一四日等。
(53)『憲政党党報』第三号(一八九八年九月五日)。
(54)『東京日日新聞』一八九八年九月四日。
(55)『東京日日新聞』一八九八年八月二三日。
(56)前掲、有泉貞夫『星亨』二三六〜二五六頁。
(57)伊藤之雄「日清戦後の自由党の改革と星亨」(『名古屋大学文学部研究論集』一一六号、一九九三年三月)、のちに前掲、伊藤之雄『立憲国家の確立と伊藤博文』二五三〜二五六頁。
(58)『東京日日新聞』一八九八年一〇月二九日。
(59)『東京日日新聞』一八九八年一〇月三〇日(附録)。
(60)『東京日日新聞』一八九八年一一月一日。
(61)『東京日日新聞』一八九八年一一月三日、五日。星は、末松の憲政党入党と総務委員就任を主導した。
(62)「懐旧録　前編　水野錬太郎手記　昭和一二〜一三年」(尚友倶楽部・西尾林太郎編『水野錬太郎回想録・関係文書』(山川出版社、一九九九年))。
(63)前掲、広瀬順晧編『憲政史編纂会旧蔵　政治談話速記録第八巻　男爵若槻礼次郎談話速記』四九〜五三頁。
(64)『佐賀自由』一八九八年八月一〇日。
(65)『佐賀自由』一八九八年一二月二三日。
(66)『衆議院議事速記録』第九号、一八九九年一二月一五日。

(67)『佐賀自由』一八九九年三月一八日。
(68)前掲、『佐賀自由』一八九九年三月一八日。
(69)前掲、有泉貞夫『星亨』二五八～二五九頁。
(70)前掲、小田急電鉄株式会社編『利光鶴松翁手記』二〇〇頁。
(71)『佐賀』一八九九年五月一一日、新聞『佐賀』はこの頃には松田・政友会寄りの論調になっており、一九〇三年には正式に政友会佐賀県支部の機関紙となる。

第四章　松田正久と原敬による政友会指導の形成

(1)前掲、伊藤之雄『立憲国家と日露戦争』五二～五三頁。
(2)『佐賀』一九〇〇年四月一三日。
(3)『佐賀』一九〇〇年四月一三日。
(4)『佐賀』一九〇〇年四月一三日。
(5)前掲、小田急電鉄株式会社編『利光鶴松翁手記』。
(6)『政友』第一号（一九〇〇年一〇月一五日）。
(7)『佐賀』一九〇〇年七月一二日。
(8)『原敬日記』一九〇一年五月一日。
(9)前掲、伊藤之雄『原敬　外交と政治の理想』（上）三六七～三八三頁。
(10)野田卯太郎「日記」（前掲、「野田大塊文書」）一九〇〇年一〇月二三日。
(11)『佐賀』一九〇〇年九月一六日。
(12)『佐賀』一九〇〇年九月一四日、九月一五日。九月一五日の記事中には、感謝「通告」とされている。
(13)『佐賀』一九〇〇年一〇月二日。
(14)『佐賀』一九〇〇年一〇月四日。

(15) 前掲、伊藤之雄『立憲国家と日露戦争』六一頁。
(16) 山本四郎『初期政友会の研究』(清文堂出版、一九七五年)八〇~九〇頁、前掲、有泉貞夫『星亨』。
(17) 『佐賀』一九〇〇年一〇月一七日。
(18) 『佐賀』一九〇〇年一〇月二六日。
(19) 『佐賀』一九〇〇年一〇月二六日。
(20) 『佐賀』一九〇〇年一一月二五日。
(21) 「松田文相の方針」(『佐賀』一九〇〇年一二月五日)。
(22) 『佐賀』一九〇一年一月八日。
(23) 早稲田大学大学史編集所編『早稲田大学百年史』第一巻(早稲田大学出版部、一九八一年)九七〇~九七七頁。
(24) 『佐賀』一九〇〇年一二月六日。
(25) 『佐賀』一九〇一年一月一五日。
(26) 前掲、野田卯太郎「日記」一九〇〇年一二月一七日等。
(27) 前掲、伊藤之雄『立憲国家と日露戦争』七〇~七一頁、前掲、同『原敬』(上)三八八~三九五頁。
(28) 入閣からひと月半ほど経った一九〇一年二月九日、原は松田、林と共に議院からの帰途に伊藤の病気見舞いに立寄ったとある(『原敬日記』一九〇一年二月九日)。
(29) 『原敬日記』一九〇一年四月一九日。
(30) 『原敬日記』一九〇一年四月二五日、二六日。
(31) 広瀬順晧監・編『憲政史編纂会旧蔵伊東巳代治日記・記録――未刊 翠雨荘日記』第二巻(ゆまに書房、一九九九年)一九〇一年五月一七日。
(32) 『原敬日記』一九〇一年六月二二日。
(33) 『佐賀』一九〇一年七月二日。
(34) 『佐賀』一九〇一年七月二日。

(35)『佐賀』一九〇一年七月四日。
(36)『原敬日記』一九〇一年九月一〇日、前掲、伊藤之雄『立憲国家と日露戦争』三〇四頁。
(37)九月一二日に原が伊藤を訪問すると、松田がすでに伊藤を訪問中であった（『原敬日記』一九〇一年九月一二日）。
(38)『原敬日記』一九〇一年九月一七日。
(39)『佐賀』一九〇一年八月六日。
(40)松田正久「富国の実を養ふに力むへし」（『経済時報』第二号、一九〇一年一〇月）。
(41)『佐賀』一九〇一年一〇月二日、二七日。
(42)『原敬日記』一九〇一年一二月二六日。
(43)『政友』第四号（一九〇一年一月一〇日）。
(44)どの県をどの地方に属すると見るかについては、一九〇三年一二月三〇日の政友会定期大会で、協議員を地方団体ごとに決定すると初めて決まった際の区分に準じた。したがって、関東、東北、北信、東海、近畿、中国、四国、九州とし、兵庫県は中国地方、三重県は東海地方に分類する。
(45)『政友』第一三号（一九〇一年一〇月一〇日）。
(46)『政友』第一六号（一九〇二年一月一〇日）。
(47)『原敬日記』一九〇二年二月一五日。
(48)『原敬日記』一九〇二年三月一～四日。
(49)前掲、伊藤之雄『立憲国家と日露戦争』三〇九～三一一頁。
(50)『原敬日記』一九〇二年七月一日。
(51)『佐賀』一九〇二年八月二日。
(52)『政友』第二六号（一九〇二年一一月一〇日）。
(53)『原敬日記』一九〇二年九月一五日。
(54)『原敬日記』一九〇二年一〇月二七日。

(55)『原敬日記』一九〇二年一一月七日。
(56)前掲、『政友』第二六号。
(57)『政友』第二七号(一九〇二年一二月一〇日)。
(58)『原敬日記』一九〇二年一二月五日。
(59)『原敬日記』一九〇二年一二月二二～二五日。
(60)『佐賀』一九〇三年一月七日。
(61)『原敬日記』一九〇三年四月一四～一八日。なお、石塚らを除名することについて『原敬日記』には、「会合したる総務委員は林有造、江原素六、長谷場純孝、尾崎行雄、本多政以及び余にして、金子堅太郎は欠席せしも同意を表し、松田正久は大阪より伝言して来り、……」とあり、松田が伝言してきた内容は記述されていない。しかし、除名処分は実行されたので、あえて松田からの伝言の内容を記す必要がなかったと考えると、松田も除名処分に賛成であったと推定される。
(62)桂内閣と政友会との妥協成立の過程は、前掲、伊藤之雄『立憲国家と日露戦争』一七五～一七八頁。
(63)『原敬日記』では「総務委員を廃し」とより明確に記述されている(『原敬日記』一九〇三年五月三日)。
(64)『政友』第三三号(一九〇三年五月一五日)
(65)『原敬日記』一九〇三年五月三～二四日。
(66)『原敬日記』一九〇三年五月二四～二九日。
(67)『原敬日記』一九〇三年五月二九日。
(68)『原敬日記』一九〇三年五月三一日。
(69)『原敬日記』一九〇三年六月四日。
(70)『原敬日記』一九〇三年六月八日。
(71)『原敬日記』一九〇三年六月九日、一〇日。
(72)『佐賀新聞』一九〇三年四月二八日(談話)、五月一〇日代議士総会の挨拶。一九〇三年四月一五日より、『佐賀』紙は政友会佐賀県支部の機関紙になり、『佐賀新聞』に改称した。

(73)『佐賀新聞』一九〇三年七月七日、大磯へ向かおうとした伊藤博文が、夜遅くなってしまったからと、当時は品川にあった松田邸に一泊した。
(74)『佐賀新聞』一九〇三年五月二六日。
(75)前掲、拙稿「政友会領袖松田正久と選挙区佐賀県」六〇三頁。
(76)『政友』第三三号（一九〇三年五月一五日）。
(77)前掲、『政友』第三三号。
(78)『原敬日記』一九〇三年五月二九日。
(79)『佐賀新聞』一九〇三年六月七日。
(80)『佐賀新聞』一九〇三年六月一二日。
(81)『佐賀新聞』一九〇三年六月一九日。
(82)『佐賀新聞』一九〇三年六月二三日。
(83)『佐賀新聞』一九〇三年六月二六日。
(84)『佐賀新聞』一九〇三年七月一一日。
(85)『原敬日記』一九〇三年七月八日。
(86)『佐賀新聞』一九〇三年七月二一日、二八日。二六日、静子夫人から小城の支援者中島健に松田の病状が軽快に向かっていると伝えられた。
(87)『原敬日記』一九〇三年一二月一日。
(88)前掲、伊藤之雄『立憲国家と日露戦争』三一九頁。
(89)『原敬日記』一九〇三年一一月二〇日。
(90)『政友』第四〇号（一九〇三年一二月一五日）。
(91)前掲、『政友』第四〇号。
(92)前掲、伊藤之雄『立憲国家と日露戦争』二九二〜二九六頁。

(93)『佐賀新聞』一九〇三年一二月一二日。
(94)『佐賀新聞』一九〇三年一二月一七日。
(95)伊藤之雄『原敬　外交と政治の理想』(下)(講談社選書メチエ、二〇一四年)一六～一八頁、飯塚一幸「原敬社長時代の『大阪新報』——日露戦争期を中心に」(前掲、伊藤之雄編『原敬と政党政治の確立』)九五～一四九頁。
(96)『佐賀新聞』一九〇四年二月一三日。
(97)前掲、拙稿「政友会領袖松田正久と選挙区佐賀県」五六六、五八六～五八七頁。
(98)『佐賀新聞』一九〇四年三月四日。
(99)川人貞史『日本の政党政治　一八九〇～一九三七年——議会分析と選挙の数量分析』(東京大学出版会、一九九二年)二六～三二頁。
(100)『佐賀新聞』一九〇四年四月五日。
(101)『政友』第四六号(一九〇四年四月二五日)。
(102)『原敬日記』一九〇四年三月三一日。
(103)『政友』第四八号(一九〇四年六月二五日)。
(104)『原敬日記』一九〇四年一二月七～九日。
(105)『佐賀新聞』一九〇四年一一月一〇日。
(106)『佐賀新聞』一九〇四年一一月一八日、「相続税累進計上の誤謬」と題する記事の中で政府案は「社会主義者を満足せしむるに足るもの」と評し、課税対象額の引き上げと三菱等財閥に重く課税することを希望するとした。
(107)『佐賀新聞』一九〇四年一一月一〇日。
(108)伊藤之雄『伊藤博文——近代日本を創った男』(講談社、二〇〇九年)四九一頁。
(109)「松田正久君談」(『太陽』第一六巻第一三号、一九一〇年一〇月)。
(110)『佐賀新聞』一九〇四年一一月二六日。
(111)『衆議院議事速記録』第六号(一九〇四年一二月二一日)。

(112)『佐賀新聞』一九〇五年一〇月八日。

第五章　桂園体制期の松田正久

(1)『原敬日記』一九〇五年八月二七日。
(2)『原敬日記』一九〇五年一二月二〇日。
(3)『佐賀新聞』一九〇六年一月二一日。
(4)『佐賀新聞』一九〇六年一月二四日。
(5)『佐賀新聞』一九〇六年一月一二日。
(6)『佐賀新聞』一九〇七年四月三日、四月五日、四月一九日、一九〇八年一月二〇日。
(7)『佐賀新聞』一九〇七年八月七日、一〇月四日、一一月一四日、一一月二四日。
(8)萩原淳「司法官僚としての平沼騏一郎――立憲政友会との協調と政治的台頭　一八八八～一九二一年」（一）（『法学論叢』第一七三巻第二号、二〇一三年五月）。
(9)平沼騏一郎回顧録編纂委員会編『平沼騏一郎回顧録』（同所、一九五五年）一八三頁。
(10)前掲、『平沼騏一郎回顧録』一三八頁。
(11)吉井蒼生夫『近代日本の国家形成と法』（日本評論社、一九九六年）。
(12)なお、改正案の作成は官僚が行ったものである（前掲、萩原淳「司法官僚としての平沼騏一郎――立憲政友会との協調と政治的台頭一八八八～一九二一年」（一））。
(13)『報知新聞』一九〇七年四月一六日。
(14)『佐賀新聞』一九〇八年一月二〇日。
(15)『原敬日記』一九〇八年三月二三日。
(16)『原敬日記』一九〇八年五月二九日。『読売新聞』主筆を務めた衆議院議員の竹越與三郎もまた、松田について、司法大臣としては包容《〔ママ〕》も意見もあって成功しているが、蔵相には「兎角不向」と見ていた（西園寺公望宛竹越與三郎書翰一九〇

八年六月二七日、山崎有恒・西園寺公望関係文書研究会編『西園寺公望関係文書』（中西印刷株式会社出版部松香堂書店、二〇一二年）A-28-2）。
(17)『政友』第九八号（一九〇八年七月一〇日）。
(18)『佐賀新聞』一九〇八年二月七日。
(19)前掲、伊藤之雄『原敬 外交と政治の理想』（下）八七頁。
(20)『佐賀新聞』一九〇九年五月二九日。
(21)前掲、伊藤之雄『原敬 外交と政治の理想』（下）六八～八三頁。
(22)『原敬日記』一九〇八年六月二八日。
(23)『政友』第一一二号（一九〇九年一〇月三〇日）。
(24)前掲、『政友』第一一二号。
(25)『政友』第一一五号（一九一〇年一月二五日）。
(26)『政友』第一三〇号（一九一一年五月一〇日）。
(27)前掲、『政友』第一三〇号。
(28)前掲、伊藤之雄『原敬 外交と政治の理想』（下）一四八～一四九頁。
(29)『原敬日記』一九一〇年六月六日。
(30)『原敬日記』一九一〇年七月三日。
(31)『原敬日記』一九〇九年一二月二〇日。
(32)『佐賀』一九〇一年七月一七日。
(33)『佐賀新聞』一九〇六年三月一〇日。
(34)『東京日日新聞』一九〇六年八月一九日。
(35)『原敬日記』一九一八年一月二五日。
(36)栗原亮一宛松田正久書翰七月二九日（「栗原亮一文書」四五―七、国立国会図書館憲政資料室所蔵）。

(37) たとえば、『東京朝日新聞』一九〇三年五月四日の記事に「領袖松田正久氏の如きも例の不得要領なる態度を以て」とある。
(38) 『原敬日記』一九一〇年五月五日。
(39) 松田正久宛長谷場純孝書翰一九〇二年六月一三日（「伊藤大八関係文書」、国立国会図書館憲政資料室所蔵）。
(40) 『佐賀』一九〇二年七月八日。
(41) 松田の質素な生活はよく知られていた。たとえば、『美談逸話辞典』の「質素」の項に松田の名前が挙がっている（『訓話・説話大辞典』第一巻〔日本図書センター、二〇〇七年〕、底本は三井昌史・菅原法嶺編『布教百科大辞典』第二巻〔東方書院、一九三三年〕）。
(42) 原敬宛麻生太吉書翰一九一三年一一月一日（『原敬関係文書』第一巻）。
(43) 麻生太吉宛川原茂輔書翰一九一六年四月五日（「麻生家文書」、九州大学附属図書館記録資料館産業経済部門所蔵）。
(44) 『佐賀新聞』一九一一年九月四日。
(45) 『佐賀新聞』一九一一年九月八日。
(46) 『佐賀新聞』一九一一年九月二日。
(47) 『佐賀新聞』一九一一年一二月二一日。
(48) 『佐賀新聞』一九一二年一月七日。
(49) 『佐賀新聞』一九一二年一月七日。
(50) 『佐賀新聞』一九一二年一月五日。
(51) 『佐賀新聞』一九一二年三月一〇日。
(52) 『佐賀新聞』一九一二年三一九日。
(53) 『佐賀新聞』一九一二年三月三一日、政友会総会における西園寺総裁の挨拶。
(54) 『佐賀新聞』一九一二年四月一日、政友会幹部による、「我党〔政友会―筆者註〕は遂に廿九議会に於いては二百五十余名を得るに至るべし」との選挙予想が掲載された。

(55)『佐賀新聞』一九一二年四月一三日。
(56)『佐賀新聞』一九一二年四月一五日。
(57)『佐賀新聞』一九一二年六月二日、政友会本部の調査より。
(58)『原敬日記』一九一二年七月二九日、『東京日日新聞』同年七月三一日。
(59)『佐賀新聞』では一九一二年八月一日に恩赦に関する初めての報道が見られ、『東京日日新聞』にも同日、恩赦に関する松田法相の談話が掲載された。
(60)『東京日日新聞』一九一二年八月一日。
(61)『東京日日新聞』一九一二年八月七日。松田も談話において、再犯が多かったことを重く受け止めている（同八月二五日）。
(62)『東京日日新聞』一九一二年八月二日。
(63)『東京日日新聞』一九一二年八月八日。
(64)『東京日日新聞』一九一二年八月九日。
(65)『東京日日新聞』一九一二年八月九日。
(66)『佐賀新聞』一九一二年八月二九日の談話において、英照皇太后崩御にともなう恩赦で再犯が多かったことを踏まえ、慎重に協議する必要があることを語っている。
(67)『東京日日新聞』一九一二年八月二七日。
(68)『東京日日新聞』一九一二年八月二七日、九月二日等。
(69)『東京日日新聞』一九一二年九月六日、九月一六～一九日。
(70)『佐賀新聞』一九一二年九月三〇日。
(71)『東京日日新聞』一九一二年八月二〇日、『佐賀新聞』では一九日に亡くなったとされている（八月二二日）。
(72)『東京日日新聞』一九一二年八月二〇日。
(73)『東京日日新聞』一九一二年八月二一日。

(74)『佐賀新聞』一九一二年九月二二日。
(75)『佐賀新聞』一九一三年二月二日。

第六章 「松田内閣」という幻

(1)『佐賀新聞』一九一二年一二月二日。
(2)山本四郎『大正政変の基礎的研究』（御茶の水書房、一九七〇年）一五九〜二〇三頁。
(3)たとえば、商工会議所会頭の中野武営は、増師問題での対立を「閥族」と政党の衝突ではなく「閥族」と国民の衝突であると唱え、大正の冒頭に「閥族」のために常に蔽われつつあった雲を払い、「憲法の全き運用を得」るべきであると主張した（『中央新聞』一九一二年一二月四日）。
(4)『中央新聞』一九一二年一二月四日。
(5)『佐賀新聞』一九一二年一二月六日。
(6)『佐賀新聞』一九一二年一二月一〇日。
(7)『佐賀新聞』一九一二年一二月一〇日。
(8)『佐賀新聞』一九一二年一二月一一日。
(9)『中央新聞』一九一二年一二月一六日。
(10)『東京日日新聞』一九一二年一二月二〇日。
(11)『中央新聞』一九一二年一二月二〇日。
(12)『中央新聞』一九一二年一二月二四日。
(13)『中央新聞』一九一二年一二月二四日。
(14)『原敬日記』からも、松田が原と会って元老との交渉状況等を聞いたのは、一一月三〇日の閣議から第三次桂内閣が成立した一二月二一日までの間で、一二月七日と一八日の二回だけであった。
(15)『佐賀新聞』一九一二年一二月二六日。

(16)『佐賀新聞』一九一二年一二月一七日。
(17)『佐賀新聞』一九一三年一月二五日。
(18)『佐賀新聞』一九一三年二月六日。
(19)『中央新聞』一九一三年一月一日、二日、三日。
(20)『中央新聞』一九一三年一月一三日。
(21)『中央新聞』一九一三年一月二〇日。
(22)『原敬日記』一九一三年一月二三日。
(23)『原敬日記』一九一三年一月二三日。
(24)『東京日日新聞』一九一三年一月二五日、二月一日。
(25)『佐賀新聞』一九一三年二月二日。
(26)『佐賀新聞』一九一三年二月三日。
(27)『佐賀新聞』一九一三年二月一四日。
(28)『佐賀新聞』一九一三年二月一六日。
(29)広瀬順晧編『憲政史編纂会旧蔵 政治談話速記録第二巻 尾崎行雄氏談話速記』(ゆまに書房、一九九八年)三六〇～三六一頁。
(30)『佐賀新聞』一九一三年二月二二日。
(31)『佐賀新聞』一九一三年二月二五日。
(32)『佐賀新聞』一九一三年二月二五日。
(33)作者不詳の投書(『佐賀新聞』一九一三年二月二七日)。
(34)高橋義雄『萬象録 高橋箒庵日記』巻一(思文閣出版、一九八六年)一九一三年二月一四日。
(35)高橋義雄『萬象録 高橋箒庵日記』巻二(思文閣出版、一九八六年)一九一四年三月六日。
(36)『原敬日記』一九一三年二月一三日。

(37)『佐賀新聞』一九一三年四月二日。
(38)『佐賀新聞』一九一三年四月一〇日。
(39)『佐賀新聞』一九一三年四月一三日。
(40)『佐賀新聞』一九一三年四月一八日。
(41)『佐賀新聞』一九一三年一月五日。
(42)『佐賀新聞』一九一三年七月二八日。
(43)『佐賀新聞』一九一三年九月二七日、一〇月四日など。
(44)『佐賀新聞』一九一三年一〇月二〇日。
(45)『佐賀新聞』一九一三年九月二七日、一〇月四日など。
(46)原敬宛松田正久書翰一九一三年一一月四日（原敬文書研究会編『原敬関係文書』第三巻〔日本放送出版協会、一九八三年〕二六三頁）。
(47)『原敬日記』一九一四年一月一九日。
(48)『原敬日記』一九一三年一一月二一日、一九一四年一月一三日。
(49)『原敬日記』一九一四年三月七日。
(50)『原敬日記』一九一四年三月四日。
(51)『原敬日記』一九一四年三月八日。
(52)『原敬日記』一九一五年六月二五日、一九一七年六月二五日等。
(53)前掲、野田卯太郎「日記」一九一四年三月五日。
(54)『政友』第一六五号（一九一四年三月二五日）。

第七章　地域性の克服と時代状況に合致した政策の提示

(1)前掲、藤野保『佐賀藩』一七九〜一九九頁。

(2) 鍋島家のご子孫の方々の集まりでも、本家の人々が次第に出席しなくなり、小城鍋島家が会を取り仕切るようになっていたという。この集まりは現代（二〇一〇年頃）まで続いたもので（波多野敬雄氏インタビュー）、その様子からも、鍋島家の中で小城鍋島家が他よりも中心的な位置にあったことが分かる。
(3) 前掲、飯塚一幸「佐賀の乱の再検討——周辺の視点から」一六～二八頁。
(4) 杉谷昭「佐賀開進会の成立過程」（『九州文化史研究所紀要』第二一号、一九七六年三月）一九三～二一九頁。
(5) 前掲、武富時敏「自伝」部分（渋谷作助『武富時敏』〔「武富時敏」刊行会、一九三四年〕）一一三頁。
(6) 当時の選挙制度は立候補制ではなかったが、第二回総選挙以降、新聞に「候補者」広告が掲載されるようになり、次第に政党支部が自党の「候補者」を発表するようになることから、便宜上、「立候補」と表現する。
(7) 前掲、渋谷作助『武富時敏』一二二～一二四頁。
(8) 『佐賀新聞』一八八八年一〇月二日。
(9) 『佐賀新聞』一八八九年二月二七日、二八日。
(10) 一般に、松田は九州改進党の結成に参加したと言われている（たとえば、鳥海靖「松田正久」『国史大辞典』第十三巻〔吉川弘文館、一九九二年〕）。笹川多門『松田正久稿』が、小島憲一朗『現代大日本政治史』（帝国教育研究会、一九二八年）を引用して、松田が九州改進党に参加したように記述している（一〇三頁）ためであると思われる。しかし、九州改進党研究・佐賀の自由民権研究では、松田が九州改進党結成に参加したとはみなされていない（前掲、新藤東洋男『自由民権運動と九州地方——九州改進党の史的研究』、前掲、杉谷昭「佐賀開進会の成立過程」等）。新藤氏の記述によれば、松田が九州同志会に関わったことが初めて確認されるのは、一八九〇年四月である。松田は、同年三月に、鹿児島高等中学造士館教諭兼教頭と文部省参事官を辞職していることからも、松田が政党に正式に入党したのは、一八九〇年三月から四月にかけてであったと考えるべきであろう。
(11) たとえば、大隈・武富と同郷で、伝記『武富時敏』を著した渋谷作助氏は、「侯〔大隈〕は征韓論で江藤〔新平〕副島〔義高〕等を見殺しにしたと世間には誤解されて居たので、郷里の佐賀では頗る人気が悪」かったと記している（前掲、渋谷作助『武富時敏』二一〇頁）。

(12)『東京日日新聞』一八九一年三月二九日、前掲、河野弘善『河島醇傳――日本勧業銀行初代総裁』（一三三頁、『自由党々報』第九号（一八九二年三月二五日）。
(13)『佐賀新聞』一八九一年五月九日、五月一〇日。
(14)前掲、伊藤之雄『立憲国家の確立と伊藤博文』一一五～一一六頁。
(15)『佐賀自由』一八九三年七月一三日。
(16)『自由党々報』第四一号（一八九三年七月二六日）。
(17)自由党佐賀支部（分裂前）幹事の野田および、常議員一六名のうち加藤、徳川、米倉、西、黒木、永野、井上、山邊は、憲政本党佐賀支部で幹事または評議員に就いた（『憲政本党党報』第二号〔一八九八年一二月一五日〕）。
(18)『佐賀自由』一八九三年九月九日。
(19)『佐賀自由』一八九三年一〇月六日。
(20)『佐賀自由』一八九三年九月一九日。
(21)『佐賀自由』一八九三年一〇月六日。
(22)大隈重信宛江藤新作書翰（一八九三）年九月二八日（『大隈重信関係文書』二〔みすず書房、二〇〇五年〕）。
(23)『佐賀自由』一八九三年一一月五日、二七日。
(24)『佐賀自由』一八九三年一〇月五日。
(25)大隈重信宛秀島家良書翰（一八九三）年八月一二日（『大隈重信関係文書』九〔みすず書房、二〇一三年〕）。
(26)『佐賀自由』一八九三年一〇月六日、一八九四年二月一七日。
(27)『東京朝日新聞』一八九三年一二月三日、『佐賀自由』一八九三年一二月五日。前掲、村瀬信一「明治二六年九月の自由党九州遊説」は、『東京日日新聞』や『自由党々報』から、「改進党との絶縁方針は、九州においてもすでにかなりな程度受け入れられていたといってよいであろう」と分析し、佐賀県は「大隈重信の出身地という特殊事情もあってか、自由党の支持基盤は必ずしも強固ではなかった」と述べているが、本書で論じた通り、佐賀県を大隈・武富がほぼ掌握していただけでなく、九州全体でも、星の改進党攻撃は批判的に受け取られていたのである。

(28)『佐賀自由』一八九四年四月一四日。
(29)武富は、一八九四年五月の立憲革新党結成に参加した。
(30)大隈重信宛江藤新作書翰一八九四年二月二〇日付（前掲、『大隈重信関係文書』二）。
(31)『自由党々報』第五九号（一八九四年四月二五日）。
(32)四月五日発、佐賀支部より本部宛電報（『自由党々報』第五八号〔一八九四年四月一一日〕）。
(33)表7-1、表7-2に基づき、それぞれ出身地、経歴の明らかな者に占める割合を示す。経歴について、士族出身で実業にも携わっているような場合には、両方に数えた。
(34)前掲、野田卯太郎「日記」一八九四年三月二七日。
(35)野田卯太郎・永江純一宛松田正久書翰一八九四年四月一八日（前掲、「野田大塊文書」一五七三）。
(36)のちに松田は、三池紡績会社取締に就任した（前掲、「野田大塊文書」一九二六）。
(37)『佐賀自由』一八九四年八月八日。
(38)『佐賀自由』一八九四年七月一七日など。
(39)『佐賀自由』一八九四年八月二九日。
(40)大隈重信宛江藤新作書翰（一八九四）年九月五日（前掲、『大隈重信関係文書』二）。
(41)武富時敏「自伝」部分（前掲、渋谷作助『武富時敏』一二三頁）。
(42)たとえば、内政では、大隈が政府にある時と野にある時で増租論と非増租論で主張を変えた、外交では、日露戦争開戦前に大隈が開戦論を主張した、と批判しているように、武富個人を攻撃するのではなく、大隈・党全体の政策に対する議論をしている（第一部第四章第三節）。
(43)大隈重信宛江藤新作書翰（一八九七年）六月六日（前掲、『大隈重信関係文書』二）。
(44)前掲、大隈重信宛江藤新作書翰一八九四年二月二〇日。
(45)大隈重信宛江藤新作書翰一八九四年七月二四日（前掲、『大隈重信関係文書』二）、大隈重信宛武富時敏書翰（一八九四）年七月六日（『大隈重信関係文書』七〔みすず書房、二〇一一年〕）。

(46) 大隈重信宛江副靖臣書翰（一八八四）年八月二九日（前掲、『大隈重信関係文書』一二）。
(47) 前掲、大隈重信宛武富時敏書翰（一八九四）年七月六日。
(48) 大隈重信宛武富時敏書翰（一八八四）年七月二三日（前掲、『大隈重信関係文書』七）。
(49) 『佐賀自由』一八九六年一二月一六日。
(50) 帰省中の演説の中で、佐賀を出てから三〇余年である旨を語っている（「大隈伯の演説」『佐賀自由』一八九六年四月二四日）。
(51) 「大隈伯の演説」『佐賀自由』一八九六年四月二八日、社説「大隈伯を送る」五月一七日。
(52) 前掲、渋谷作助『武富時敏』九一～九五頁。
(53) 『佐賀自由』一八九七年九月二八日。
(54) 『佐賀自由』一八九七年一〇月一二日、一五日。
(55) 『佐賀自由』一八九七年一〇月一九日。
(56) 『佐賀自由』一八九七年一〇月二〇日。
(57) 『佐賀自由』一八九六年一二月一六日。
(58) 大隈重信宛江藤新作書翰（一八九七）年一〇月一二日（前掲、『大隈重信関係文書』一二）。
(59) 『佐賀自由』一八九八年二月一六日。
(60) 『佐賀自由』一八九八年三月一日。
(61) 『東京日日新聞』一八九八年一月一八日。
(62) 『佐賀自由』一八九八年三月一九日。
(63) 佐賀新聞一〇〇年史刊行委員会編『世紀の歴史を未来へ　佐賀新聞一〇〇年史』（佐賀新聞社、一九八四年）一四八～一五七頁。
(64) たとえば、武富勢力の影響下にあった分裂前の佐賀自由党を「偽自由党」と呼んで（『佐賀自由』一八九三年八月一一日）、これは「愚民を誤魔化す一手段」であったと批判する一方（同紙一八九三年一二月二二日）、「松田氏の牙城なる小城郡は自由党員の遊説の時早くも反旗を翻して純然たる自由主義者の団体を造り」、「猛然として全郡を風靡し進んで同志者を全県下に求め」ようとするほどの勢いがあるだけでなく、「首領松田氏は依然自由党の一大雄鎮」であるから、武富派が大げさに脱党と言っても「毫も痛痒の感を起すものにあらず却て脱党せるの遅緩なるを笑」うほどである(同紙一八九三年一二月二二日)、と過度な程に松田に好意的な論調を展開している。

(65) 一八九二年六月に野田卯太郎が松田を訪ねると、そこに江副が来ていた(野田卯太郎の日記(一八九二年六月一五日、六月一八日)「野田大塊文書」(九州歴史資料館所蔵))。

(66) 諸富町史編纂委員会編『諸富町史』(諸富町史編纂事務局、一九八四年)一二八六頁、串間聖剛「佐賀市長・石丸勝一と北川家資料について」(佐賀大学地域学歴史文化センター『研究紀要』第五号、二〇一一年三月)六四頁。

(67) 大隈重信宛江藤新作書翰(一八九八)年七月二〇日(前掲、『大隈重信関係文書』二)。

(68) 大隈重信宛江藤新作書翰一八九八年八月一日(前掲、『大隈重信関係文書』二)。

(69) 『佐賀自由』一八九八年一二月二〇日。

(70) 『佐賀自由』一八九八年一二月二〇日。

(71) 『佐賀』一八九九年三月二六日。三月二三日より『佐賀自由』は『佐賀』と名称を変更した。

(72) 『佐賀』一八九九年三月二八日、五月一九日など。

(73) 『佐賀』一八九九年六月二一日、二二日、二七日、七月二三日など。

(74) 『佐賀』一八九九年七月二三日。

(75) 『佐賀』一八九九年九月三〇日。

(76) 『佐賀』一八九九年九月二四日。

(77) 『佐賀』一八九九年五月一一日。

(78) 『佐賀』一八九九年八月一九日、二〇日。

(79) 大隈重信宛武富時敏書翰(一八九九)年四月二三日(前掲、『大隈重信関係文書』七)。

(80) 『佐賀』一八九九年九月一七日。

(81)『佐賀』一八九九年九月二〇日等。
(82)『佐賀』一八九九年九月二七日、二八日。
(83) 関はのちに警視総監を務め、松田と長く懇意であった（『原敬日記』一九〇六年一月一三日）。
(84)『佐賀』一八九九年一〇月二四日。
(85) 松田正久宛長谷場純孝書翰Ｉ―一三一―二九（「伊藤大八関係文書」、国立国会図書館憲政資料室所蔵）、中島健宛松田正久書翰（個人蔵、小城市立歴史資料館保管）。
(86)『佐賀』一八九九年一〇月一四日。
(87)『佐賀』一八九九年七月一日。
(88) 現在でも、佐賀の「乱」という呼称を避ける傾向が一部に見られる（たとえば、『佐賀県史』における叙述や長野暹『「佐賀の役」と地域社会』〔九州大学出版会、一九八七年〕）。

第八章　選挙区に与えるものと選挙区から得るもの

(1) 前掲、衆議院・参議院編『議会制度百年史（院内会派編衆議院の部）』に基づいて算出した。なお、どの県をどの地方に分類するかは、一九〇三年一二月に、協議員を初めて地方別に選出した際の分類にならった。
(2) たとえば、一八九五年一〇月の明成皇后暗殺事件に際しては、犯人を厳しく罰するべきであると事件に対して強く抗議している（樺山資紀宛長谷場純孝書翰一八九五年一二月一四日〔「樺山資紀関係文書（二次分）」、国立国会図書館憲政資料室所蔵〕）。
(3)『佐賀』一九〇一年一一月九日。
(4)『佐賀』一九〇一年一一月二一日。
(5)『政友』第一五号（一九〇一年一二月一〇日）。
(6)『佐賀』一九〇一年一一月二一日。
(7)『佐賀』一九〇一年一一月二一日。

(8)『佐賀』一九〇一年一一月二六日。
(9)『佐賀』一九〇二年六月一七日。
(10)『佐賀』一九〇二年七月八日。
(11)『佐賀』一九〇二年七月二五日。
(12)大隈重信宛武富時敏書翰(一九〇二)年八月一四日(『大隈重信関係文書』七)。
(13)『佐賀』一九〇二年七月二五日。
(14)『佐賀』一九〇二年七月一二日。
(15)『佐賀』一九〇二年八月一二日、一三日。
(16)『佐賀』一九〇二年九月六日。
(17)『佐賀』一九〇二年九月一〇日。
(18)南里琢一宛松田正久書翰一九〇六年七月七日(小城市立歴史資料館所蔵)。
(19)『佐賀』一九〇二年一一月二一日、二二日。
(20)『政友』第二六号(一九〇二年一一月一〇日)、『佐賀』一九〇二年一〇月一七日。
(21)『佐賀』一九〇二年一二月二一日。
(22)『原敬日記』一九〇二年一〇月二七日。
(23)『佐賀』一九〇三年二月一四日、一五日。
(24)大隈重信宛武富時敏書翰(一九〇三)年二月二二日(前掲、『大隈重信関係文書』第七巻一五九頁)、『佐賀』一九〇三年二月一四日。
(25)『佐賀』一九〇三年二月一〇日。
(26)『佐賀』一九〇三年三月二九日。
(27)『佐賀』一九〇三年三月二九日。
(28)『佐賀』一九〇三年三月一八日。

(29)『佐賀』一九〇三年三月一二日。
(30)『佐賀新聞』一九〇三年五月二六日。
(31)『佐賀新聞』一九〇三年五月二六日。
(32)『政友』第三五号（一九〇三年七月一五日）、第三六号（同年八月一五日）、第四〇号（同年一二月一五日）。
(33)『政友』第三九号（一九〇三年一一月一五日）。
(34) 前掲、『政友』第三九号。
(35) たとえば、対外強硬論の強い『東京朝日新聞』『大阪朝日新聞』の社説は、政府の進める外交交渉に否定的で、開戦を迫るものであった（社説「今日以後を如何すべき」〔『大阪朝日新聞』一九〇三年一〇月八日〕、社説「露国の行動」〔『東京朝日新聞』一九〇三年一〇月一四日〕）。
(36)『佐賀新聞』一九〇四年一月五日。
(37)『佐賀新聞』一九〇四年二月一九日から広告を掲載。
(38)『佐賀新聞』一九〇四年二月二一日。
(39)『佐賀新聞』一九〇四年一月九日。
(40)『佐賀新聞』一九〇四年一月一〇日。
(41)『佐賀新聞』一九〇四年一月五日。
(42) 伊藤之雄「原敬と選挙区盛岡市・岩手県――国際環境に適応する新しい秩序観と体系的鉄道政策」（伊藤之雄編『原敬と政党政治の確立』〔千倉書房、二〇一四年〕）三六三〜五四五頁。
(43)『佐賀新聞』一九〇四年二月一〇日。
(44)『原敬日記』一九〇四年二月一六日。
(45)『佐賀新聞』一九〇四年三月一〇日。
(46) たとえば、一九〇五年の佐賀県議選を前に西松浦郡二里村が「当村人全部一致を以て立憲政友会に加盟す」ることを宣言した（『佐賀新聞』一九〇五年三月一二日）。

(47)『原敬日記』一九〇五年八月三一日。
(48)社説「政友会支部の活動」『佐賀新聞』一九〇五年九月七日。
(49)江副は、佐賀県下の新聞記者が開催した講和反対集会に参加した(前掲、『佐賀県議会史』上、三八一頁。)。
(50)『原敬日記』一九〇五年一〇月四日。
(51)『佐賀新聞』一九〇五年一〇月八日。
(52)前掲、『佐賀県議会史』上、三八一頁、『佐賀新聞』一九〇五年一〇月三日。
(53)五年後の一九一一年に松田が帰郷して佐賀県で演説会を開いた際、松田が大臣を歴任していることがまず紹介されている。松田が大臣に就任することが、選挙区の人々の松田に対する期待につながっていた(第四節3)。
(54)阪谷芳郎蔵相の更迭により、一九〇八年一月より法相と蔵相を兼任し、三月からは蔵相専任になった。
(55)『政友』第一〇〇号(一九〇八年九月三〇日)。
(56)松下孝昭『近代日本の鉄道計画――一八九〇~一九二二』(日本経済評論社、二〇〇四年)二二七~二三三頁。
(57)『帝国議会会議録』衆議院本会議一九〇九年三月二三日、請願は本会議で可決された。
(58)『原敬日記』一九〇九年四月二日。
(59)『佐賀新聞』一九〇九年一〇月二日。
(60)『佐賀新聞』一九〇九年一〇月四日。
(61)『政友』第一一二号(一九〇九年一〇月三〇日)、『佐賀新聞』一九〇九年一〇月四日、一〇月六日。
(62)『佐賀新聞』一九〇九年一〇月六日。
(63)『佐賀新聞』一九〇九年一〇月六日、一一月二日。
(64)『佐賀新聞』一九〇九年一〇月三一日。
(65)『佐賀新聞』一九〇九年一一月一日。
(66)『佐賀新聞』一九〇九年一一月三日。
(67)「松田正久君談『減租論所感』」(『太陽』第一六巻一号、一九一〇年一月一日)。

(68)『佐賀新聞』一九〇九年一二月一一日。
(69)松下氏は、原が政友会内の利益要求を抑制していたことを明らかにした上で、「いま一人の院内総務である松田正久と地方利益要求との関わり具合については、これまでほとんど論じられていないし、史料も乏しい。今後の課題とせざるを得ない」と言及している（前掲、松下孝昭『近代日本の鉄道計画』二八〇、三〇一頁）。本章で論じるように、松田もまた、地方利益要求に抑制的であった点で、原に近い姿勢であったと考えらる。
(70)「故江藤氏贈位運動」『佐賀新聞』一九一〇年一〇月二〇日、「江藤氏功績表彰」『佐賀新聞』一九一〇年一一月二六日など。
(71)『佐賀新聞』一九一一年三月六日、一三日〜六月一九日。
(72)『原敬日記』一九一一年三月二五日。
(73)『佐賀新聞』一九一〇年八月二六日。
(74)大隈重信宛武富時敏書翰（一八九四年）七月六日（前掲、『大隈重信関係文書』七）。
(75)衆議院議員川原茂輔ほか『江藤新平卿表彰に就て東京市民諸君に告ぐ』（「永江文書」AB二一四、九州歴史資料館所蔵福岡県史編纂資料）。
(76)『佐賀新聞』一九一二年八月三〇日。
(77)『佐賀新聞』一九一二年八月二七日。
(78)『佐賀新聞』一九一二年八月三〇日。
(79)『佐賀新聞』一九一二年九月一六日。
(80)『原敬日記』一九一一年七月六日。
(81)『佐賀新聞』一九一一年八月二日。
(82)『佐賀新聞』一九一一年八月三日。
(83)『佐賀新聞』一九一一年八月四日。
(84)『佐賀新聞』一九一一年八月四日。

(85)『佐賀新聞』一九一一年八月四日。
(86)『政友』第一三三号(一九一一年八月一〇日)。
(87)前掲、『政友』第一三三号。
(88)社説「佐賀の都市設備」『佐賀新聞』一九一二年一月二八日。
(89)コラム「有情無常」『佐賀新聞』一九一二年二月九日。
(90)「東京便り」『佐賀新聞』一九一二年二月二一日。
(91)『原敬日記』一九一一年八月二五日。
(92)実際に、松田は、佐賀への帰県を病気のために延期するなど(『原敬日記』一九一一年七月六日)、頻繁に体調不良をきたすようになっていた。
(93)『佐賀新聞』一九一二年三月二〇日。
(94)『佐賀新聞』一九一二年四月二八日。
(95)『佐賀新聞』一九一二年五月七日。
(96)武富が所属していた憲政本党は、一九一〇年三月に島田三郎、河野広中らの又新会、片岡直温、仙石貢らの戊申倶楽部と合同して、立憲国民党を結成した。
(97)『佐賀新聞』一九一二年五月一四日。
(98)『佐賀新聞』一九一二年五月一日。
(99)『佐賀新聞』一九一二年五月一日、一一日。
(100)「松田氏の時事談」『佐賀新聞』一九一二年一月七日。
(101)『佐賀新聞』一九一二年六月一五日。
(102)『佐賀新聞』一九一四年一月二三日、二月二日。
(103)『佐賀新聞』一九一四年二月二日。
(104)『佐賀新聞』一九一四年二月四日。

(105)『佐賀新聞』一九一四年二月二日。

(106)『佐賀新聞』掲載の各郡有権者数（一九一四年二月三日）と、南里・西の得票数（同年二月一〇日）による。なお、二氏の他に、野口能毅、高取伊好らにも投票した者があったが、得票数は掲載されていない。

(107)『佐賀新聞』一九一四年一月一日。

(108)「大隈伯近々下県、旁困入申候」と、大隈が佐賀県の選挙結果に影響が与えていることを、川原も政友会本部に報告している（村野常衛門宛川原茂輔書翰一九一三年一〇月二八日〔前掲、『原敬関係文書』第三巻、五五六～五五七頁〕）。

参考文献

未公刊史料

「伊藤大八関係文書」、国立国会図書館憲政資料室所蔵
「井上馨関係文書」、国立国会図書館憲政資料室所蔵
「永江文書」、九州歴史資料館所蔵福岡県史編纂資料
「河野広中関係文書」、国立国会図書館憲政資料室所蔵
「樺山資紀関係文書（二次分）」、国立国会図書館憲政資料室所蔵
「栗原亮一文書」、国立国会図書館憲政資料室所蔵
「佐賀県明治行政資料」、佐賀県立図書館所蔵
「三条家文書」、国立国会図書館憲政資料室所蔵
「松尾家文書」、国立国会図書館憲政資料室所蔵
「中山寛六郎文書」、東京大学大学院法学政治学研究科附属近代日本法政史料センター所蔵マイクロフィルム
「麻生家文書」、九州大学附属図書館記録資料館産業経済部門所蔵
「野田大塊文書」、九州歴史資料館所蔵
「龍野周一郎文書」、国立国会図書館憲政資料室所蔵
『長崎県会日誌』、『長崎県臨時会日誌』、長崎歴史文化博物館所蔵
中島健宛松田正久書翰、個人蔵・小城市立歴史資料館保管

長崎県庶務課「庶務課調査係事務簿　県会ノ部　明治十五年一月〜三月」、長崎歴史文化博物館所蔵
南里琢一宛松田正久書翰、小城市立歴史資料館所蔵

公文書

『官吏進退　明治二十三年官吏進退十二　叙位三』、一八九〇年、国立公文書館デジタルアーカイブ所蔵
『諸官進退状　壬申八月　第九』、一八七二年、国立公文書館デジタルアーカイブ所蔵
「衆議院議事録」
大蔵省総務局文書課編『大蔵省年報　明治三一年度』大蔵省、一九〇〇年、国立国会図書館デジタル化資料

公刊史料

佐藤誠朗・原口敬明・永井秀夫編『自由黨員名簿』（明治史料研究連絡会、一九五五年）
M. Pierre Larousse, *Grand dictionnaire universel du XIXe siècle*, t.2, Paris, Librairie classique Larousse et Boyer, 1867, pp.351-352 ; Dictionnaire biographique du mouvement ouvrier français, t.1, s. l. d. de Jean Maitron, Paris, Éditions ouvrières, 1964, pp.165-166.
「鹿児島高等中学造士館一覧　自明治廿三年至明治廿四年」（第七高等学校造士館『第七高等学校造士館一覧』明治二三 - 二九、三四 - 四四年、国立国会図書館デジタル化資料）
『訓話・説話大辞典』第一巻（日本図書センター、二〇〇七年。底本は三井昌史・菅原法嶺編『布教百科大辞典』第一巻〔東方書院、一九三三年〕）
伊藤博文関係文書研究会編『伊藤博文関係文書』（塙書房、一九七三〜一九八一年）
伊藤隆・酒田正敏『岡崎邦輔関係文書・解説と小伝』（自由民主党和歌山県支部連合会、一九八五年）
原敬文書研究会編『原敬関係文書』（日本放送出版協会、一九八四〜一九八九年）
原奎一郎編『原敬日記』（福村出版、一九八一年）
広瀬順晧編『憲政史編纂会旧蔵　政治談話速記録第二巻　尾崎行雄氏談話速記』（ゆまに書房、一九九八年）

広瀬順晧編『憲政史編纂会旧蔵　政治談話速記録第八巻　男爵若槻礼次郎談話速記』（ゆまに書房、一九九九年）
高橋義雄『萬象録　高橋箒庵日記』巻一（思文閣出版、一九八六年）
高橋義雄『萬象録　高橋箒庵日記』巻二（思文閣出版、一九八六年）
山崎有恒・西園寺公望関係文書研究会編『西園寺公望関係文書』（中西印刷株式会社出版部松香堂書店、二〇一二年）
衆議院・参議院編『議会制度百年史（院内会派編衆議院の部）』（大蔵省印刷局、一九九〇年）
尚友倶楽部・西尾林太郎編『水野錬太郎回想録・関係文書』（山川出版社、一九九九年）
早稲田大学大学史資料センター編『大隈重信関係文書』（みすず書房、二〇〇四〜二〇一五年）
平沼騏一郎回顧録編纂委員会編『平沼騏一郎回顧録』（同所、一九五五年）

新聞・雑誌

『佐賀新聞』（時期により『佐賀自由』『佐賀』）
『西海新聞』
東京大学法学部明治新聞雑誌文庫編『朝野新聞　縮刷版』（ぺりかん社、一九八一年）
西田長寿編『東洋自由新聞』（復刻版）東京大学出版会、一九六四年）
『大阪朝日新聞』
『東京朝日新聞』
『東京日日新聞』
『報知新聞』
『中央新聞』
『自由平等経綸』
『太陽』
『東洋経済新報』

『憲政党党報』
『自由党々報』
『政友』

おわりに

本書は、修士論文「松田正久と政党政治の発展――政権を担いうる政党を目指して　一八七九～一九一四」を原型としている（二〇一三年一月、京都大学大学院法学研究科に提出）。私は、同論文をもとにして次の(1)～(3)を発表した後、博士論文「松田正久と政党政治の発展――政治家の責任、原敬との連携」をまとめた（二〇一六年一月、京都大学大学院法学研究科に提出）。

初出と本書との関係は次の通りであるが、大幅に加筆修正している。

(1)「政友会領袖松田正久と選挙区佐賀県――原敬との比較の視点から」（伊藤之雄編『原敬と政党政治の確立』〔千倉書房、二〇一四年〕第七章）→本書第Ⅱ部第七章・第八章

(2)「松田正久と政党政治の形成――自由党・憲政党のリーダーへの道　一八六九～一八九九」（一）～（三）（『法学論叢』一七七巻三号・六号・一七八巻三号、二〇一五年六・九・一二月）→本書第Ⅰ部第一章・第二章・第三章

(3)「松田正久と政党政治の発展――政友会党人派の代表として　一九〇〇～一九一四」（一）～（三）（『法学論叢』一七九巻一～三号、二〇一六年四～六月）→本書第Ⅰ部第四章・第五章・第六章

本書の完成は、ひとえに「人」との出会いのたまものである。

その「人」とは、まず研究の対象である松田正久である。私が初めて松田に出会ったのは、大学三年のゼミで

あった。東北大学法学部の牧原出先生（現・東京大学先端科学技術研究センター教授）の行政学ゼミは、その年、明治大正期の複数の日記を読み比べるという内容であった。ゼミ報告の前には、そうした日記の内容を理解するために当時の新聞を読む必要があったが、回を重ねるごとに大学図書館に所蔵されていた『東京朝日新聞』や『東京日日新聞』だけでは飽き足らず、仙台から東京まで、国立国会図書館に所蔵されている『中央新聞』などのマイクロフィルムを見るために足を運んだ。

様々な人物が、日記や新聞の記述の中で生き生きと生きている。そうした「人」を通して、一〇〇年ほど前の時代を追体験できるような気がした。その中でも、『原敬日記』に登場する松田に、私は心ひかれた。いつも原と共に名前が出てくるが、どのような考えを持っているのかはっきりせず、一緒にいるようでいて、原はしばしば松田に対して批判的である。唯一の伝記である笹川多門『松田正久稿』に描かれた松田像も『原敬日記』の記述に対して説得的でないように感じられた。

そこで、松田がどのような人物なのか知りたいと思い、ゼミ論文の課題を松田の人物研究に決めた。しかし、学部生時代の私には、明瞭な松田像を打ち出すことはできなかった。この時の松田への関心は、まだ直感的なものだったが、研究の対象としてのお付き合いがこのあと七年も続くことになった。松田との出会いは真に大きなものだったのである。

そうして、日本政治外交史研究を基礎から学びたいと、京都大学大学院法学研究科へ進んだ。大学院では、さらに何度も国会図書館に赴き、複写してきた史料で研究室に置き場がなくなりながら史料を読んだ。夏休み等の長期休暇には、佐賀や福岡へも足を伸ばした。そこでは、史料調査だけでなく、レンタサイクルを借りて松田のゆかりの地をめぐったり、郷土研究者の方々からお話を伺ったりした。こうした経験は、史料からだけではわかりにくい、地域の特性を理解する上で重要な手掛かりになった。

自由民権期から大正初期までという、近代日本で政党政治が発展していく長期にわたって、松田ほどその中枢に い続けた政治家は他にいない。そのような松田を通して近代日本の政党政治史を研究することによって、松田が地域政党を全国政党へと改革することに大きく貢献したことに気づいた。松田の目指した政党政治の本格的な展開をさらに追いかけていきたい。

こうして研究を続けてこられたのは、多くの「人」に支えられたからである。

まず誰よりも感謝申し上げたいのは、指導教授の伊藤之雄先生である。先生は、常に情熱をもってご指導くださった。一次史料を精確に理解すること、そしてその史料に基づいて事実を積み上げた上に、大きな枠組みを打ち出すことの重要性を徹底して教えてくださった。先生は公共性を重んじる姿勢も、ご自身の研究に対する態度と院生指導の中で示してくださり、厳しくもあたたかくご指導くださった。大学院で学び、研究し、本書をまとめるまでにはかりしれないほどの学恩を賜った。また、本書の出版もご紹介いただいた。

奈良岡聰智先生には、二〇一五年度より開講されたゼミや研究会において、在外研究でのご成果や幅広いご関心に触れ、より時代と世界を広げて刺激を受けている。また基盤研究(B)「近現代日本における「議会政治」の再検討：両院事務局所蔵の未公開資料群に基づいて」の九州大学で行われた研究会で報告する機会をいただいた。後述する尚友倶楽部の波多野敬雄理事長にお目に掛かる機会も作っていただいた。

博士論文の審査に加わっていただいた中西寛先生、伊藤孝夫先生には、研究の普遍化や松田と司法との関わりについて貴重なご指摘をいただいた。

瀧井一博先生（国際日本文化研究センター教授）、西田敏宏先生（椙山女学園大学現代マネジメント学部准教授）、森靖夫先生（同志社大学法学部准教授）にも、研究会等でお目に掛かるたびにあたたかく励ましていただいた。

これまでの研究を発展させながら、今後も研究を続け、先生方のご学恩に報いていきたい。

同門の先輩方や伊藤ゼミの参加者にも感謝を申し上げたい。特に、故平松良太氏、齊藤紅葉氏（京都大学大学院法学研究科特定助教）、萩原淳氏（同）、久保田裕次氏（大阪大学招へい研究員）には、修士論文の構想報告の段階から、ゼミ以外の場も、何度も構想や仮説を聞いていただいたき、有益なコメントをいただいたり、私的な勉強会を開いていただいたりした。

大学院に入学して初めて参加した「二〇世紀と日本」研究会では、ご著書でお名前を拝見したような先生方が多く参加されており、恐れ多いような研究会であったが、先生方の遠慮のない闊達な議論に強く刺激を受けた。博士論文を提出した後、報告させていただく機会を得られたことも大きな幸せである。

博士後期課程に進学して以降は、京都大学文学部日本史研究室が所蔵する、明治初期の外交官・農商務官僚であった吉田清成の膨大な史料を翻刻・公刊する研究会にも参加を許された。月に一回程度開かれるこの「吉田清成関係文書研究会」では、貴重な原史料の扱い方を一から教わり、研究で利用している数々の公刊された史料集が、丹念な作業の積み重ねによって出来上がっていることを実感した。代表である山本四郎先生（京都女子大学名誉教授）、伊藤之雄先生、飯塚一幸先生（大阪大学文学部教授）、田中智子先生（京都大学教育学部准教授）のもとで、原史料を読む面白さ、人物・年代特定に少しでも近づけたときの大きな達成感を知った。お昼休憩のレストランで、洋食を食べながら、研究や研究室の歴史を伺う時間も宝物である。

また、飯塚先生には、大阪大学大学院文学研究科近現代ゼミでの発表の機会をいただいた。感謝申し上げたい。

ほぼ毎日、大学の研究室で研究をする毎日の中で、少し行き詰った時、コメントをもらいたい時、誰かに話したい時、身近に素敵な人たちに恵まれたことも幸せであった。加藤哲理氏（名古屋大学法学部准教授）、内野広大氏（三重大学人文学部准教授）、黒田友哉氏（学術振興会特別研究員ＰＤ）、長久明日香氏（京都大学大学院法学研究科研修員）、阪本尚文氏（福島大学行政政策学類准教授）、柳蕙琳氏（京都大学大学院法学研究科特定助教）、西村真彦氏（同博士後期課程）、上條諒貴氏（同）、石間英雄氏（同）、見浪知信氏（京都大学大学院経済学研究科博士後期課程）の諸氏には、私的な勉強会なども含めて、それぞれの専門とする分野から助言をいただいた。そして、研究室でのたわいもない会話に支えられた。

史料調査にあたっては、小城市立歴史資料館、佐賀県立図書館、佐賀大学附属図書館、九州歴史資料館、長崎歴史文化博物館、国立国会図書館、国立公文書館等において、史料の収集・整理が進んでいることに助けられた。こころよく利用を許可していただいたばかりでなく、電話やメールでの問い合わせにご対応いただいたり、新たな関係史料をご紹介くださったりした職員の方々、写真等の史料をご提供いただいた川副正文氏に御礼申し上げたい。また、小城藩と波多野敬直・松田正久や、現在の鍋島家と波多野家との関わりについてお話をお聞かせくださった尚友倶楽部の波多野敬雄理事長、そしてご同席くださり、インタビュー後にはあたたかいお料理でもてなしてくださった上田和子氏にも感謝申し上げたい。

研究対象である松田正久の存在と、多くの人の支えがあったからこそ、研究を続けることができた。修士課程に入学してから一貫してご指導くださった伊藤之雄先生、研究会等でお目に掛かり、折に触れてお話しくださった多くの先生方、刺激をくれる諸先輩方、同期、後輩に恵まれた。家族、友人にも支え、励ましてもらった。すべての方々のお名前を挙げることはできなかったが、心より御礼申し上げたい。そして、これからも真摯に研究に向きあっていきたい。

千倉書房、京都大学法学会には、発表論文の収録をお許しいただいた。そしてミネルヴァ書房編集部の田引勝二氏には、不慣れな筆者のことを粘り強く導いていただいた。

本書は、日本学術振興会特別研究員奨励費、および、平成二八年度京都大学総長裁量経費として採択された法学研究科若手研究者出版助成事業による補助を受けた。

二〇一七年三月

西山由理花

松田正久年譜

和暦	西暦	齢	関係事項	一般事項
弘化　三	一八四六	0	**4・12**（**西暦5・7**）肥前国佐賀藩の支藩である小城藩藩士の家に生まれる。	
安政五、六	一八五八、九頃	12〜13	おじ松田勇七の養子になる。	
万延　元	一八六〇	14	藩校「興譲館」に入学する。	
明治　元	一八六八	22		明治維新。
二	一八六九	23	藩の派遣学生として東京に出て、藤野海南の家塾に入る。**3・12**西周の家塾「育英社」に入る。	
四	一八七一	25		**7月**廃藩置県。
五	一八七二	26	**3・18**陸軍省七等出仕を命じられ、陸軍裁判所分課に配属される。**8・29**陸軍省からフランス留学への派遣が決まる。**10・30**パリ着。	
六	一八七三	27	**8月**初めまでにフランスからスイス・ローザンヌへ移る。	**10月**征韓論政変で西郷隆盛・板垣退助・江藤新平らが下野。
八	一八七五	29	**3月**帰国命令を受け、**5・15**日本着。**10月**小城で民権結社「自明社」の結成に参加する。	**1月**民選議院設立の建白書提出。**2月**〜佐賀の乱。**4月**江藤新平処刑。
九	一八七六	30	**2・3**陸軍裁判所七等出仕・裁判所第二課出仕を命じられるが、**4・14**辞表を出す。	

一〇	一八七七	31		**2～9月**西南戦争。**3月**三新法公布。
一二	一八七九	33	**2月**長崎県会議員に当選、**3月**開院した第一回長崎県会で初代議長に選出される。翻訳書『仏国政法論』の発行始まる（～一八八二年）。	
一三	一八八〇	34	**11・1**東京八百松楼で開かれた「自由党懇親会」に参加する。**12月**自由党準備会に参加する。	
一四	一八八一	35	**3月**西園寺公望・中江兆民らと『東洋自由新聞』を創刊する。	**10月**国会開設の詔、自由党成立（～一八八四年一〇月）。
一五	一八八二	36	**1月**長崎県議を辞職する。	**3月**九州改進党結成（～一八八五年五月）。**4月**立憲改進党成立。
一七	一八八四	38	翻訳書『憲兵職務提要』『兵役要訓』。	
一八	一八八五	39		**12月**第一次伊藤博文内閣成立。
二〇	一八八七	41	**7・9**大阪始審裁判所詰の検事（奏任官三等・下級俸）に任命される。	
二一	一八八八	42	**1・16**鹿児島高等中学造士館の教諭兼教頭（奏任官三等・上級俸）に任命される。	**4月**黒田清隆内閣成立。
二二	一八八九	43		**2月**大日本帝国憲法公布。**12月**第一次山県有朋内閣成立。旧九州改進党を中心に九州の地域的な集まり「九州（連合）同志会」が結成される。
二三	一八九〇	44	**3・5**文部省参事官（叙奏任官三等・上級俸	**11月**第一回帝国議会開院。

			に任命されるが、3・27依願免本官。4月初めて九州同志会に参加する。7・1第一回総選挙で佐賀県第一区より選出される（九州同志会）。8・25新党（立憲自由党）組織準備会で頭角を現す。	
二四	一八九一	45	3月星亨と連携して立憲自由党の組織改革を実行する。11月第二議会の予算委員長、自由党の院内総理代理に選ばれる。	5月松方正義内閣成立、大津事件。
二五	一八九二	46	2・15第二回総選挙で選挙干渉により落選する。6月までに自由党の最高幹部の一人の地位を確立する。	5月第二次伊藤内閣成立。
二六	一八九三	47	7月自由党佐賀支部設立。8〜9月自由党九州遊説。12月九州地方の自由党系勢力が分裂する。	4月集会及政社法が改正され、政党の支部設置が認められる。
二七	一八九四	48	3・1第三回総選挙で落選する。4月自由党佐賀支部再興。9・1第四回総選挙で落選する。	日清戦争勃発。
二八	一八九五	49	11・22自由党が第二次伊藤内閣との提携を発表する。	4月下関条約調印。
二九	一八九六	50		3月立憲改進党を中心に立憲革新党などが合同して進歩党結成。9月第二次松方内閣成立。
三〇	一八九七	51	3・9陸奥宗光に自由党への入党と党総理就任を求めるが、実現しなかった。11月第二次	

			松方内閣との提携を模索するが実現しなかった。	
三一	一八九八	52	**3・15**第五回総選挙で落選する。**6・22**自由党と進歩党が合同して憲政党結成。**6・30**第一次大隈重信内閣が成立し、大蔵大臣に就任。**8・1**第六回総選挙で佐賀県郡部より選出される。**10月**憲政党が分裂して、**10・29**旧自由系は新たに憲政党を、**11・3**旧進歩党系は憲政本党を結成。**11・8**第一次大隈重信内閣総辞職。**12月**星が主導して憲政党（旧自由党系）は地租増徴受け入れに転換する。憲政党佐賀県支部設立。	**1月**第三次伊藤内閣成立。**11月**第二次山県内閣成立。
三二	一八九九	53	地租増徴の必要性を訴える自由党全国遊説。**9月**佐賀県議会選挙で憲政本党・武富時敏勢力を切り崩して勝利する。	
三三	一九〇〇	54	**9・15**立憲政友会が結成され、総務委員の一人に選ばれる。**10・19**第四次伊藤博文内閣が成立し、文部大臣に就任する。**12・19**中堅幹部組織として初めて協議員が置かれる。	選挙法改正。
三四	一九〇一	55	**6・2**渡辺国武蔵相問題で閣内不統一に陥って第四次伊藤内閣が総辞職し、第一次桂太郎内閣成立。この過程で原敬との関係が深まる。**6・21**星が暗殺され、後任の常務員に就任する。伊藤総裁洋行中の総務委員長に就任する。**11月**政友会佐賀県支部設立。	

三五	一九〇二	56	**3・1**伊藤総裁が帰国する。これまでに松田と原が協議して政友会を指導するようになる。**8・1**第七回総選挙で佐賀県郡部より選出される。	**1月**日英同盟締結。
三六	一九〇三	57	**3・1**第八回総選挙で佐賀県郡部より選出される。**5・1**桂内閣の地租継続増徴案を受け入れる見返りに党組織改革を行い、松田・原・尾崎行雄が常務員に就任する。**7・15**伊藤総裁の枢密院議長就任にともない西園寺が第二代政友会総裁に就任する。**12・30**「原・松田体制の確立」、協議員のうち衆議院議員について各地方団体の議員数に応じた案分比例となる。	**12・10**河野広中衆議院議長による奉答文事件。
三七	一九〇四	58	**3・1**第九回総選挙で佐賀県郡部より選出される。**3・18**第一二代衆議院議長に就任する(〜一九〇六年一月一九日)。	**7月**日露戦争勃発。
三八	一九〇五	59	日露戦争の講和反対運動に自重を求める。	**8月**ポーツマス条約調印。
三九	一九〇六	60	**1・7**第一次西園寺公望内閣が成立し、司法大臣に就任する。	
四〇	一九〇七	61	**3月**刑法改正。	
四一	一九〇八	62	**1・14**阪谷芳郎大蔵大臣の辞任により、大蔵大臣を兼任する。**3・25**大蔵大臣専任となる。**5・15**第一〇回総選挙で佐賀県郡部より選出される。**7・14**第一次西園寺内閣が総辞	

			職し、第二次桂内閣成立。	
四二	一九〇九	63		**10月**伊藤博文暗殺。
四三	一九一〇	64	旧自由党系・佐賀県を中心に江藤新平の復権運動が起こるが、松田与せず。	**3月**憲政本党・又新会などが合同して立憲国民党結成。**8月**韓国併合。
四四	一九一一	65	**7・14**第二次西園寺内閣が成立し、二度目の司法大臣に就任。	
明治四五 大正　元	一九一二	66	**5・15**第一一回総選挙で佐賀県郡部より選出される。この時の帰郷が最後となる。**8月～**明治天皇の崩御にともなう恩赦問題に取り組む。またこの頃から徐々に体調を崩すことが多くなる。**12・21**二個師団増設問題で第二次西園寺内閣が総辞職し、第三次桂内閣成立。第一次護憲運動始まる。	**7月**明治天皇崩御。
二	一九一三	67	**2・2**第一次山本権兵衛内閣が成立し、三度目の司法大臣に就任する。**秋頃～**体調を崩し、次第に閣議や会合に出席できなくなり重患説が報じられる。原にも司法大臣辞職の意志を伝える。**11・17**松田に代わって奥田義人が法律取調委員会会長に就任する。	**1月**立憲同志会結成。
三	一九一四	68	**1・19**政党政治家として初めて男爵に叙せられる。**3・4**胃がんのため死去する。原が葬儀委員長を務め、西園寺から弔辞がおくられる。原はその後も松田家の世話をする。	**1月**シーメンス事件。**7月**第一次世界大戦開戦。
七	一九一八		**9・29**「本格的な政党内閣」原敬内閣成立。	

《著者紹介》

西山由理花（にしやま・ゆりか）

1987年　高知県生まれ，香川県に育つ。

2011年　東北大学法学部卒業。

2013年　京都大学大学院法学研究科法政理論専攻修士課程修了。

2016年　同博士後期課程修了。

2013～15年度　日本学術振興会特別研究員（DC1）。

現　在　京都大学大学院法学研究科特定助教。京都大学博士（法学）。

著　作　「政友会領袖松田正久と選挙区佐賀県――原敬との比較の視点から」（伊藤之雄編『原敬と政党政治の確立』千倉書房，2014年）。

「松田正久と政党政治の形成――自由党・憲政党のリーダーへの道　一八六九～一八九九」（一）～（三）（『法学論叢』177巻３号・６号，178巻３号・2015年６・９・12月）。

「松田正久と政党政治の発展――政友会党人派の代表として　一九〇〇～一九一四」（一）～（三）（『法学論叢』179巻１～３号，2016年４～６月）。

吉田清成関係文書研究会編『吉田清成関係文書六　書類篇2』（思文閣出版，2016年）。

MINERVA 日本史ライブラリー㉙

松田正久と政党政治の発展

――原敬・星亨との連携と競合――

2017年３月30日　初版第１刷発行　〈検印省略〉

定価はカバーに
表示しています

著　者　西　山　由理花

発行者　杉　田　啓　三

印刷者　藤　森　英　夫

発行所　株式会社　ミネルヴァ書房

607-8494　京都市山科区日ノ岡堤谷町１

電話代表（075）581-5191

振替口座 01020-0-8076

亜細亜印刷・新生製本

ISBN978-4-623-07831-8

Printed in Japan

人名索引

※「松田正久」は頻出するため省略した。

あ　行

相浦秀剛　170
青木興蔵（興造か）　179
赤司七三郎　188
秋岡義一　104
麻生太吉　136, 202
天ケ瀬理八　188
天野為之　30, 164
新井章吾　32
有田源一郎　188, 189, 197, 200-203, 206
飯田經治　166, 170
家永恭種　177
石井（横尾）まき子　9, 141, 209
石井次郎　188
石坂昌孝　104
石田貫之助　52, 104
石塚重平　111
石丸勝一　177, 179, 197, 202
石丸萬吉　179, 188
石本新六　137
五十村良行　165
板垣退助　15, 28, 33, 36-40, 42, 43, 45-48, 51, 52, 54-58, 60-62, 64, 68, 70, 77, 78, 89, 116, 117, 134, 146, 165, 166, 175, 178, 182, 183, 214
板倉中　38, 111
伊藤大八　112, 114, 150
伊藤博文　32, 36, 41, 46, 47, 57, 60-62, 64-66, 68, 70-73, 84-89, 95-97, 99, 104, 106, 107, 111, 112, 114, 115, 117-119, 125, 129, 130, 178, 185, 187, 188, 196, 202, 221
伊東巳代治　57, 58, 62, 77
犬養毅　78, 109, 110, 146, 149
井上馨　47, 75, 90, 130, 136, 198
井上角五郎　101, 104
井上毅　13
井上準之助　80
井上孝継　166
岩倉具定　78
岩崎弥之助　75, 76
上原勇作　143, 209
牛島秀一郎　19, 165
内田康哉　137
宇都宮平一　43
内海忠勝　19-21, 163
梅村則次　179, 188
江口岩太郎　179
江口胤光　188
江口六蔵　19
江副靖臣　120, 163, 174, 177, 178, 189, 193, 194, 198, 199, 202, 208
江藤新作　39, 163, 167, 173-175, 177, 178, 189, 194, 198
江藤新平　15, 141, 161, 164, 203, 205
江藤哲蔵　206
エドワード７世　140
江原素六　66, 78, 146
大井憲太郎　17, 25, 28, 32, 36, 38, 40, 42
大石正巳　70, 109, 110, 112, 147
大江卓　30, 32
大岡育造　97, 106, 108, 110, 121, 147, 150
大河内敬　179, 188
大木喬任　161

大久保利通　15,161
大隈重信　15,26,36,39,64,68,71,72,74-78,117,120,139,161,164,165,167,171,173-175,178,184,188,211,216
大塚仁一　166
大庭景虎　188
大東義徹　42,68,70,77
岡崎邦輔　42,61,111,134,146,150,151
岡野敬次郎　140
尾崎行雄　68-70,77,80,85,97,99,101,108,110,111,115,116,145-147,149-151,195,203
小山温　140
居石研二　179,188
折田兼至　52

か　行

香川輝　197
鹿毛良鼎　188
片岡健吉　32,33,37,52,55,66,68,78,87,97,98,109,110,115,116,121
香月則之　170
桂太郎　70,74,109-111,122,125,129,130,133,135,145,147,150,193,195,198,203,205,206,209
加藤十四郎　166
加藤高明　74,75,79,109,210
加藤政之助　147
金子堅太郎　85,96
兼松凞　194
狩野雄一　208,211
樺山資紀　64,92,94
蒲生仙　45
川崎伊吉　188
河島醇　30,32,36,39,40,42,52,53,164,165
川添（川副か）俊生　170
河津祐之　17
川原茂輔　109,120,124,136,139,147,163,165,177-179,184,188,193,194,197,198,200,202-206,208,210,211
神埼東蔵　189,194,198,200,211
蒲原政標　19
北垣国道　26
北畠道龍　25
木戸孝允　161
木下政治　179
木村保太郎　179,188
楠本正隆　36,68
工藤行幹　52
九布白兼武　188
栗原亮一　45,68,79,109
黒木牧之助　166
河野敏鎌　13
河野広中　28,32,36,38-42,45-48,50,52,55-58,60,61,65,68,119,121,134,147,165,166,183,196
久我通久　118,121
小久保喜七　205
後藤象二郎　15
駒林広運　45
小山雄太郎　196

さ　行

西園寺公望　14,15,23,27,85,87,88,91,95,96,100,107,117,119,122,125,126,129,133,135,141,143,144,147,148,150,156,196,199,203,205
西郷隆盛　15
西郷従道　70,74
斎藤実　137
坂井慶吉郎　179,188
酒井常次　166
阪谷芳郎　73,80,125,128,201
坂元規貞　165
桜井（森本）駿　72,73,79
指山源太郎　166

重野謙次郎　101
柴四朗　52
島田三郎　147
島津珍彦　25
島津久光　25
島義勇　164
正宝兼吉　188
末松謙澄　62,78,85,86,88,89,96,97,109,114,116,118
菅原傳　104
杉田定一　32,38,52,66,116,121,131,134,145,146,148,150,151,202
鈴木昌司　52
鈴木摠兵衛　104
関清英　183,189
副島種臣　15,161
添田寿一　72,73,216
曾根荒助　110,122

た　行

大正天皇　150
高島鞆之助　64
高田早苗　94
高田露　147
高橋箒庵（義雄）　152
高嶺朝教　147
竹内綱　116,134
竹内正志　68
竹下以善　166
武富時敏　28,30,39,43,45,48,52,55,70,83,120,124,147,163-167,170,171,173-175,177-179,183,189,194,195,198,204,208,210,211,217
田尻武七　179
田代進四郎　10
多田作兵衛　104,115,177,196,199
立川只之　171
龍野周一郎　78,111,187,188
田中英一　166
田中賢道　30,32,39
田中忠夫　170
千綿安孝　188
土山文九郎　170,188,197
常冨義徳　188
鶴田梅五郎　188
田健次郎　101
徳川権七　166
徳島勇夫　170
徳富猪一郎　134
利光鶴松　65,78
富永源六　188
豊増竜次郎　139,200,206,208

な　行

内藤魯一　32,33
永江純一　135-137,147,171,209
中江兆民　14,23,33,34
中江豊造　170,189
中尾英二　170
中尾敬太郎　188
中島健　4,170,171
中島源太郎　188
中島信行　33,61-63,66
永田佐次郎　166,178
永田暉明　188
中西新作　196
中西光太郎　104
中野権六　200
永野静雄　166
中林梧竹　153
中原親長　179
中村織之助　188
中村公道　200
中村千代松　188
中村弥六　52
鍋島茂昌　194

鍋島直正（閑叟）　161,211
ナポレオン３世　17
成島柳北　13
南里琢一　197,201,202,206,210
二位景暢　30,164,166,170,173,177
西周　11,12,16,24-26,162
西英太郎　166,211
西村陸奥夫　207
西山志澄　102,104
沼間守一　13
野口勘三郎　200
野口能毅　210
野田卯太郎　95,109,116,130,135-137,147,150,171
野田常貞　166,170,174,177
野田兵一　188
野中豊九郎　188

は　行

橋本逸馬　179
長谷川敬一郎　179,188,189,210
長谷場純孝　39,52,53,55,85,121,131,132,135-137,170,184-186,189,198,199,202,205,209,215
波多野敬直　10,156
蜂須賀茂韶　127
バドビー，A.　17
鳩山和夫　69
塙忠韶　11
濱口雄幸　79
濱名信平　104
林董　137
林有造　32,33,36,37,55-58,60,62,65,68,70,78,82,85,87,89,96,98,110,115,116,134
原英一郎　188
原吾一郎　188
原敬　3,10,20,60,87,88,94-102,106-112,114,116,118,121,122,125,126,129-131,133-135,139,141,145,147,149,153-157,194,196-198,200,201,203,205,206,210,215,221
原田一次　188
坂東勘五郎　104
秀島家良　167,174,175
兵働熊一　179
平岡浩太郎　68
平田二郎　196
平沼騏一郎　127,128,141,205
福沢諭吉　12,152
藤瀬圓二　19
藤野海南　10
古川昇次郎　188
星亨　16,36,37,39-48,50-55,58,62,65,77,78,80-82,84,85,87,89,90,95-98,164-167,170,214,215,218,219
保利治郎太夫信真　171

ま　行

前田悦一　179,188
前田新左衛門　188
牧瀬保次郎　188
牧野信顕　137
眞崎市太郎　179
眞崎辰五郎　170
益田孝　59,88,136
益田忠孝　188
松岡康毅　125
松尾寛三　173,177
松方正義　79
松隈鉞造　188
松田源治　147,209
松田静子　9,25,121,155,206
松田雄七　9
松林勝太郎　170
的野半介　205

ミギュー，M.　17
三厨太一（太市）　188
水野錬太郎　79
水間農夫　147
光野熊蔵　179
箕浦勝人　147
宮崎進策　188
宮崎林太郎　170，179
陸奥宗光　61-63，65，66，176
明治天皇　78，97，140，141，205
持田若佐　111
元田肇　109，121，131，135，137，139，147，150，185，186，202，210
本野康一　179
森有礼　12
森久保作蔵　111
森永政憲　170，188
八坂甚八　208

や　行

山県有朋　12，24，26，41，84，89，125，129，145，154，187，210
山県伊三郎　125，128，201
山口小一　124，179，188，197，198
山口俊太郎　194
山下寛太　179
山田喜之助　76，77
山田武甫　30，36-39，48，164，165
山邊生芳　166
山邊濱雄　166
山本権兵衛　110，122，150-152，154，210
山本達雄　76，137
柚木慶二　147
横尾唯七　9
横尾長左衛門　9
横尾経久　9，203
横尾まち　9
横田国臣　77，141
横山寅一郎　147，193
吉田信義　179
吉村喜平次　179
米倉経夫　166，177

わ　行

若槻礼次郎　79
渡辺国武　90，91，95-97，187
綿屋利一（利市）　188

事項索引

あ 行

アメリカ　67,80,93,99-101,104,106,123,129,130,207,209
イギリス　16,44,67,75,82,93,100,101,140,182,209
伊藤博文内閣
（第２次）　47,51,55,57,58,60,170,173,175,176
（第３次）　65,66,68,75,84
（第４次）　89,90,99,102,145,187,213,216
江藤復権運動　203-205
大隈重信内閣
（第１次）　2,28,58,70,77,79,80,82,83,91,95,97,101,129,178,214-216,218-220
（第２次）　28,79,174
恩赦問題　140,141,205,209

か 行

海軍　150,182,193,211
海軍拡張　52,55,109,110
海軍力　82
（立憲）改進党　13,30-33,36-40,42,46,51-55,60,136,164-167,170,175,189,214,217
鹿児島高等中学造士館　25
桂太郎内閣
（第１次）　100,101,106,108-112,115,116,117,119,120,122,123,125,187,193-196,200
（第２次）　130,132,137
（第３次）　144,146,149,150,152,210
韓国　65,67,68,122,123,130,138,161,177,203-205,216
関西法律学校　25
議会
（第１議会）　33-35
（第３議会）　45
（第４議会）　47
（第５議会）　53
（第 11 議会）　65
（第 12 議会）　66
（第 17 議会）　109,110,193
（第 18 議会）　112
（第 19 議会）　117,119
（第 20 議会）　121
（第 21 議会）　122
（第 26 議会）　133
（第 28 議会）　139
（第 29 議会）　144
九州改進党　27,28,36,37,136,163
九州同志会　28,30-32,35,37-39,52,164,186
教育　3,24-26,48,77,91-95,97,101,187
協議員　102-105,111-114,116,118,119,121
共和演説事件　77
金融整理問題　75
軍　117
軍役　197
軍拡　101
軍拡関係事業　75
軍艦建造費　45
軍艦建造費・海軍製鋼所設立費　41
軍事　94
軍部　4

刑法改正　127,128,138
憲政党（分裂前）　68-70,72,73,75-79,81,84,87,88,119,178-182,211,217,219
——（分裂後，新憲政党（旧自由党系））　78,80-85,88,102,104,179,183,185,186,193
憲政本党（旧進歩党系）　78,80,83,85,108-110,112,118,120-122,124,129,178,179,182-186,188,189,193,194,198-200,206
憲政擁護運動（護憲運動）
（第１次）　144-149,151-155,210
（第２次）　211
高等教育　93
講法学舎　25
講和反対運動　198,199
国際協調　3,101,123,132,203,209,216

さ　行

西園寺公望内閣
（第１次）　58,125,127,134,137,205,213,216
（第２次）　137,138,143-146,154,205,208,213,216
『佐賀新聞』　177
佐賀の乱　15,175,184,204,205
シーメンス事件　211
私学　94,95
実業教育　92,187
司法　127,128,138,139,141,153
司法省　13,77,127,128,140,205
自明社　15,16,202
（立憲）自由党　2,3,16,23,26,27,30,31,33-58,61,62,64-66,68-70,72,74,76-78,81,84,88-91,95,99,102,104,111,117,119,121,126,133-136,147,152,163-168,170-179,182-187,189,195,202,205,211,213-215,217-220
——九州派　2,3,26,33,35-37,39-43,48,51,52,55,60,116,164-167,170,186,213,214,217-219
——土佐派　33,35,37,38,55,60-65,77,80,98,115,116,135
自由民権運動　15-17,22,27,28,30,32,36,40,46,88,136,146,162,163,171,215,218,221
自由民権期　2,4,5,53,54,62,80,86,131,133,161,164,174,200,213
人権　16,131,132,202
清国　67,76
進歩党　52,60,64,65,68-70,74,76-78,81,83,120,136,175-179,183,186,219
スイス　13,14,130,162
西海日報社　23
征韓論政変　15
（政党の）一体性　3,31,32,53,54,108,127,138,167,214,218,221
政友会（立憲政友会）　2-5,10,16,60,79,85-91,95-102,104,106-117,119-122,124-126,128-139,141,143-152,154,156,157,171,184-203,205-211,213-221
——九州会　135,147,150,151,209
——九州出身代議士会　186,209
——九州代議士会　119,194,196,199-201
——九州大会　16,60,131,136,154,202,203
総選挙
（第１回）　2,27-30,35,48,61,163,164,186,213
（第２回）　35,40,43,44,48,55,76,165,177
（第３回）　52,55,170,171,174,175,217
（第４回）　173,174,205,217
（第５回）　65,177,217
（第６回）　55,76,83,178,217

（第７回）　107, 108, 136, 187, 189, 193, 197, 217
（第８回）　110, 111, 194, 195, 197
（第９回）　120, 198
（第10回）　129, 200
（第11回）　139, 208

た　行

対外強硬論（派）　49, 57, 60, 120, 124, 175, 177, 184, 197, 204, 207, 210, 216
地域性　3, 35, 37, 104, 185, 214, 217, 219
地租継続増徴　108, 115, 193-195
地租増徴　58, 64, 66, 68, 70, 73-75, 77, 80-82, 110, 176, 178, 179, 182-184, 214, 219
地方団（自由党）　35, 104, 119, 165, 185, 220
地方団体（政友会）　186, 194, 220
中国　11, 65, 67, 100, 126, 207, 208
帝国大学新設問題　94, 187
鉄道構想　138
鉄道国有化問題　75
鉄道速成要求　201-203
党人派　3-5, 86, 88, 90, 91, 96-99, 102, 104, 106, 126, 134, 135, 137, 146, 147, 152, 157, 210, 215, 219-221
——イメージ　129, 134, 137, 141
統制（力）　5, 37, 39-41, 53, 60, 62, 104, 107, 176, 194, 218
『東洋自由新聞』　14, 15, 23, 27, 87

な　行

長崎県会　18-23
二個師団増設問題（増師問題）　143-145, 209
日露講和　124, 150
日露戦後　176, 201
日露戦争　117, 120, 125, 128, 134, 196-198, 200, 204
日清戦後　57, 62, 75, 175, 176
日清戦争　5, 55-57, 100, 117, 204

は　行

藩閥　15, 20, 30, 33, 35, 41, 45, 48, 54, 55, 65, 68, 69, 71, 84, 85, 132, 144-146, 149, 153, 163, 185, 200, 210, 214, 220
『仏国政法論』　17
フランス　4, 12-14, 17, 82, 130, 157, 162, 182, 209
フランス法　25
奉答文事件　119

ま　行

松方正義内閣
（第１次）　36, 40-42
（第２次）　45, 46, 60, 64-66, 127, 175, 176
「松田内閣」　152, 155, 220
民間資本　93, 100, 101, 132, 171, 187, 217
民党合同　30, 31, 41, 46, 53, 69, 149, 153, 167, 214, 219

や　行

山県有朋内閣（第２次）　33, 34, 75, 80-82, 85, 89, 185, 193
山本権兵衛内閣（第１次）　150-154, 210, 211, 213, 216

ら　行

陸海軍費　73-75
陸軍　130, 138, 152, 209
陸軍省　12, 13, 16, 24, 143, 162
立憲改進党　→改進党
立憲自由党　→自由党
立憲政友会　→政友会
ロシア　36, 48, 49, 67, 182, 209